2015
中国金融市场发展报告

CHINA FINANCIAL MARKET DEVELOPMENT REPORT

中国人民银行上海总部
《中国金融市场发展报告》编写组

中国金融出版社

责任编辑：张　驰
责任校对：李俊英
责任印制：裴　刚

图书在版编目(CIP)数据

2015中国金融市场发展报告(2015 Zhongguo Jinrong Shichang Fazhan Baogao)/中国人民银行上海总部《中国金融市场发展报告》编写组.—北京：中国金融出版社，2016.5
ISBN 978-7-5049-8531-6

Ⅰ.①2… Ⅱ.①中… Ⅲ.①金融市场—研究报告—中国—2015 Ⅳ.①F832.5

中国版本图书馆CIP数据核字(2016)第101039号

出版
发行　中国金融出版社

社址　北京市丰台区益泽路2号
市场开发部　(010)63266347，63805472，63439533 (传真)
网上书店　http://www.chinafph.com (010)63286832，63365686 (传真)
读者服务部　(010)66070833，62568380
邮编　100071
经销　新华书店
印刷　北京侨友印刷有限公司
装订　平阳装订厂
尺寸　210毫米×285毫米
印张　12
字数　240千
版次　2016年5月第1版
印次　2016年5月第1次印刷
定价　98.00元
ISBN 978-7-5049-8531-6/F. 8091

Committee 编写委员会

2015 中国金融市场发展报告
CHINA FINANCIAL MARKET DEVELOPMENT REPORT 2015

主　任：孙　辉　纪志宏

副主任：吴水平

成　员（按姓氏笔画排序）：

王　平　王振营　冯润祥　匡小红　吴显亭　宋钰勤
张晓刚　张　漪　杜要忠　沈　伟　邹　澜　陈建平
陈晓升　周荣芳　荣艺华　徐　忠　徐晓岚　谢　多

执笔并统稿：

陈晓虹　杨　婕　颜永嘉　叶可松　纪慧松　邹　琼

其他执笔人（按姓氏笔画排序）：

马贱阳　孔　燕　牛少锋　王丽洁　王　莹　王雯珠
刘华伟　刘　彦　刘　胤　向祥华　朱永行　闫丽娟
闫晓梅　吴　汉　吴凤丹　宋　旸　张一铮　张生举
张　璨　李良松　李　霖　李冀申　李　麟　杜海均
汪办兴　邹　江　陈光新　周永坤　周庆武　罗　江
胡迎春　唐　烈　袁沁敔　郭　芳　钱康宁　高　飞
常鑫鑫　曹媛媛　黄　伟　曾令美　曾梓梁　程建胜
程　晨　蒋健蓉　雷电发　戴　赜

Contents 目录

2015 中国金融市场发展报告
CHINA FINANCIAL MARKET DEVELOPMENT REPORT 2015

第一章 总 论

2015年，在国际形势错综复杂和经济下行压力不断加大的宏观环境下，中国经济以新的理念和战略主动适应并引领新常态发展，保持了总体平稳、稳中有进、稳中有好的发展态势。新形势下，中国金融市场在不断开放融合中呈现出快速发展与风险挑战并存、市场创新和制度改革并进、对外开放深度和广度并重的特点，在自身稳步发展的同时实现了对实体经济的有力支持。

一、2015年中国金融市场发展的宏观环境分析

（一）国际经济与金融形势分析

2015年，发达经济体经济继续保持温和复苏态势。部分新兴经济体，尤其是原油和大宗商品出口国经济遭遇重创。全球通缩压力受能源价格下降影响显著上升。国际金融市场大幅波动，大宗商品价格继续下跌，美元走强，部分新兴经济体货币大幅贬值。

1. 全球经济形势分化加大

（1）主要发达经济体经济持续温和复苏

美国经济继续保持温和复苏但动力似有下降。2015前三个季度，美国经季节调整的实际国内生产总值（GDP）平均增长2.58%，高于2014年同期2.41%的水平，但第四季度实际GDP首次预测仅增长1.8%，导致全年平均增速为2.39%，略低于2014年的2.43%。个人消费支出和投资依然是经济增长的主要动力。失业率继续保持稳定下行态势，由年初的5.7%逐步下降，12月失业率稳定在5%的水平，是近七年多以来的最低水平。经济持续温和复苏开始逐渐带动工资水平上升，劳动力市场接近充分就业水平。

欧元区经济复苏动力有所增强。2015年，欧元区实际GDP平均增长1.5%，高于2014年的0.88%。家庭消费是主要动力，失业率保持温和改善态势，由2015年1月的11.3%逐步下降到12月份的10.4%。

日本经济复苏势头重新确立不易。2015年前三个季度，日本实际GDP平均增长0.45%，高于2014年同期0.16%的水平；但第四季度实际GDP首次预测同比仅增长0.66%，环比下降0.4%，主要原因在于私人消费支出和私人住宅投资分别下降0.8%和1.2%。劳动力市场一直保持在接近充分就业状态，失业率由年初的3.6%下降至12月份的3.3%。

英国经济继续温和复苏但增速有所下降。初步数据显示，2015年实际GDP增长2.18%，低于2014年的2.85%；第四季度实际GDP首次预估值为同比增长1.9%，低于第三季度的2.1%，是2013年第一季度以来的最差水平，其中工业和服务业增长下滑是主要因素。失业率继续保持改善态势，第三季度失业率为5.3%，是2008年第二季度以来的最低水平。

亚太地区发达经济体经济增长比较温和但增速有所放缓。初步数据显示，2015年韩

国、新加坡实际GDP分别增长2.6%和2.1%。2015年前个三季度，澳大利亚实际GDP平均增长2.2%，均低于2014年同期水平；中国香港、中国台湾经济增长也有所放缓，尤其是中国台湾经济2015年下半年出现轻微萎缩迹象。

（2）多数新兴经济体经济下行压力加大

除印度外，新兴经济体经济下行压力普遍较大，部分新兴经济体经济严重萎缩。中国经济下行压力仍然较大，2015年经济增长6.9%。南非经济增长较为疲弱，前三个季度经济增长分别为2%、1.6%和1.2%。俄罗斯经济在经历欧美制裁、汇率大幅贬值和油价大幅下跌等多重打击后，第一季度经济萎缩2.2%，是2009年第四季度以来的首次下跌，第二、第三季度经济加剧萎缩，制造业和服务业均大幅下跌，实际GDP增长率分别为-3.81%和-3.74%。大宗商品价格下跌对巴西经济造成严重负面影响，加之巴西政府采取财政整顿措施，第三季度巴西经济萎缩4.5%，连续6个季度经济出现萎缩，是1996年以来的最差情形。2015年前两个季度，巴西实际GDP分别下降2%和3%。2015年印度实际GDP增长7.5%，高于2014年增速。印度经济增长主要受金融业等服务业和制造业增长带动。

2015年，东盟新兴经济体经济增速分化明显。印度尼西亚和菲律宾实际GDP分别增长4.8%和5.8%，前三个季度，马来西亚实际GDP平均增长5.1%，增速有所下降。2015年越南实际GDP增长6.68%，为五年来的最高水平；泰国实际GDP增长2.8%，远高于2014年的0.8%。

（3）通缩压力明显但部分经济体通胀水平上升

受能源价格下跌的影响，发达经济体通

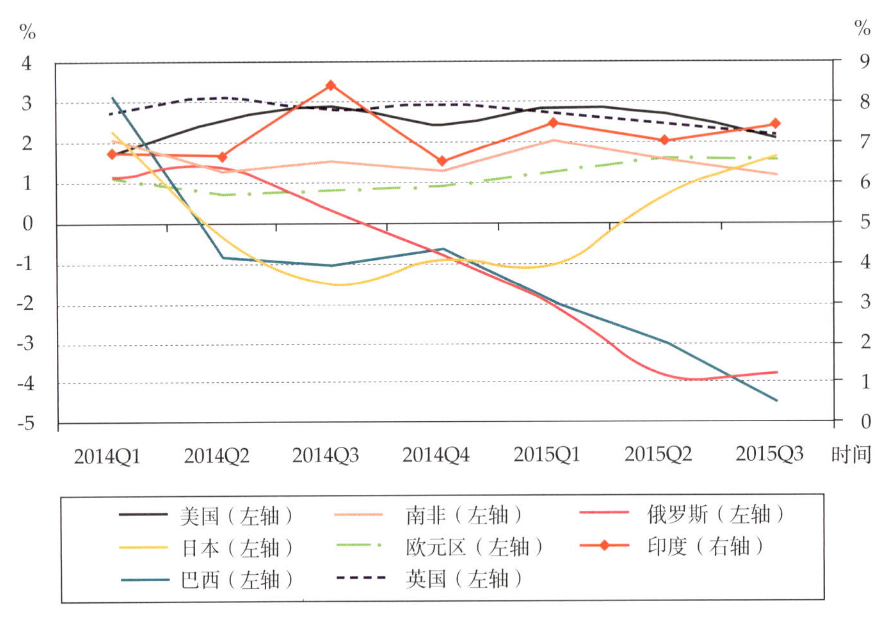

注：印度、巴西实际GDP增长率未经季节调整。
资料来源：路透DATASTREAM和工作人员计算。

图1-1 2014～2015年主要经济体经济增速

缩压力显著增加。2015年，欧元区和英国的消费者价格指数（CPI）与2014年基本持平。12月，欧元区和英国CPI同比仅增长0.2%；日本自第二季度以来，通胀水平由2.3%显著下降至12月份的0.3%，除受能源价格影响外，美元显著升值也导致美国进口商品价格下跌，进一步导致价格水平下降，11月日本CPI同比仅增长0.7%。澳大利亚、新西兰、韩国、新加坡等多数发达经济体通胀水平大幅下跌。

部分新兴经济体通胀水平则呈现高位运行。受货币大幅贬值和加税的影响，巴西通胀水平不断上升，2015年平均通胀率达9.3%，12月更是创下2003年年末以来的最高水平11.28%。俄罗斯前11个月平均通胀率达15.9%。印度12月通胀率升至5.61%，是2014年10月份以来的最高水平。国际货币基金组织（IMF）预测，乌克兰和委内瑞拉2015年的通胀率分别为50%和159%，独联体（不含俄罗斯）通胀率由2014年的8.7%上升至16.3%，拉美和加勒比地区通胀率由2014年的7.9%上升至11.2%。

（4）全球贸易和直接投资增长较为缓慢

2015年9月，世界贸易组织（WTO）将2015年全球贸易增长预测值由4月份的3.3%下调至2.8%。衡量全球贸易活跃程度的领先指标波罗的海干散货指数(BDI)自2015年初的782持续下跌，7月中旬至8月中旬经历一个明显上升阶段后再度明显下跌，12月底仅为478。2015年BDI平均值为720，低于2014年的1 100。包括中国和巴西在内等新兴经济体进口需求下降、原油和主要大宗商品价格下降以及汇率波动等因素制约了全球贸易增长。此外，国际金融市场大幅波动和全球经济增长不确定性增加，也影响了下半年的全球贸易增速。

经济合作与发展组织（OECD）2015年10月的报告显示，2015年上半年，全球对外直接投资（FDI）环比增长13%，达到8 830亿美元，其中流入美国的FDI大幅增长，由上年的-357亿美元上升至2 663亿美元。非OECD国家的FDI流入下降，中国由2014年下半年1 650亿美元的高位下降至1 450亿美元，环比下降12%，巴西环比下降40%至310亿美元，印度尼西亚环比下降30%至90亿美元，阿根廷环比下降36%至30亿美元。美国取代中国成为2015年上半年FDI流入最多的国家。

（5）货币政策继续宽松但进一步分化

美联储继续保持宽松但开启加息进程。美国经济持续保持温和复苏，劳动力市场状况持续改善，价格水平在中期内能够达到美联储2%的目标。12月16日，美联储决定启动加息进程，将联邦基金利率目标区间上调0.25个百分点，即0.25%～0.5%，并维持目前的本金再投资政策；同时，上调存款准备金利率0.25个百分点至0.5%，上调贴现利率0.25个百分点至1%。

多数发达经济体维持货币宽松。其中，欧央行大幅增加资产购买规模。3月，欧央行修改之前的资产购买计划（APP），纳入公共部门债券，每月购买共计约600亿欧元资产支持证券、担保债券和公共部门债券，直至2016年9月。12月，欧央行决定将存款便利利率由-0.2%下调至-0.3%；将APP延长至2017年3月，且APP中的资产到期后，本金再投资。日本维持大规模量化和质化宽松政策（QQE）。12月18日，日本银行对QQE进行微调，将通过购买更长期限的国债，使得持有国债的剩余期限由目前的7～10年延长至7～12年；自2016年4月起，在原来3万亿日元基础上，每年再增加购买3 000亿日元特定类型的交易所交易基金（ETFs）。英国继续保持较为宽松的货币政策。澳大利亚央行和韩国央行2次下调政策利率，新西兰央行4次下调政策利率。

多数新兴经济体保持宽松的货币政策格局并下调政策利率。鉴于卢布汇率企稳，俄罗斯央行5次降息，将政策利率由17%降至11%，并维持至年末。由于通胀压力缓解，印度央行4次降息，将政策利率7.75%降至6.75%。印度尼西亚、土耳其等国也进一步下调政策利率。

墨西哥、阿根廷和南非等部分新兴经济体受美元走强的影响，资本外流严重，其央行不得不通过加息来加以应对。除此之外，巴西央行鉴于通胀持续走高，通过5次加息，将政策利率由12.25%上调至14.25%。秘鲁央行、南非央行分别两次上调基准利率共50个基点至3.75%和6.25%。

2. 国际金融市场波动较为显著

（1）发达经济体股市总体上扬

2015年年初，市场预期欧央行将推出更大规模的量化宽松政策，欧洲股市领先大幅上扬；日本也维持大规模量化宽松政策，股市继续上扬。8月底至9月，受亚太地区市场大幅波动及美联储9月份加息预期的影响，金融市场风险急剧上升，各国股市均经历了明显的下跌过程。部分新兴经济体股市大幅下挫，印度尼西亚股市较年初一度下挫超过20%。美联储9月份放弃加息并与市场充分沟通后，各国股市显著回调，德国、法国和日本股市保持上涨趋势较为明显。2015年，美国道琼斯工业指数下跌2.2%、英国FTSE100指数下跌5%，德国DAX指数、法国CAC40指数、日本日经指数分别上涨9.6%、8.5%、9.1%；新兴市场方面，印度IBOMESE指数、

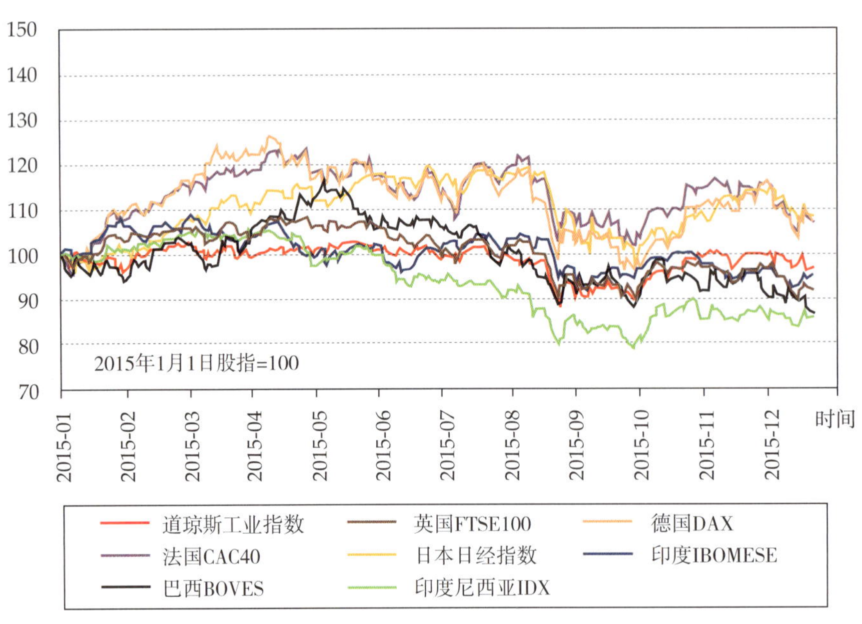

资料来源：路透DATASTREAM和工作人员计算。

图1-2 2015年主要经济体股票指数走势

巴西BOVES指数、印度尼西亚IDX指数分别下跌3.4%、13.7%和12.%，中国上证指数上涨9.3%。

（2）新兴经济体货币大幅贬值

多数新兴经济体经济下行压力加大，美元对主要货币汇率显著走强。印度卢比第一季度一度小幅升值，但2015年全年贬值4.8%。年初，俄罗斯卢布延续2014年上半年的大幅贬值趋势，3月，卢布企稳，一度升值约15%，但随后继续保持贬值趋势，至12月末，卢布较年初贬值21.7%。南非和巴西货币显著贬值，与年初相比，12月底巴西雷亚尔贬值48.8%，南非兰特贬值33.9%。拉美等经济体货币对美元贬值近50%。12月17日，阿根廷放弃汇率管制，阿根廷比索当天贬值41%，12月末，阿根廷比索较年初贬值53%。在东盟主要经济体中，印尼卢比和马来西亚林吉特也呈现持续贬值趋势，与年初相比，12月底贬值幅度分别为11.3%和22.8%。

（3）大宗商品价格持续下跌

全球经济增长乏力，尤其是新兴经济体经济下行压力较大，导致对能源和大宗商品需求大幅下降，加之美元走强，大宗商品价格继续保持加大幅度的下降态势。以WTI衡量的国际原油价格在第二季度一度反弹至60美元/桶附近，但从8月份开始原油价格一路下滑，截至12月底，WTI已降至37.2美元/桶，较年初下降31%。受避险情绪的影响，贵金属价格降幅相对较小，但普通金属价格大幅下跌。伦敦市场黄金、白银、铂金价格分别下降10%、12%和28%；伦敦市场铝、铜、镍价格分别下降17.8%、26.1%和41.8%。农产品价格基本保持稳定，与年初相比，棉花价格上涨5.9%，玉米下降5.9%，糖上涨0.2%。2015年年末，彭博大宗商品价格指数降至158，较年初下降25%。

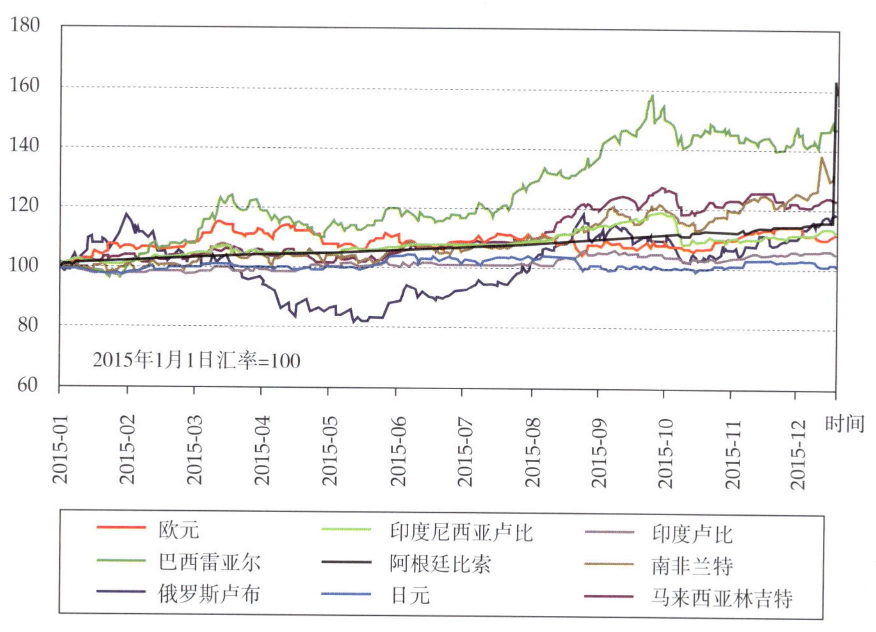

资料来源：路透DATASTREAM和工作人员计算。

图1-3 2015年主要货币汇率走势

资料来源：路透DATASTREAM和工作人员计算。

图1-4 2015年原油和大宗商品价格走势

（4）各国利率水平涨跌不一

2015年前三个季度，发达经济体国债收益率水平总体保持下降趋势。第三季度以来，发达经济体经济增长前景好转和美联储加息预期升温，发达经济体国债收益率有所上升。12月底，美国10年期国债收益率为2.2695%、英国为1.9598%、德国为0.6345%、法国为0.981%，较年初均有所上升。受债务危机持续的影响，希腊国债收益率维持在较高水平，7月初，由于危机升级，10年期国债收益率一度飙升至19%。12月底下降为8.3409%。从市场利率来看，各主要货币LIBOR利率继续保持低位运行，12月16日，美联储加息后，隔夜美元LIBOR上涨约21个基点。12月底，美元、英镑、日元、欧元和瑞士法郎隔夜LIBOR分别为0.2745%、0.4456%、0.0364%、-0.28%和-0.783%。

新兴经济体银行间市场利率水平差距较大。以银行间市场3个月同业拆借利率为例，12月底，印度尼西亚利率水平由年初的7.17%逐步升至8.86%，马来西亚利率基本稳定在3.8%左右，俄罗斯利率由年初的21.38%下降至11.58%，土耳其利率由年初的9.8%上升至11.47%，墨西哥利率由年初的2.9%上升至3.3%，巴西利率由年初的10.6%上升至13.3%。2015年初，阿根廷银行间市场15天以内同业拆借平均利率为23.06%，年中曾一度降至14.2%，但2015年下半年，利率水平再度攀升，12月15日，利率飙升至31%，12月16日，阿根廷比索一次性贬值41%以后，利率由33%逐步下降，12月底，利率水平为22.64%。

（二）国内经济金融环境

2015年，面对世界经济复苏不及预期和国内经济下行压力加大的困难局面，我国进一步深化改革、扩大开放，大力推进大众创业、万众创新，国民经济总体运行平稳。在此条件下，金融行业改革稳步推进、金融机构改革不断深化，呈现稳中有进、稳中有好的发展态势。

1. 国民经济运行总体平稳

2015年我国经济结构调整呈现积极变化，消费拉动作用增强，价格涨幅保持温和，就业形势基本稳定。全年GDP为67.7万亿元，同比增长6.9%。其中，第一季度同比增长7.0%，第二季度同比增长7.0%，第三季度同比增长6.9%，第四季度同比增长6.8%。

（1）需求结构再平衡

原来由投资、出口主导的需求结构在向消费、投资、出口协调拉动转变，尤其是消费对经济增长的贡献率显著提升。全年社会消费品零售总额为30.1万亿元，同比增长10.7%，其中月度同比增速连续5个月回升。新兴业态消费继续快速增长，网上零售额为3.9万亿元，同比增长33.3%。全年进出口总额为3.9万亿美元，同比下降8.0%。其中，出口总额为2.3万亿美元，同比下降2.8%；进口总额为1.7万亿美元，同比下降14.1%。一般贸易出口额同比增长1.2%，加工贸易出口额同比下降10.1%，出口商品向价值链高端延伸。固定资产投资增速回落后趋稳。全年全社会固定资产投资（不含农户）55.2万亿元，同比增长10.0%，增速同比回落5.7个百分点。其中，房地产开发投资同比增长1.0%，增速同比回落9.5个百分点。

（2）消费价格涨幅温和

全国粮食总产量为6.2亿吨，增长2.4%。其中谷物总产量为5.7亿吨，增长2.7%，物价基本保持稳定。全年居民消费价格同比上涨1.4%，涨幅同比回落0.6个百分点。其中，食品价格涨幅回落0.8个百分点，成为居民消费价格涨幅回落的主要因素。工业生产者价格继续下降。全年工业生产者出厂价格同比下降5.2%，工业生产者购进价格同比下降6.1%，降幅同比分别扩大3.3个和3.9个百分点。

（3）就业形势基本稳定

2015年，城镇新增就业人数为1 312万人，同比小幅减少10万人，年末城镇登记失业率为4.05%。居民收入保持较快增长。全年农村居民人均可支配收入为11 422元，同比名义增长8.9%，扣除价格因素实际增长7.5%；城镇居民人均可支配收入为31 195元，同比名义增长8.2%，扣除价格因素实际增长6.6%。

（4）经济结构持续优化

2015年，我国第三产业增加值占国内生产总值的比重为50.5%，同比提高2.4个百分点，高于第二产业10个百分点，产业结构更趋优化。最终消费支出对GDP增长的贡献率继续提高，内需结构进一步改善。农村居民人均可支配收入实际增长快于城镇居民人均可支配收入0.9个百分点，城乡居民人均收入倍差2.73，比上年缩小0.02，城乡居民收入差距进一步缩小。节能降耗继续取得新进展，前三个季度单位国内生产总值能耗同比下降5.7%。

2. 金融环境总体稳定

（1）货币运行环境适度宽松

12月末，广义货币供应量M2余额为139.2万亿元，同比增长13.3%，增速同比高1.1个百分点。狭义货币供应量M1余额为40.1万亿元，同比增长15.2%，增速同比高12.0个百分点。流通中货币M0余额为6.3万亿元，同比增长4.9%，货币总量快速增长，货币供应总体较为充裕。12月末，全部金融机构（含外资金融机构，下同）本外币各项存款余额为139.8万亿元，同比增长12.4%。其中，人民币各项存款余额为135.7万亿元，同比增长12.4%，增速同比高0.3个百分点。金融机构存款增长总体平稳。12月末，全部金融机构本外币贷款余额为99.4万亿元，同比增长13.4%。其中，人民币贷款余额94.0万亿元，同比增长14.3%，增速同比高0.6个百分点。12月末，住户贷款余额为27.0万亿元，比年初增加3.9万亿元；非金融企业及机关团体贷款余额为65.8万亿元，比年初增加7.4万亿元。住户贷款增速继续加快，非金融企业及其他部门贷款增长相对平稳。

（2）社会融资规模保持适度

2015年，社会融资规模增量为15.4万亿元，同比少4 675亿元。从结构看，对实体经济发放的人民币贷款明显增加，占比大幅上升。2015年，人民币贷款占同期社会融资规模的73.1%，同比高13.7个百分点。非金融企业股票融资增加拉动直接融资占比上升。2015年，非金融企业境内债券和股票合计融资3.7万亿元，占同期社会融资规模增量的24%，同比期高6.7个百分点。

（3）金融机构存贷款利率总体走低

人民银行在综合运用多种工具保持银行体系流动性合理充裕的同时，充分使用价格杠杆稳定市场预期，引导融资成本下行，全年贷款利率持续走低。2015年12月，非金融企业及其他部门贷款加权平均利率为5.27%，同比下降151个基点。其中，一般贷款加权平均利率为5.64%，同比下降128个基点；票据融资加权平均利率为3.33%，同比下降234个基点。个人住房贷款加权平均利率为4.70%，同比下降155个基点。

3. 金融业运行整体稳健

（1）银行业金融机构资产规模继续增长，资本充足率稳步提升

截至2015年年末，我国银行业金融机构的本外币资产总额达199.35万亿元，同比增长15.67%；本外币负债总额为184.14万亿元，同比增长15.07%。截至第三季度末，商业银行的净利润达15 926亿元；资本充足率达13.45%，其中核心一级资本充足率达10.91%；不良贷款余额为12 744亿元，不良贷款率为1.67%，不良贷款率有所上升。

（2）证券期货经营机构整体规模扩张迅速，盈利继续大幅增长

截至9月末，124家证券公司总资产为6.71万亿元，净资产为1.35万亿元，净资本为1.16万亿元。前三个季度共实现营业收入4 380.43亿元，累计实现净利润1 924.65亿元，119家公司实现盈利。

（3）保险业保费收入稳步增长，资产规模继续扩大

截至2015年年末，保险业累计实现原保费收入2.43万亿元，同比增长20.00%；累计原保险赔付支出8 674.14亿元，同比增长20.20%；保险业总资产达12.36万亿元，较年初增长21.66%；净资产达16 089.70亿元，较年初增长21.38%；资金运用余额达11.18万亿元，较年初增长19.81%。

4. 金融改革深入推进

（1）持续推进金融业改革

利率市场化改革迈出关键步伐。从存款利率浮动区间上限扩大，全国范围内放开小额外币存款利率上限到放开金融机构1年期以

上（不含1年期）定期存款利率浮动上限，以及最终放开商业银行和农村合作金融机构等活期存款及1年期（含）以内定期存款利率的上限，利率管制有序放开，利率市场化迈出了关键步伐。同时《大额存单管理暂行办法》发布，允许金融机构面向企业和个人发行市场化定价的大额存单，金融机构的自主定价空间进一步拓宽，主动管理负债和自主定价能力得到提升。全国性市场利率定价自律机制成员范围有序扩大，各地省级市场利率定价自律机制建立健全，都为利率市场化改革的进一步推进奠定了更坚实的制度基础。

外汇管理体制改革积极推进。一是大力推进外汇管理简政放权。取消直接投资项下外汇登记核准，将保险公司外汇业务资格审批下放至分局，公布废止和失效的外汇管理法规50件，促进外汇管理依法行政。二是着力提升贸易投资便利化水平。在全国范围内开展部分支付机构跨境外汇支付业务试点和外商投资企业外汇资本金结汇管理方式改革；发布《保险业务外汇管理指引》，进一步简化外汇保险业务手续和流程；大幅简化直接投资手续，取消境外再投资外汇备案，取消直接投资外汇年检；进一步调整优化跨国公司外汇资金集中使用政策，简化账户开立使用要求和外汇收支手续，试行跨国公司借用外债比例自律管理政策；开展特许机构的跨境调钞及批发业务政策试点，为境内外币现钞供给提供多元化通道；合理安排机构投资者额度支持资本市场发展，促进资本市场双向开放。三是有序推进资本项目可兑换。开展企业外债比例自律的宏观审慎管理试点，大幅度调增2015年境内机构短期外债余额指标总规模，扩大外债资金用途，放宽外债专用账户管理，并对部分高新技术企业给予最低外债额度支持；扩围外商投资企业外汇资本金意愿结汇政策，赋予企业资本金结汇的自主权和选择权。四是加强跨境资本流动监管。加强银联人民币卡境外提现管理；加强事中、事后监管，加强对外汇领域购付汇真实性审核和对跨境资金短期波动的监测分析；开展重点领域和渠道的专项监管；开展打击利用离岸公司和地下钱庄转移赃款专项行动，严厉打击外汇违法违规活动。

存款保险制度稳步实施。2015年3月31日，《存款保险条例》正式公布，并自5月1日起正式施行。截至6月30日，全国吸收存款的银行业金融机构已全部办理完投保手续。截至7月20日，2015年5月和6月应交保费已归集完毕，制度实施的各项工作扎实、有序地推进。建立存款保险制度，对于完善金融安全网、理顺政府与市场的关系、深化金融改革、维护金融稳定和提升金融业竞争力具有重要作用。

保险业制度建设进一步加快。一是完善监管体系，加强资本保证金、关联交易、资金运用和互联网保险监管。《保险公司资本保证金管理办法》、《关于进一步规范保险公司关联交易有关问题的通知》和《关于加强保险公司再保险关联交易信息披露工作的通知》先后颁布，加强了保险业资本保证金管理和关联交易监管。调整投资单一蓝筹股股票的比例上限，明确资产支持计划业务的交易结构、运作框架、操作行为和管理规范。明确保险资金设立私募基金实行注册制度，并规范其类别和投向、治理结构、运作机制等。明确互联网保险业务的经营条件、经营区域、信息披露、监督管理等基本规则。二是推动保险业费率改革，启动商业健康保险税收优惠试点。最低保证利率保险公司自主确定，同时保监会上提责任准备金评估利率上限，强化对准备金和偿付能力等的监管。发布《关于深化商业车险条款费率管理制度改革的意见》，明确由中国保险行业协会动态发布商业车险基准风险保费表，逐步扩大保险公司商业车险自主定价权，最终形成高度市场化的费率形成机制。启动分红型人身险费率改革，决定商业健康保险享受个人所得税税收优惠，启动商业健康保险税收优惠试点。三是推动保险业支持经济社会发展。明确和规范养老保险公司开展养老保障管理业务的业务经营、投资管理、风险管控、监督管理。支持保险机构通过债券、投资基金等方式参与重大工程投资，通过工程保险、巨灾保险和再保险等方式加强对重大工程建设的保障力度。《中国保险投资基金设立方案》获国务院批复同意。中国保险投资基金的设立，有助于发挥保险资金长期投资优势，对接国家重大战略和市场需求，支持实体经济发展，增加公共产品和公共服务。

（2）继续深化金融机构改革

交通银行深化改革方案于6月获得国务院批准，改革方案从完善公司治理、深化内部改革并加强外部监管等方面提出若干改革举措，有助于推动交通银行切实转换经营机制，提升市场竞争力，增强服务实体经济的能力。中国农业银行“三农”金融事业部深化改革范围扩大至全国，推动其进一步提升“三农”和县域的金融服务水平。国家开发银行、中国进出口银行顺利完成改革方案要求的资本金补充工作，三家银行业务范围认定与划分、完善治理结构、修订章程等改革方案其他内容也在稳步推进过程中，政策性、开发性金融机构改革取得突破性进展。农村信用社产权制度改革平稳推进，可持续发展机制基本建立，资产质量显著提升，涉农金融服务明显改善。

二、2015年中国金融市场运行的主要特点

2015年，伴随着中国经济发展进入新阶段，中国金融市场运行和发展也面临新的挑战。市场自身的波动和风险孕育出新的机遇，制度建设、市场创新和对外开放呈现出崭新的局面。改革旧的，推出新的，2015年中国金融市场在复杂多变的国际国内宏观环境下遵循创新、改革、完善、开放的发展道路，在实现自身发展的同时继续支持实体经济建设。

（一）快速发展与风险挑战并存

2015年金融市场成交规模大幅增加，多个子市场交易规模成倍增长。包括同业拆借、债券回购、短期融资券、商业票据等在内的货币市场成交规模大幅增加，单月成交金额接近50万亿元；债券一级市场迅速壮大，发行总量接近20万亿元，其中交易所公司债和中小企业私募债发行量近8 000亿元，均呈现数倍增加；债券二级市场上，现券全年结算量超过70万亿元，同比增加1倍多；衍生品及期货市场方面，利率衍生品和汇率衍生品交易创下历史新高，利率互换新增交易额首次突破9 000亿元，人民币汇率衍生品的交易量超过外汇即期交易量，金融期货成交

大幅增加150%以上。场内黄金市场交易金额和交易量同比分别增长74.51%和89.58%。

在市场规模快速壮大的同时，2015年金融市场波动加剧、市场化风险事件显现，多个金融子市场出现较大波动。债券市场信用风险进一步释放，信用事件发生频度增加；股票市场方面，上证综指的年化波动率从2014年的最低值17.2%迅速增加到2015年的38.8%，创业板指的年化波动率则超过50%，高波动率凸显股票市场的高风险；中、美两国国债收益率相向而行，利差显著收窄，人民币汇率预期产生压力；需求增速放缓、美元走强以及供给过剩等多重因素使得全年大宗商品价格承压。

（二）市场创新与制度改革并进

2015年，顺应市场发展的新要求，多项重要市场创新推出。银行间市场方面，银行间债券市场推出资本补充债券和绿色金融债券；在定向发行框架下，引入了专项机构投资人制度，为企业通过定向发行方式融资提供更多便利；超短期融资券发行人范围进一步扩大，信托产品、券商资管计划、基金公司及其子公司资管计划、保险资管产品四类非法人投资者重新进入银行间债券市场，私募投资基金、期货公司及其资产管理产品则成为新的投资主体；柜台债券交易品种得以扩展，进一步扩大了个人及中小机构投资者基础；银行间货币市场推出X-Repo系统和质押式回购匿名点击业务，全国银行间同业拆借中心和上海清算所为市场成员提供标准债券远期的交易和集中清算服务；证券公司、信托公司等金融机构进入银行间黄金市场开展业务；交易所市场方面，上证50ETF期权正式挂牌上市，分级基金迎来快速发展期，境内首只商品期货基金成立，期货市场上全年共有镍期货、锡期货，10年期国债期货、上证50股指期货和中证500股指期货五个新品种上市交易，原油期货上市交易的各项准备工作完成。

在简政放权和市场发展新阶段的要求下，2015年，金融市场多项运行制度和管理机制突破了旧有形式。债券市场方面，短期国债启动滚动发行；大额存单发行重启，同时两次扩容发行主体并将同业存单业务扩大至上海自贸区跨境交易；取消银行间债券交易流通审批，提高市场透明度和规范性，加强事中、事后管理；资产证券化业务实现由审批制向备案制、注册制的转变，同时拓宽了资产证券化业务管理人范围，实行基础资产负面清单管理，资产证券化市场发展日趋常态化；交易所公司债券发行主体扩大，丰富和改革了公司债发行方式。股票市场方面，取消自然人投资者开立A股账户的一人一户限制；全国人大赋予股票发行注册制改革的法律依据；出台一系列政策法规打击资本市场各类违法违规行为；外汇市场方面，人民币对美元汇率中间价报价机制进一步完善，人民币汇率的市场决定性作用增强；取消对金融机构进入银行间外汇市场的事前准入许可，多项结售汇和外债管理改革新政实施。

（三）对外开放深度和广度并重

2015年在人民币国际化进程不断加快的背景下，中国金融市场在对外开放的深度上有了大步伐前进。境外央行、国际金融组织、主权财富基金等境外央行类机构进入银行间债券市场改为备案制，取消投资额度和交易品种限制；QFII额度上限全面放开，截至2015年底，RQFII审批额度已达12 100亿元，投资者种类扩大到16个国家和地区；国际金融市场人民币债券发行规模的稳步增加，大大丰富了离岸市场高等级人民币金融产品；银行间外汇市场合格境外主体进一步扩大，参与的交易品种扩大至全部品种，外汇市场交易系统运行时间延长并覆盖欧洲交易时段；上海黄金交易所国际板会员数量保持增长，交易规模继续扩大；中国银行、中国建设银行等国内商业银行开始参与伦敦黄金市场协会黄金定盘价报价。

2015年金融市场对外开放在更多领域上取得重大突破。国际货币基金组织执董会决定将人民币纳入特别提款权（SDR）货币篮子，SDR货币篮子相应扩大至美元、欧元、人民币、日元、英镑5种货币；银行间市场方面，境外清算行及参加行获准开展银行间回购交易；境外金融机构和外国政府首次在银行间债券市场发行人民币债券。股票市场方面，中国A股指数纳入富时罗素指数；内地和香港两地基金互认正式推出；黄金市场方面，“黄金沪港通”启动，内地和香港两大主要黄金市场启动互联互通。与此同时，与韩国、俄罗斯等国在人民币交易机制、人民币借贷试点、债券市场融资、资本市场合作等多方面的金融合作取得新成果，国际间金融合作深入务实。

（四）支持实体经济制度与措施并举

地方政府债务置换计划顺利推出，三批共3.2万亿元地方债置换额度和6 000亿元新发地方债额度下发，同时明确了债务置换的方式、范围、价格等配套内容；地方财政部门试点开展国库现金管理，引入了地方政府债券质押。《地方政府一般债券发行管理暂行办法》和《地方政府专项债券发行管理暂行办法》发布，将地方政府债券划分为一般债券和专项债券，可以使地方政府根据资金使用安排灵活选择发行品种，在鼓励投资者投资地方政府债券的同时，充分考虑了金融机构各类期限的配置需求。一系列地方政府债务相关制度的推出以市场化的方式妥善处理化解地方债券和稳增长的关系，缓解了地方财政压力。

包括短期融资券、超短期融资券、公司债券、非金融企业资产支持票据在内的信用类债券发行大幅增加，多项简政放权、科学高效的政策措施出台，大大优化了信用类债券的发行程序，提高了发行效率，切实、有效地便利了企业融资需求。同时货币市场利率维持低位，债券市场融资成本下降，企业融资贵的问题得到了有效改善。资产证券化发展提速，基础资产类型更加多样，市场参与主体类型不断扩大，住房公积金贷款证券化开始试点，不良资产证券化业务取得突破；银行间债券市场正式推出客票收益权类资产支持票据和项目收益票据，为支持城镇化建设项目融资发挥了重要作用。首批“基础设施”专项金融债发行，专项建设债券成为支持地方基建项目稳投资、稳增长的重要力量；项目收益债管理细则出台，为地方基础设施和公用事业项目建设提供了新的融资途径。

三、2016年中国金融市场发展展望

2016年是我国经济发展“十三五”规划的首年，世界经济温和复苏趋势将逐步增强，我国经济发展将全方位地迈入新常态阶

段，未来金融市场的发展将积极适应世界经济格局和国内经济发展全新的变化和挑战，自身的改革与创新将呈现出更加高效、科学、规范的发展趋势，广泛而深入地融入国际金融市场，实现对我国经济发展新常态下的有力支持。

（一）金融市场创新动能将进一步增强

金融支持国家创新驱动发展战略的力度将进一步加大，绿色金融、碳金融、养老金融等将成为市场创新的方向。一是创新性金融市场制度将陆续出台。在规范发展的前提下，将大力发挥市场主体和中介机构在工具和产品方面的创新动力；推出黄金市场询价市场做市商制度，尝试构建中远期黄金基准价格体系，推动建立黄金市场集中托管清算机制；完善金融衍生品创新机制，发展建立以市场合理需求为依托的内生性市场创新机制等。二是商业银行绿色信贷机制将得到逐步建立和完善。更多的商业银行将摸索发展绿色信贷；排放权、排污权和碳收益权等绿色环保的抵押和质押以及投融资机制将逐步建立；将引导和激励更多的社会资金投资于环保、节能、清洁能源、清洁交通等绿色产业，推动建立绿色低碳循环发展产业体系。三是各领域金融创新产品推出力度将进一步加大。包括绿色债券在内的绿色金融产品将成为市场新的投资品种，与之相关的规则制度、法律法规将会进一步明确，包括第三方机构在内的市场参与者也将得到培育和发展；完善黄金市场产品体系，结合市场需求开发新的交易品种；有选择、有步骤地促进各类金融衍生品不断丰富。四是职业养老保险个人账户制度将进一步发展和完善。社会保险基金投资渠道将会不断拓宽，市场化、多元化、专业化的投资运营将进一步推动多层次的养老保险体系的建立。

（二）金融市场监管体系将更趋完善

金融宏观审慎管理制度建设将积极推进，继续改革并完善适应现代金融市场发展的金融监管框架。一是金融管理体制将更趋完善。宏观审慎和微观审慎监管更加注重相互补充，货币政策与审慎管理将进一步统一协调。将进一步完善市场发行、交易、清算、结算、托管等各项制度安排，研究推动市场参与者依法合规交易的制度性文件，探索市场化方式不断理顺体制机制，完善金融市场基础设施建设，推动市场健康规范发展。二是综合经营监管将进一步强化。跨行业、跨市场交叉性金融业务监管将进一步完善，以实现新型金融业态的监管全覆盖。三是统一共享的监管数据平台和及时充分的信息交换机制将逐步建立和加强。适合市场发展新形势的金融综合统计体系和各监管机构畅通高效的沟通机制将得到强化和完善。四是存款保险制度职能将继续完善。风险识别、预警机制以及金融处罚限制制度将逐一建立和完善。五是信用增进机制将更趋完善。上市公司和发债企业披露环境信息的制度安排将得到继续强化。

（三）金融市场国际化的双向融合将更为深入

金融开放发展的新体制将顺应经济金融的新形势得以建立，金融业双向开放和国际国内金融市场的深度融合将促进对外开放呈现全新局面。一是金融机构间的国际合作将更为深入。亚洲基础设施投资银行、金砖国家新开发银行、丝路基金等将吸引国内外金融机构的广泛合作。二是服务“一带一路”的金融合作平台建设将以更快、更大的步伐迈进。政策性银行、主权财富基金、产业投资基金、保险公司、风险资本等各类金融机构之间的开放合作将为“一带一路”提供多元共赢、持续可靠的金融保障。三是双向深入的资金融通将在多个层面和领域得以实现。有序实现人民币资本项目可兑换、境内外投资额度限制逐步取消将极大推进资本市场的双向开放，更多符合条件的境外机构将在国内证券市场融资；进一步拓宽符合条件的投资者群体，优化完善财税支持等相关配套政策，吸引和推动更多长期资金投资银行间债券市场；加快完善上海黄金交易所国际业务板块，研究推出以人民币报价的黄金定盘价机制，吸引更多境外投资者参与我国黄金市场，提升我国在国际黄金市场上的影响力和话语权等。

第二章 货币市场

2015年，货币市场运行平稳。包括同业拆借市场、债券回购市场、短期融资券市场和票据市场在内的各个子市场成交量均大幅增加；市场利率水平显著下行，拆借和回购市场利率中枢逐步下降，短期融资券收益率曲线整体下行，银行间票据转贴现利率呈现阶段式震荡下行。

一、同业拆借市场

2015年，同业拆借市场平稳运行，交易规模大幅增长，利率中枢逐步下行，市场交投持续活跃，对外开放程度不断提高。

（一）同业拆借市场的运行情况

2015年，同业拆借市场累计成交64.21万亿元，日均成交2 578.86亿元，同比增长71.18%。2015年同业拆借全年加权平均利率为2.04%，同比下降92个基点。同业拆借利率最高点为3月9日的5.20%，比2014年的最高点低144个基点；最低点为5月20日的2.10%，比2014年的最低点低23个基点；全年利率极差为310个基点，同比缩小120个基点。

同业拆借交易期限结构继续向短期集中。7天期以内交易合计成交61.69万亿元，占总交易量的96.08%，较上年上升1.55个百分点。其中，隔夜拆借交易占总交易量的84.09%，较上年上升5.77个百分点；7天期拆借交易占比为11.99%，较上年下降4.22个百分点；7天至3个月期限拆借交易占比为

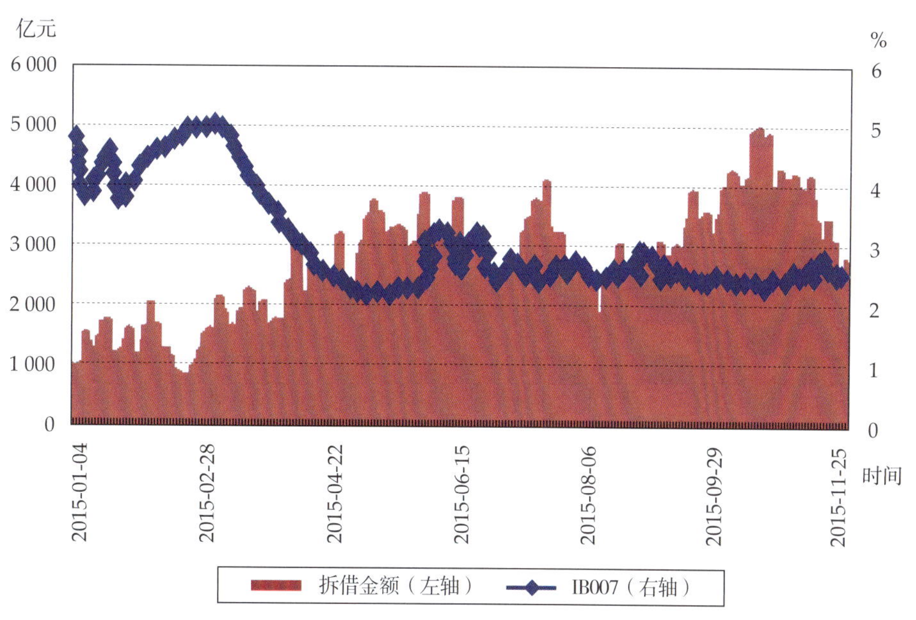

数据来源：全国银行间同业拆借中心。

图2-1 2015年同业拆借交易量和利率走势

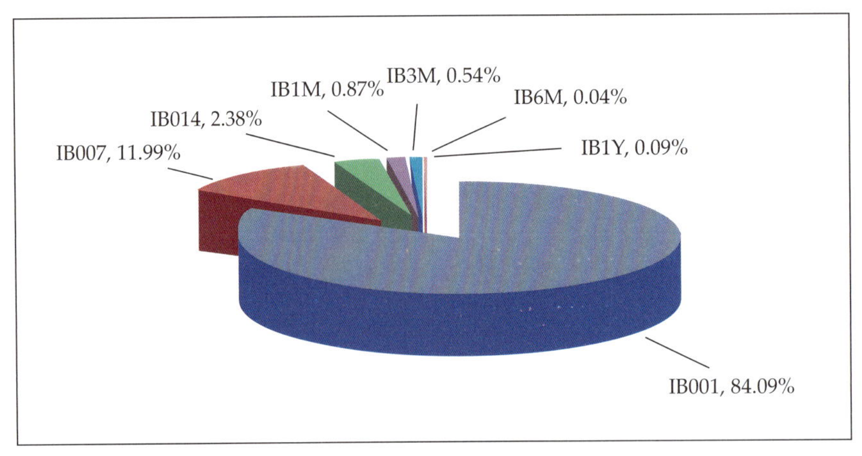

数据来源：全国银行间同业拆借中心。

图2-2 2015年同业拆借交易期限结构

3.79%，较上年下降1.58个百分点；3个月以上期限拆借交易占比为0.13%，较上年上升0.04个百分点。

2015年，同业拆借市场交易主体以银行业金融机构为主，银行业金融机构交易金额占同业拆借市场交易量的85.55%，非银行金融机构交易量占比为14.45%。其中，股份制商业银行的交易量占比最大，为32.56%；其次为大型商业银行，占17.74%；城市商业银行、政策性银行、外资银行占比分别为14.09%、8.96%和7.16%；非银行金融机构中，证券公司、企业集团财务公司比较活跃，交易量占比分别为8.41%和4.92%。

（二）同业拆借市场运行的主要特点

1. 成交规模增长较快

2015年，同业拆借市场交易规模实现大幅增长，月度成交规模呈稳步上升态势。上半年，受货币政策、金融资产价格上涨、资本市场的扩容以及短期资金借贷成本下降等因素所激发的短期资金需求影响，同业拆借市场资金借贷活跃，月成交规模从年初2万亿元左右逐步上升至年中的6万亿元左右，并继续保持在较高水平；进入第四季度后，年内多次降息降准的累积效应以及多种货币政策工具运用为银行体系释放了大量流动性，货币市场上流动性供给充足，加之利率、汇率市场化水平的不断提高，金融机构流动性管理需求大幅上升，同业拆借市场成交规模进一步放大，11月份单月成交规模最高，接近9万亿元。

2. 利率中枢大幅下移，波动幅度进一步收窄

2015年，同业拆借市场成交利率呈冲高回落后低位盘整走势，利率中枢较上年大幅下移。年初，节日效应对短期市场资金面影响有限，7天期同业拆借利率从年初4%左右的低点小幅上升至3月前后年内高点5.20%；随着人民银行降息降准政策的有序出台，各期限市场利率逐步单边下行，至5月末降至年内最低的2.10%；下半年，市场短期利率基本稳定，呈现缓步下移的趋势，利率波幅较上半年进一步收窄至100个基点以内。货币政策连续性、稳定性的不断提高以及有针对性的预调微调，对合理调节流动性、稳定并引导市场预期作用明显。

3. 融资结构变化不大

同业拆借市场继续保持银行业金融机构融出、非银行金融机构融入的特点。其中，净融出量最大的机构为大型商业银行，全年累计净融出13.52万亿元，占净融出机构融出总量的41.39%。其次是政策性银行和股份制商业银行，净融出量分别为10.61万亿元和8.16万亿元，同比分别增长71.82%和39.78%，净融出占比分别为32.48%和24.98%。非银行金融机构中，证券公司和财务公司净融入量最大，分别为10.67万亿元和5.60万亿元，同比增长183.78%和216.38%，净融入占比分别为32.67%和17.14%。

4. 对外开放步伐加快

近年来，在人民币国际化进程不断加快的背景下，同业拆借市场对外开放的力度持续加大，已成为连接境内外金融机构的重要桥梁和纽带。境外清算行在银行间市场的拆借规模、交易活跃度、对手方范围等方面均取得了较快进展。截至2015年年末，共有六家境外清算行进入境内银行间同业拆借市场，累计开展银行间同业拆借交易744笔，较2010年增长了近13倍，累计交易金额为1.65万亿元，较2010年增长了93倍。交易对手范围则从2010年仅包括国有商业银行和股份制商业银行两类共3家商业银行，逐步扩大至目前包括大型商业银行、股份制商业银行、城市商业银行、外资银行四类共18家商业银行。

（三）同业拆借市场发展趋势

经过多年的发展，同业拆借市场的监管框架日趋成熟，基础设施建设不断完善，市场主体日益丰富，交易规模稳步增长，市场对外开放有序推进，在培育金融机构流动性管理水平和定价能力方面发挥了重要作用。在市场化改革以及人民币国际化进程不断加快的新形势下，同业拆借市场将继续完善基础设施，不断推进市场化监管体系建设，加快市场对内对外开放，为市场参与者营造更为公平、透明、高效的市场运行环境。

二、债券回购市场

2015年，银行间债券回购市场交易规模大幅增加，交易期限结构继续短期化，回购利率显著下行，政策性金融债在回购标的中的占比最大，大型商业银行、政策性银行和股份制商业银行表现为资金净融出。

（一）债券回购市场的运行情况

2015年，银行间债券回购市场累计成交457.76万亿元，同比增长104.20%。其中，质押式回购累计成交432.41万亿元，同比增长103.56%；买断式回购累计交易25.35万亿元，同比增长115.74%。交易所国债市场标准券回购交易额为15.04万亿元，同比增长40.7%。

2015年，银行间债券回购市场回购利率及波动幅度同比继续下降。质押式回购加权平均利率为2.19%，比2014年下降79个基点，回购利率最高点为2月17日的4.51%，最低点为5月20日的1.13%，年内波动幅度较大，利率极差为338个基点。买断式回购加权平均利率为2.63%，比2014年下降81个基点，利率极差为363个基点。

（二）债券回购市场运行的主要特点

1. 市场规模大幅增长

2015年，银行间债券回购市场成交规模大幅增长，交易金额同比增长了104.20%，增

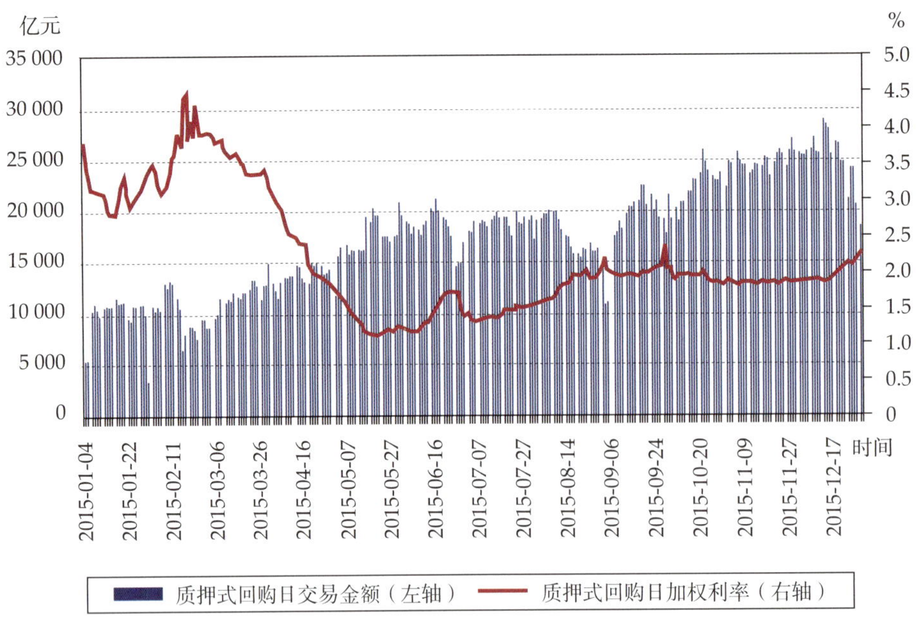

数据来源：中国货币网。

图2-3　2015年质押式回购成交量价

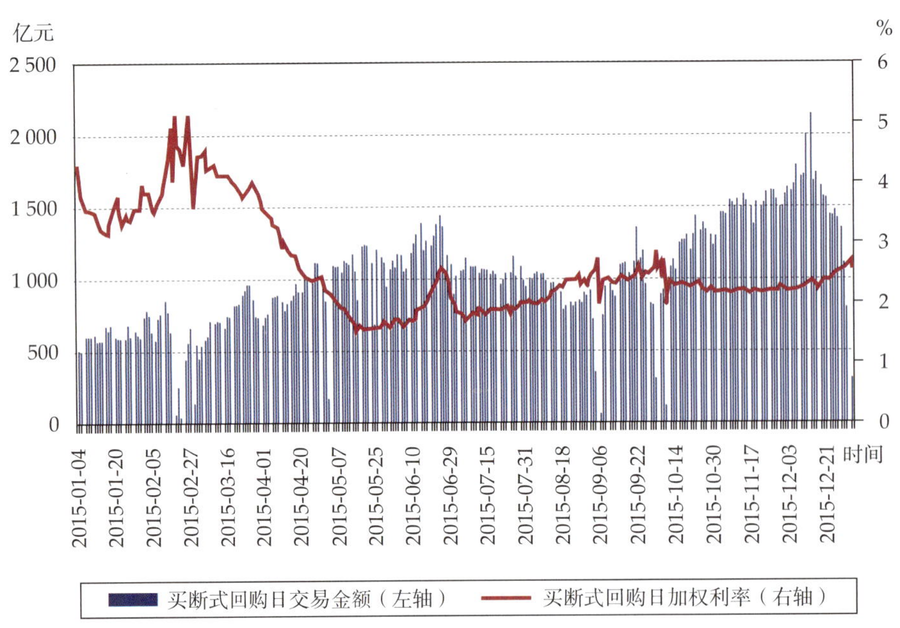

数据来源：中国货币网。

图2-4　2015年买断式回购成交量价

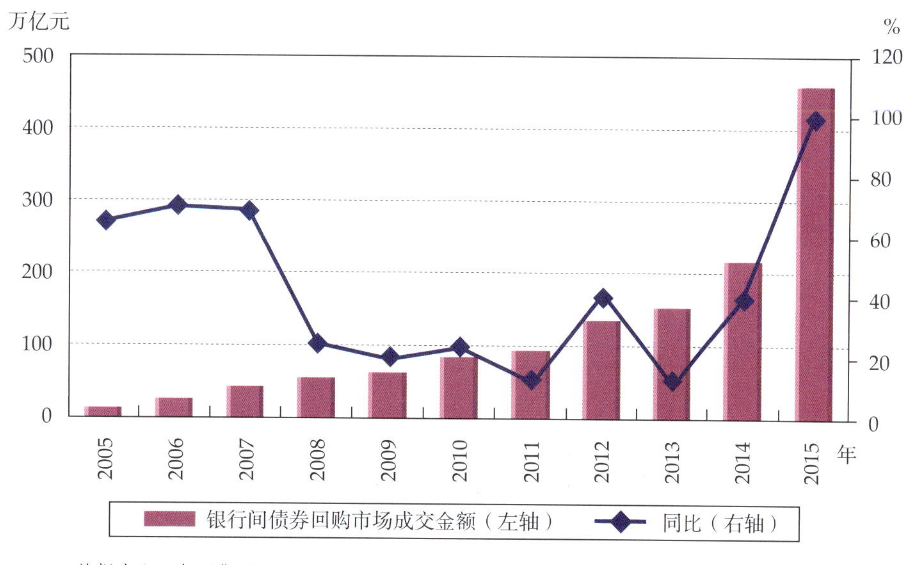

数据来源：中国货币网。

图2-5　2006～2015年债券回购市场交易规模及增长率

长率较上年的41.73%上升了62.47个百分点。买断式回购及质押式回购成交规模同比增长了115.74%。

2. 交易期限结构继续呈现短期化

在交易期限结构方面，7天以下的质押式回购交易占比达96.26%，较2014年增加了4.25个百分点。其中，隔夜品种成交继续活跃，共成交370.09万亿元，占质押式回购总成交量的85.59%，较2014年增加了7.01个百分点；7天品种成交量占比为10.67%，较2014年下降3.47个百分点。14天以上期限回购交易占比有所回落，其中14天品种成交量占比为2.64%，较2014年下降了1.88个百分点，21天期及以上的品种交易占比为1.09%，较2014年下降2.63个百分点。

买断式回购交易期限也在上年开始呈现短期化的基础上进一步短期化，7天及7天以下的品种的交易占总成交量比重达92.49%，较2014年增加了9.47个百分点。

3. 政策性银行债券仍是回购的主要标的

2015年，以国债、央行票据和政策性金融债为标的质押式回购占比为76.75%，比2014年减少了2.34个百分点。其中，以央行票据作为回购标的的交易占比由2014年的0.76%减少到0.54%，延续了自2009年以来的下降趋势。而以短期融资券、超短期融资券、中期票据和企业债券为标的的质押式回购占比为14.99%，与2014年相比差别不大。

2015年，以国债、央行票据和政策性金融债为标的的买断式回购占比为43.57%，比2014年减少了1.87个百分点。以短期融资券、超短期融资券、中期票据、集合票据和企业债为标的的买断式回购占比由上年的51.30%上升为54.03%，上升了2.73个百分点。公司信用债券作为回购抵押品逐步为市场所认可。

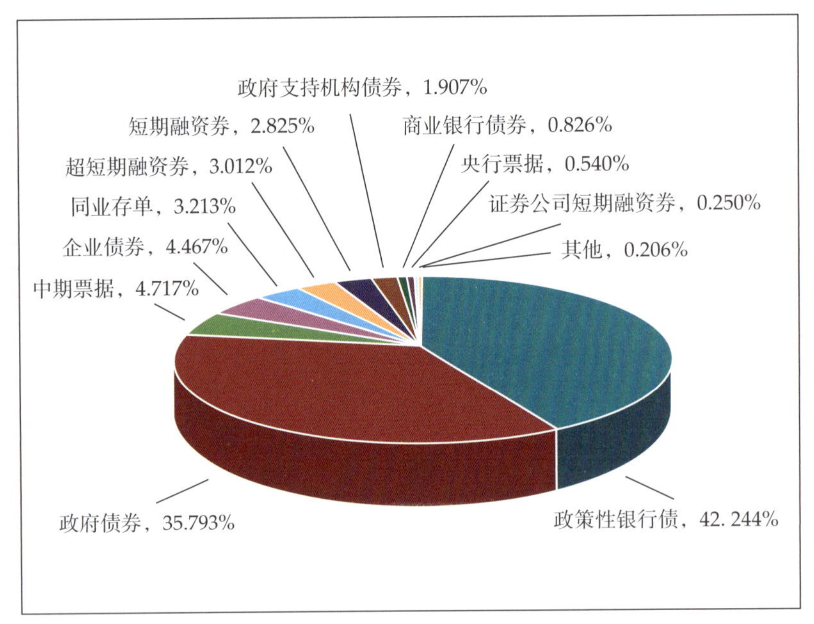

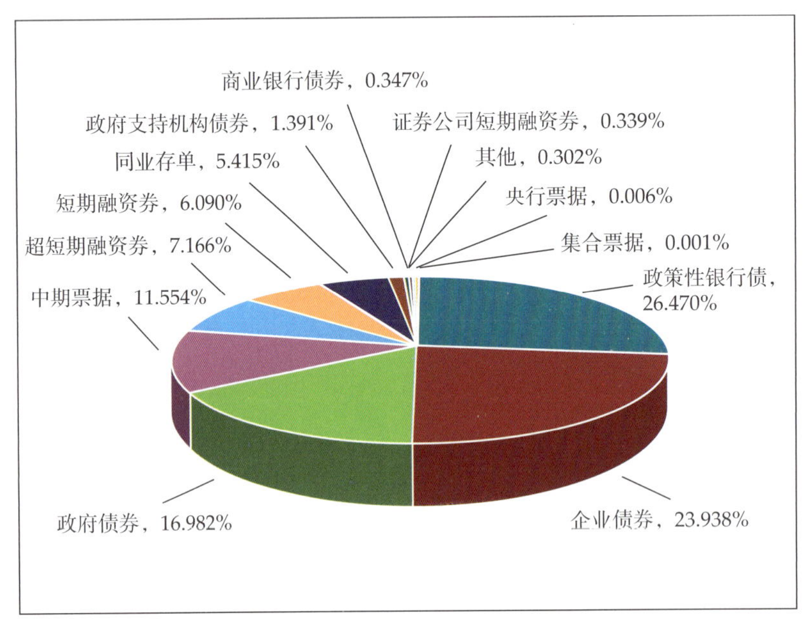

数据来源：中央国债登记结算有限公司、上海清算所。

图2-6 2015年银行间债券质押式回购（上图）和买断式回购（下图）标的结构

4. 大型商业银行等表现为资金净融出

从资金净流向来看，融出资金前三位的机构分别是大型商业银行、政策性银行、股份制商业银行，净融出资金分别为102.99万亿元、101.29万亿元和13.31万亿元；融入资金前三位的机构分别是城市商业银行、农村商业银行和合作银行、证券公司，净融入资金分别为50.55万亿元、40.60万亿元和36.46万亿元。

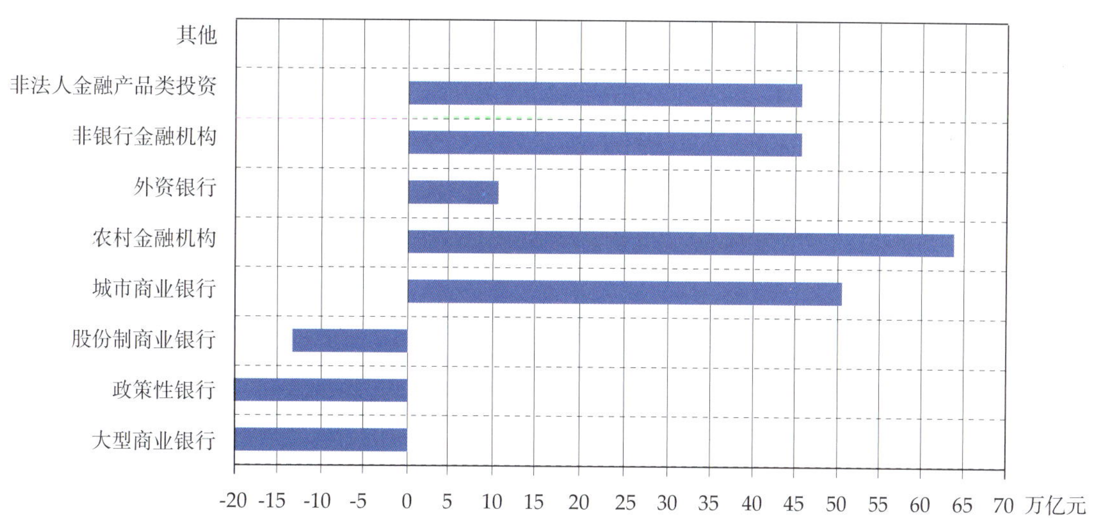

注：1. 图中数据为正回购减去逆回购的净回购金额。
2. 大型商业银行包含中国工商银行、中国建设银行、中国农业银行、中国银行、交通银行、邮政储蓄银行6家。
3. 政策性银行仍包含国家开发银行。
4. 股份制商业银行不含交通银行。
5. 农村金融机构含农村商业银行和农村合作银行、农村信用联社、村镇银行。
6. 非银行金融机构含证券公司、基金公司、财务公司、保险公司、保险公司的资产管理公司、资产管理公司、信托投资公司等。
7. 非法人金融产品类投资含基金、基金公司的特定客户资产管理业务、证券公司的证券资产管理业务、保险公司的保险产品、社保基金、企业年金、商业银行资产管理、信托公司的金融产品、其他投资产品等。

数据来源：中国货币网。

图2-7 2015年债券回购市场机构交易情况

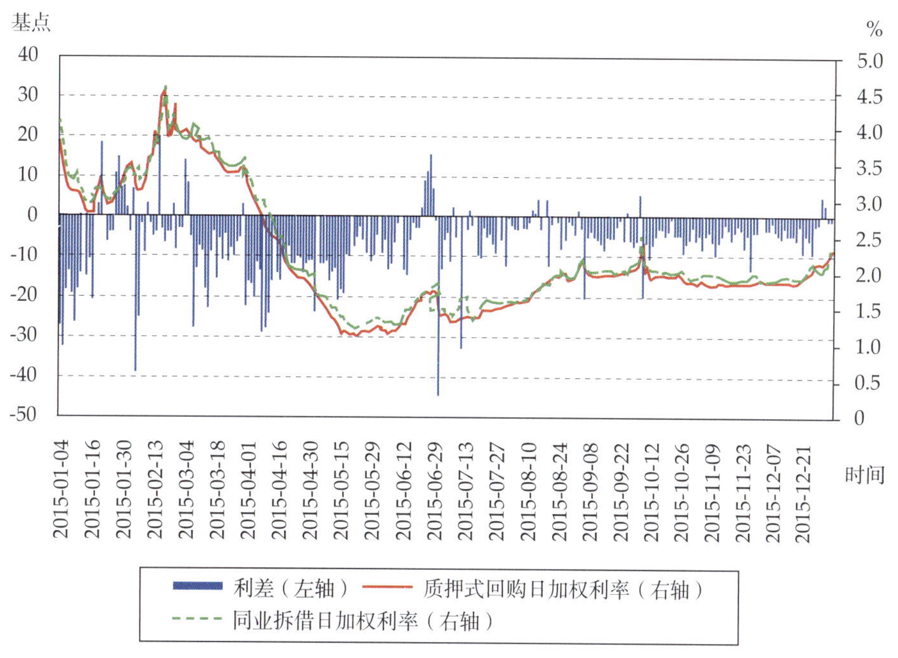

数据来源：中国货币网。

图2-8 2015年债券回购利率与同业拆借利率走势及利差情况

5. 债券回购利率与同业拆借利率保持高度同步

2015年质押式回购日加权平均利率与同业拆借日加权平均利率的序列相关系数为0.99，二者在趋势上保持了高度同步。从二者的利差来看，二者利差的平均值为9个基点，较上年增加1个基点，在250个交易日中，小于10个基点的天数占比为66.27%。

2015年回购利率震荡上行，达到峰值后剧烈下降，后呈微幅震荡的上升趋势。从质押式回购日加权平均利率来看，年初开始快速上升，并在2月份达到年内高点4.51%，之后下降至5月22日的低点1.13%，随后呈现微幅震荡的上升趋势。

（三）债券回购市场的发展趋势

展望2016年，随着“十三五”时期的开局以及创新、协调、绿色、开放、共享发展理念的实施，我国经济将进入新的发展阶段，货币政策也将保持稳健，为经济结构调整和转型升级营造中性适度的货币金融环境。2016年，我国银行间债券回购市场将会保持稳步健康发展。一是在流动性整体充裕和市场利率低位稳定运行的环境下，银行间债券回购市场的交易将保持活跃，市场规模有望稳步提升；二是随着我国金融业双向开放的进一步扩大，以及上海依托自贸试验区加快建设面向国际的金融市场战略实施，境外机构参与我国银行间债券回购市场的主体范围和规模有望不断拓展；三是随着市场规模的发展壮大以及境内外参与机构的不断增加，我国银行间债券回购市场的各项制度建设也会进一步完善，在法律规章、会计准则、监管规则及基础设施等方面会不断与国际金融市场接轨。

三、短期融资券市场

2015年，短期融资券市场保持快速发展势头，一级市场发行规模显著增加，存量规模稳步增长；二级市场平稳运行，现券交易量不断增加，收益率曲线整体下行。

（一）短期融资券市场的运行情况

2015年，非金融企业公开发行2 538只非金融企业短期融资券，只数较上年增加67.30%；累计发行额为32 727.30亿元，较上年增加50.35%。全年累计兑付金额为23 420.83亿元。2015年，未到期短期融资券余额为25 989.60亿元，同比增长49.92%。2015年，平均每只短期融资券的发行规模为12.89亿元，较上年下降1.45亿元。2015年共有39家证券公司累计发行171只证券公司短期融资券，发行只数较上年减少81只；累计发行规模2 753.6亿元，较上年减少33.1%。

二级市场平稳运行，现券交易量逐月增加。2015年，非金融企业短期融资券现券成交量从1月份的6 393.54亿元稳步增长至12月份的14 689.40亿元，增幅达129.75%。2015年全年，短期融资券市场累计现券交易11.80万亿元，较2014年增加120.62%。

（二）短期融资券市场运行的主要特点

1. 超短期品种快速发展

2015年，超短期融资券发行占比明显提高。从发行只数看，超短期融资券在非金融企业短期融资券（含非金融企业超短期融资

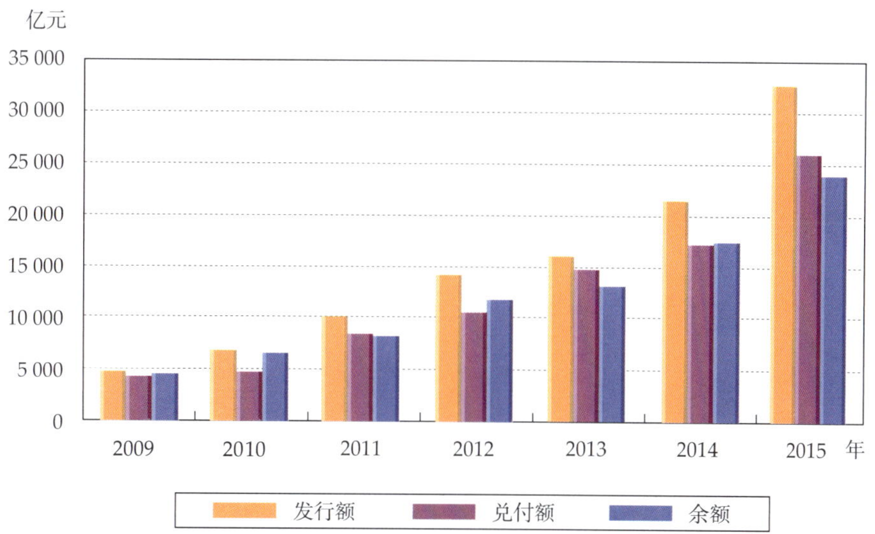

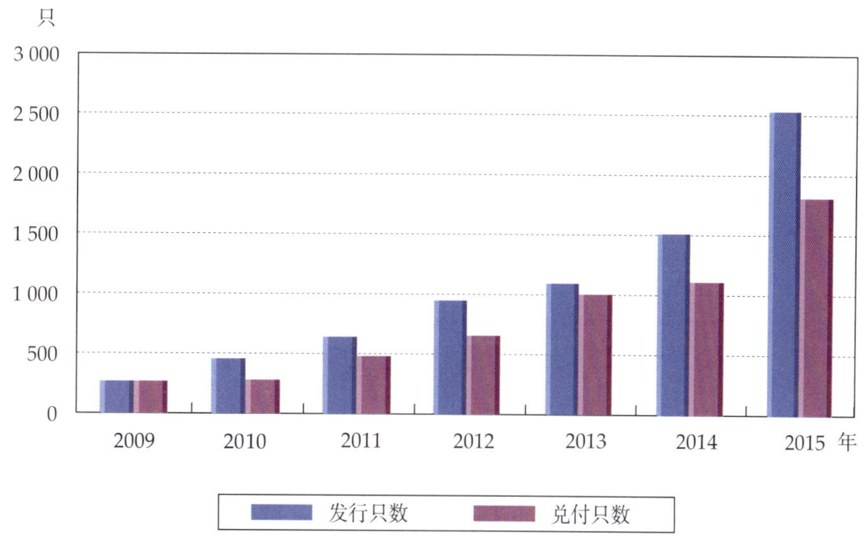

数据来源：中国银行间市场交易商协会。

图2–9　2009~2015年短期融资券发行、兑付情况

券）中的占比约56.38%，较2014年提高27.11个百分点；从发行规模看，超短期融资券在非金融企业短期融资券的占比约70.41%，较2014年提高19.67个百分点。超短期产品的快速增长，体现了发行人超短期资金需求和更加灵活的流动性管理需要。

2. 发行利率和市场收益率均有所下行

2015年，短期融资券发行利率与货币市场利率保持较好的同步性，有效发挥了债务融资工具市场对利率政策传导的作用。2015年，短期融资券（包括超短期融资券）加权发行利率4.02%，低于贷款利率（5.79%）1.77个百分点，按短期融资券发行量3.09万亿元、平均期限0.73年匡算，已为发债企业节约利息费用约399亿元。

从二级市场收益率来看，1～3月，非

金融企业短期融资券二级市场收益率显著下行，随后在3月中下旬有所回调，但从4月初开始重新步入下行通道。截至2015年年末，1年期AAA级、AA级及A级短期融资券收益率分别为2.8734%、3.7234%和8.0934%，较年初分别下行184个基点、190个基点和144个基点，延续了自2014年以来的下行趋势。

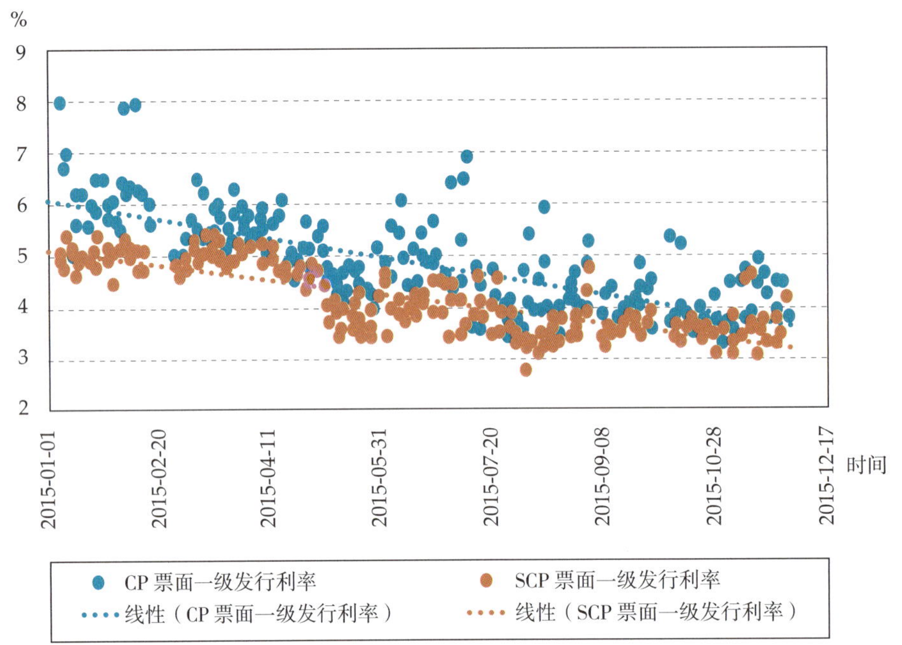

数据来源：上海清算所。

图 2-10　2015 年短期融资券一级市场发行利率

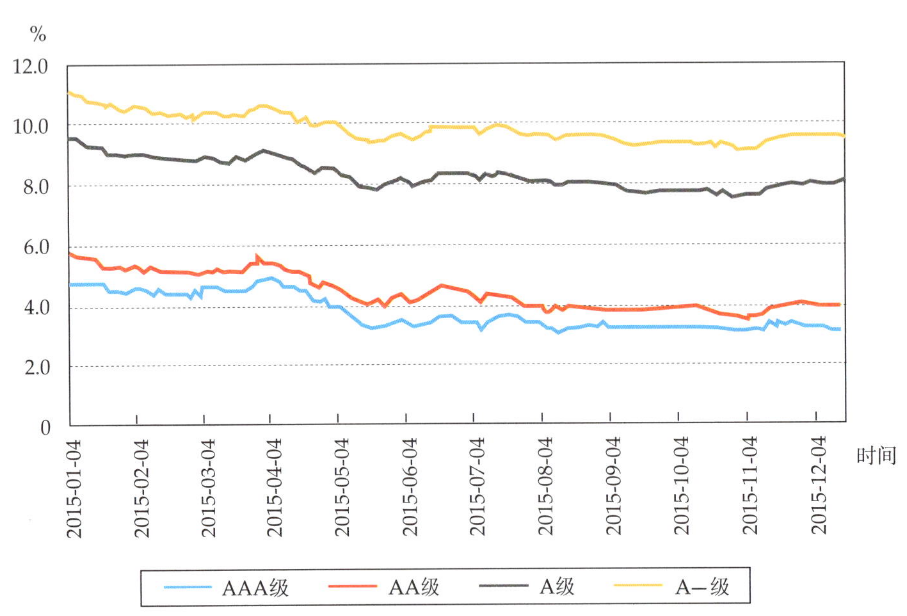

数据来源：中央国债登记结算有限责任公司。

图2-11　2015年短期融资券二级市场收益率

3. 发行主体信用评级重心上移

2015年，短期融资券发行主体的信用评级呈上升趋势，AA级以上的发行人数量、发行只数、发行金额有所增加。2015年，AA级及以上企业发行人数量占比为93.60%，同比上升7.71%；AA级及以上企业累计发行短期融资券共2 268只，同比上升74.19%；AA级及以上企业累计募集资金32 434亿元，同比上升41.27%。

4. 投资者结构进一步多元化

短期融资券（含超短期融资券）持有人结构进一步改善。截至2015年年末，银行理财、基金、信托、资管产品等集合投资人已成为短期融资券的第一大持有群体，持有占比65.44%，比2014年年末显著提高9.08%；商业银行自营资金持有占比显著降低，持有占比为25.42%，较2014年年末显著下降10.69个百分点；证券公司、信用社等非银行类金融机构继续增持短期融资券，保险机构、信用社、证券公司分别持有短期融资券占比为3.82%、1.72%和2.93%。

（三）短期融资券市场发展展望

2016年是“十三五”的开局之年，我国经济将继续坚持稳中求进总基调，保持经济运行在合理区间，着力加强结构性改革。因此，从发行方面看，2016年非金融企业融资需求将保持平稳，短期融资券市场规模也有望稳步增长。由于2015年11月放开了超短期融资券发行主体限制，所有具有法人资格的非金融企业均可注册发行该产品，预计2016年超短期品种有望进一步普及。从投资者方面来看，自2014年12月人民银行批准信托产品、券商资管计划、基金公司及其子公司资管计划、保险资管产品四类非法人投资者重新进入银行间债券市场之后，2015年6月私募投资基金也获批进入银行间债券市场。新的合格投资者进入债务资本市场参与投资交易，也有助于进一步丰富短期融资券投资者队伍，优化投资者持有机构。

四、票据市场

（一）票据市场运行概况

1. 票据签发业务增速放缓

随着我国经济增速放缓、经济结构调整持续推进，银行业金融机构更加注重商业汇票承兑业务的客户选择，商业汇票签发量增速有所放缓。2015年，企业累计签发商业汇票22.4万亿元，同比增长1.3%；期末商业汇票未到期金额10.4万亿元，同比增长5.4%。与上年相比，增速分别下降了7.6个和3.9个百分点。与此相反，电子商业汇票签发业务继续保持高速增长，累计签发134.08万笔，出票金额为5.6万亿元，同比分别增长58.7%和78.9%。

2. 票据融资业务持续快速增长

在经济下行压力和企业信用风险加大的经营环境下，银行加大了对票据贴现业务的办理力度，积极发挥票据作为信贷规模调节器的作用，票据贴现业务增长迅速。2015年，金融机构累计贴现102.1万亿元，同比增长68.2%；期末贴现余额为4.6万亿元，同比增长56.9%；其中，电票融资业务继续保持高速增长，金融机构电票贴现累计49.54万笔，金额为3.73万亿元，同比分别增长110.5%和148.8%；电票转贴现155.71万笔，金额为22.13万亿元，同比分别增长217.0%和360.4%。

3. 票据市场利率总体呈现下降趋势

由于银行体系流动性合理充裕，货币市场利率呈下降趋势；加上信贷规模较为宽松，机构配置票据资产的意愿增强，票据市场资金总体上供大于求，票据直贴与转贴利率均呈波动下行态势。大体来看，票据市场利率走势大概可以分为以下五个阶段：第一季度高位盘整，4~5月份破位下跌，6月份大幅反弹又快速回落，第三季度低位窄幅波动，第四季度快速下探又小幅反弹。

数据来源：Wind资讯。

图2-12 2015年6个月直贴利率走势

数据来源：中国票据网。

图2-13 2015年转贴现利率走势

（二）票据市场运行发展特点

1. 票据市场对实体经济的支持作用显著

2015年以来，随着我国经济增速持续放缓，传统大型企业去库存、去产能压力有增无减，银行业坏账率持续攀升，银行惜贷现象渐趋明显。在此背景下，票据融资的低成本、低资本约束、低风险特性开始受到企业和银行的青睐，票据融资交易量快速增长，票据融资余额占人民币贷款余额的比重也节节攀升。全年累计贴现102.1万亿元，首次突破百万亿元。截至12月末，全国金融机构票据融资余额为4.6万亿元，比上年末增加了1.7亿元；票据融资在各项贷款中的占比上升至4.9%，比上年末上升了1.3个百分点。分季度看，第一、第二和第三季度，全国金融机构票据融资规模分别增加了1 643亿元、7 048亿元和5 311亿元，单季环比增速分别为5.6%、21.9%和14.1%；10月和11月票据融资合计增加3 262亿元，12月首次减少，环比下降634亿元或1.37%。

从企业结构看，由中小企业签发的银行承兑汇票约占2/3，因此票据市场的快速发展极大地缓解了中小微企业融资难、融资贵问题，具有其他市场难以替代的优势。首先，票据融资的准入门槛较低。只要企业有真实的贸易背景、能够提供相应的合同发票等证明材料并找到具有一定资信的票据承兑人，即可通过票据融资快速获得资金；其次，票据融资的成本较低。企业申请签发银行承兑汇票一般只需要缴纳极低的手续费就可以获得银行信用，在企业申请贴现时，贴现利率一般低于同期限贷款利率；最后，票据融资可提升中小微企业的信用。通过签发银行承兑汇票，企业信用可以转为银行信用，增强交易对手对小微企业的认可度，促进交易的达成和商品的流通。

2. 票据转贴现交易活跃，利率大幅下跌

2015年以来，宏观经济运行持续疲弱，

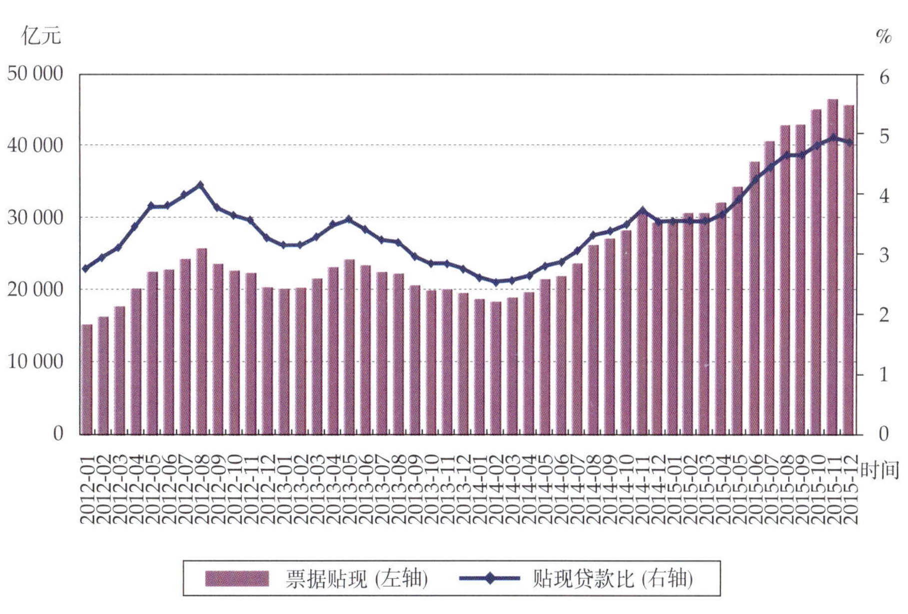

数据来源：中国人民银行。

图2-14　2012~2015年票据融资情况

人民银行多次下调存贷款基准利率和存款准备金率，信贷规模和流动性双宽松，票据市场利率不断下跌。为了提高票据业务整体收益率，金融机构积极开展以票据为标的的资金业务，通过票据交易博取票据利率波动的价差收益。据“中国票据网”显示，2015年，“中国票据网”买断报价金额为7.33万亿元，卖断报价金额为4.67万亿元，市场买断卖断报价金额比值约为1.57，显示在当前信贷资金规模宽裕和经济下行压力情形下，商业银行买入票据扩充信贷规模的策略明确。

随着市场利率重心不断下移，票据转贴现利率也不断下行，并创出2011年以来的新低。根据“中国票据网”的报价显示，2015年1月份票据转贴现买入加权平均利率和转贴现卖出加权平均利率分别为5.4%和5.05%，较上年12月份分别下跌了约50个基点和45个基点；2~3月，金融市场政策面相对稳定，票据转贴现利率震荡整理；第二季度央行降准和降息后，票据利率再次步入下行通道，4月“中国票据网”转贴现买入报价加权平均利率为4.84%，环比下降了64个基点。5月跌至3.7%附近。6月和7月上旬，受半年末时点效应、大盘股IPO以及证券市场波动加大等因素的影响，监管部门加大金融市场维稳力度，票据转贴现利率回升,票据转贴现利率短期内反弹至3.8%~3.9%；随后由于市场资金面仍维持宽裕局面，转贴现利率延续震荡下跌走势；10月末，央行再次实施“双降”政策后，转贴现利率小幅下跌并向下突破3%，在年末机构交易相对谨慎和资金面更趋均衡的背景下，票据转贴现利率围绕3%作震荡整理运行。

票据市场利率大幅下降原因可以归结为以下几点：

第一，票据的资金属性引导票据市场利率继续下行。票据市场作为货币市场的子市场，其重要特征在于票据具有显著的资金属性，票据价格与同业拆借、国债回购价格等具有较强的联动效应，价格的较大差异会引发机构的套利活动，从而保证价格差异保持在合理水平。从资金面来看，2015年以来，

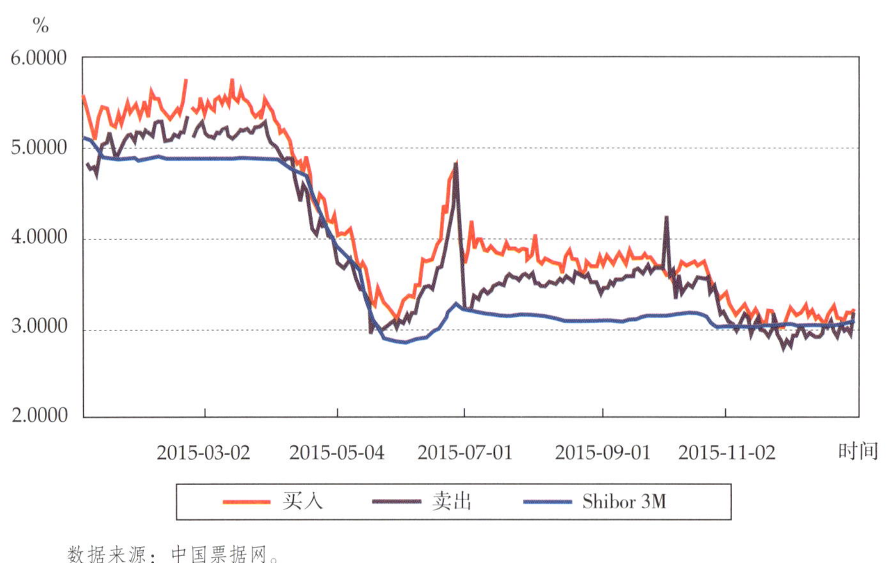

数据来源：中国票据网。

图2–15　2015年票据贴现买入、卖出报价情况

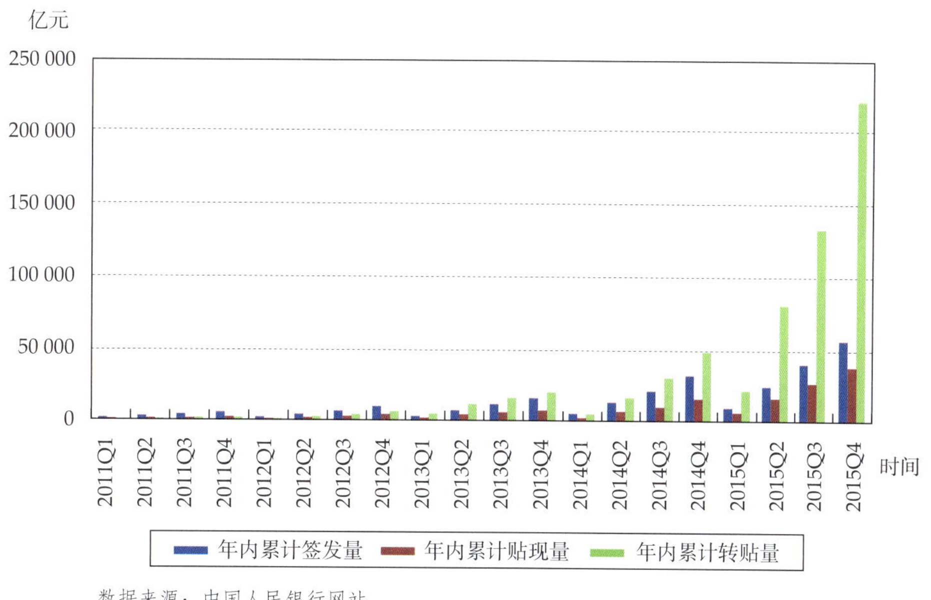

数据来源：中国人民银行网站。

图2-16　2011~2015年各季度电票累计签发量、累计贴现量和累计转贴量

人民银行继续实行稳健的货币政策，多次降准降息，市场流动性充裕，货币市场利率一路下行从而带动票据市场利率走低。

第二，机构配置票据资产的强烈意愿压降票据利率。宏观经济进入新常态以来，以地方融资平台贷款和房地产贷款代表的高收益又相对安全的资产可得性降低，商业银行面临“资产荒”，票据资产相对其他资产的优势进一步显现。一方面，作为一种信贷资产，商业银行可以在信贷投放不足时补充票据资产以保持合意贷款规模；另一方面，作为一种同业资产，票据资产可以有效节约资本，提高资本收益率。因此，在当前经济低迷的市场环境下，商业银行对票据资产的争夺压低了票据市场利率。

3. 电子票据市场快速发展

近年来，票据市场电子化程度不断提高，各项电票业务加快发展。从2011年到2015年，电票累计承兑金额由5 369亿元增加到5.6万亿元；累计贴现金额从1 716亿元增加到3.73万亿元；累计转贴现金额由2 151亿元增加到22.13万亿元。总体来看，电子票据承兑保持高速增长。而交易量加速扩张，表明电票无论在企业层面的普及性，还是在商业银行之间的流动性都有显著改善。

从电票业务量占全部票据业务量的比重来看，电子票据承兑金额占全部票据的比重从2011年的3.6%提高到2015年的25%；交易金额（直贴量、转贴量之和）占比从2011年的1.2%提高到2015年的25.3%。无论是承兑金额还是交易金额，电票的占比均加速上升。主要是由于在票据市场周转交易需求日益增加、纸票交易风险逐渐暴露、信贷规模因素弱化的背景下，电子票据的高效、便捷、安全等优势逐渐凸显，金融机构发展电票的意愿明显增强，电票系统代理接入等业务在商业银行间“多点开花”。

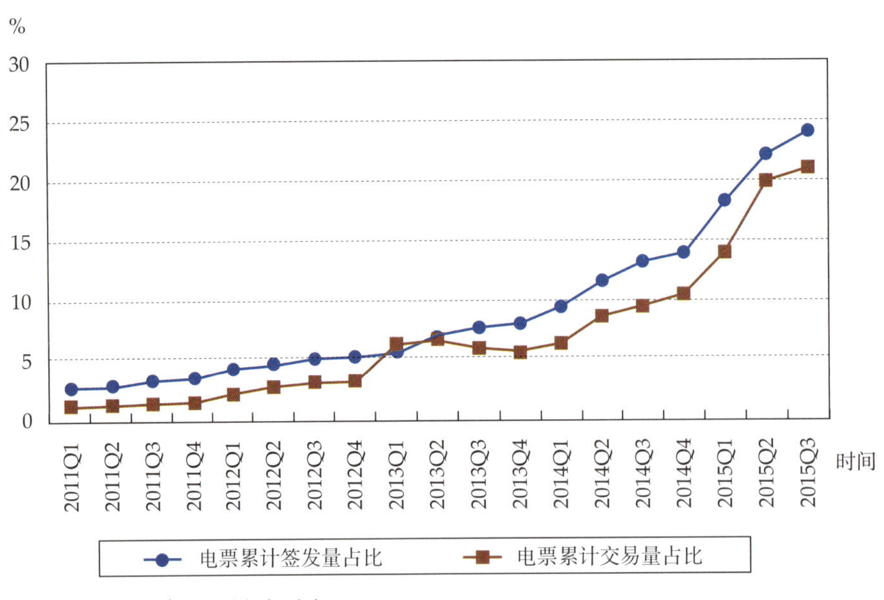

数据来源：中国人民银行网站。

图2–17 2011~2015年各季度电票累计签发量占比和累计交易量占比

4.“互联网+”推动票据市场加快创新步伐

在“互联网+”时代，票据作为一项最传统的资金融通业务也呈现出了电子化、网络化趋势。除了人民银行开发的商业电子汇票系统外，一些银行也开发了系统内的纸票电子化系统和交易平台，实现了系统内票据交易的电子化和网络化，并利用其平台向投资者销售票据理财产品；有些银行还为系统外机构提供纸质票据电子化托管、报价、交易匹配、资金清算、风险控制、信息统计等综合服务；一些票据中介机构、互联网公司、P2P平台和电商也利用其客户优势或平台资源，积极拓展票据业务，建立线上票据电子经纪平台，为投融资双方发布票据供求信息的传递、撮合、交易及后台支持，有的甚至直接参与票据交易业务。

“互联网+”票据业务的迅速兴起是投融资双方在互联网时代双向选择的结果，有其现实必然性。在经济不景气的市场环境下，个人和银行都面临着“资产荒”，大量金融资源聚集于大银行，流向大企业，博取低微的利息收入；对于广大中小企业来说，融资渠道狭窄、资金需求难以满足，不得不选择银行以外的渠道获取资金。而互联网票据理财为投资者和中小企业之间的资金融通打开了一条通道，为投融资双方提供了一个相互选择的平台，提高了市场效率。虽然从现实发展来看，这一通道的合规性、合法性等还存在一定问题，但不可否认，它一定程度上迎合了中小企业的融资需求，缓解了“融资难、融资贵”的问题，同时也为大众投资者提供了低门槛、低风险的投资渠道。

（三）票据市场发展展望

在我国宏观经济进入新常态、金融改革深入发展的背景下，票据市场也面临着改革监管体制与完善基础设施的要求。在我国金融市场体系中，目前仅有票据市场还是以纸质媒介、场外市场、询价交易、人工托收等原始低效的方式来开展业务，基础设施落后。因此，完善票据市场基础设施，改革票据市场监管方式将势在必行，这会对商业银行的传统票据业务带来机遇与挑战。

1. 票据市场基础设施建设将稳步推进

当前以纸质票据、场外交易为主的票据市场存在诸多问题，如市场割裂、资源配置效率低、交易成本高、信息透明度低、监管漏洞大等，这与其所肩负的服务实体经济、特别是对中小企业的融资重任难以匹配。尽管有银行、票据中介和各类互联网公司为了满足市场需求，开发了各类票据信息平台，但均存在功能不全、资质不清、公信力不足等问题。因此，只有进一步完善市场基础设施，才能在化解票据市场风险的同时，更好地发挥票据市场服务实体经济的作用。而构建全国统一的票据登记、托管、交易平台，是实现票据市场跨越式发展的重大举措，必将对票据市场产生深远影响：一是可以极大地提高票据市场的流动性，降低票据融资门槛和融资利率，使票据市场更有效地服务于实体经济；二是可以打破目前票据市场区域分割、资源过度集中于发达地区的局面，促进票据市场协调发展，实现资源的合理配置；三是可以促进票据业务规范化、标准化，丰富市场主体，引导银行以外的资金直接流向实体经济，提高直接融资比重；四是可以进一步提高票据业务的电子化程度和市场透明度，降低票据业务操作风险和交易成本，提高市场运行和监管效率；五是可以促进票据衍生产品的发展，为市场提供更多的风险管理工具和投资工具。

2. 商业银行票据业务将面临较大的风险压力

新常态下的结构调整将打破原有的市场格局，金融政策及监管方式必须适应新形势下经济的发展要求，金融改革将进一步深化、利率市场化和人民币国际化将稳步推进、宏观调控和金融监管将逐步完善，这将给票据市场带来深远影响。一方面，随着经济增速放缓、中小企业生存压力加大、经营环境恶化，票据业务的信用风险和道德风险防控压力较大；同时，随着利率市场化不断加深，银行业负债资金成本有所提高、存贷款利差不断缩窄，而人民币国际化、汇率市场化及证券市场的大幅波动增大了金融市场的波动频度和幅度，这将对金融机构、特别是那些通过期限错配方式开展业务的部分中小金融机构带来较大的市场风险和流动性风险；另一方面，票据作为有承兑保证的优质资产将受到市场广泛青睐，投融资业务票据化趋势明显，特别是以票据为交易对象的互联网金融快速发展，导致票据市场的参与者已经扩展到各类金融机构和企业，票据业务风险容易在不同市场和机构之间传导，传统的商业银行票据业务将面临较大挑战。

专题一 银行间货币市场推出新交易机制X-Repo

2015年8月，银行间货币市场推出X-Repo系统和质押式回购匿名点击业务。质押式回购匿名点击业务指市场参与者发送正回购及逆回购的限价报价，系统根据机构间双边授信条件进行匹配成交的交易方式，匹配成交后正回购方按照统一规则提交质押券。与传统的询价交易相比，质押式回购匿名点击业务改变了机构与机构间必须逐笔一对一协商交易要素的方式，大大提高了机构开展回购交易的效率，增加了市场透明度，优化了回购利率形成机制，是利率市场化进程中回购市场的又一进步。

一、业务背景

银行间货币市场成立于1997年，是金融机构间进行资金融通交易的场所。经过18年的不断发展，银行间货币市场质押式回购日均成交超过2万亿元，市场成员近万家，已成为我国金融机构最重要的流动性管理场所，也孕育了我国货币市场重要的基准利率指标。

银行间回购交易对交易效率提出了更高要求，交易成员数量的上升和交易活跃度的增加使市场交易机制单一的问题逐渐显现。此前，银行间回购交易均采用双边询价的方式，由交易双方逐笔确定交易信息，包括交易量、利率、质押券类型、折算比例等。但随着市场深度及广度的扩大，上述询价机制也逐渐显现出部分弊端，一是一对一询价限制了机构的交易半径，市场参与者寻找对手方效率较低；二是每笔交易的质押券折算率均由双方协商，正回购方管理质押券的成本较高；三是定价机制不透明，个别机构的个体因素可能对当天价格走势造成较大影响。

在此背景下，全国银行间同业拆借中心（以下简称交易中心）对质押式回购交易机制进行了创新，设计了质押式回购匿名点击交易机制。该机制下，正逆回购方可向系统提交包含价量的限价订单，由系统根据双方的授信约束，按照价格优先、时间优先原则进行匹配成交，成交后正回购方按照交易中心公布的统一折算率规则提交质押券，形成完整的成交合同。

二、业务特征

与传统的询价机制相比，质押式回购匿名点击交易机制主要有以下特点：

一是提高交易效率，扩大交易对手范围。参与机构提交正、逆回购订单后，系统自动进行订单匹配，而无须机构逐家寻找对手方、逐笔协商交易要素，大大降低了机构交易成本；此外，基于双边授信约束，可帮助机构在内部风控要求范围内扩大交易对手范围，提高市场的整体流动性。

二是全流程电子化，市场透明度提高。在质押式回购匿名点击业务中，交易双方从发送订单、撮合成交，到质押券提交、授信管理等，均通过集中的电子系统进行；机构交易意愿及成交情况实时通过系统行情信息体现，市场需求更加迅速和准确地通过系统展示，交易透明度提高。

三是价格形成机制更加市场化，回购利率基准性提升。通过“价格优先、时间

优先"的价格形成机制，使回购市场利率以更加市场化的方式形成，避免机构个体因素对市场价格的影响，在利率市场化背景下进一步加强回购市场短期利率的基准性。

四是采用统一的质押券折算率，提高质押品管理效率。质押式回购匿名点击业务可接受质押券为利率债，并由交易中心每日公布各只债券在各个回购品种所适用的标准折算率，这是银行间市场首次采用全市场统一的质押券折算率，与询价交易中逐笔商定质押券要素相比，极大地提高了质押品管理的效率。

三、业务运行情况

2015年8月3日，质押式回购匿名点击业务即X-Repo系统上线。截至年底，X-Repo参与机构总计437家，机构类型包括政策性银行、大型商业银行、股份制银行、城市商业银行、农村商业银行、证券公司、保险公司、基金公司等，机构报价积极性和成交活跃度日渐提高。

X-repo功能上线以来交易较为活跃。日均成交笔数为130笔，最高为397笔，日均成交量在1 500亿元左右，最高为5 612亿元，占同期银行间质押式回购市场日均总成交量的约7%。在成交期限方面，以隔夜交易为主，成交占比超过94%。

在参与机构方面，融入方机构类型较为分散，以股份制银行、国有大型银行、城市商业银行及农村信用联社等类型机构为主，融出方则主要为政策性银行及大型商业银行。对正回购方而言，质押式回购匿名点击业务提供了稳定的融资渠道，提高了其头寸管理的效率；而对于逆回购方而言，减少了每笔交易的质押券核对环节，融出资金更加便利。在成交时段

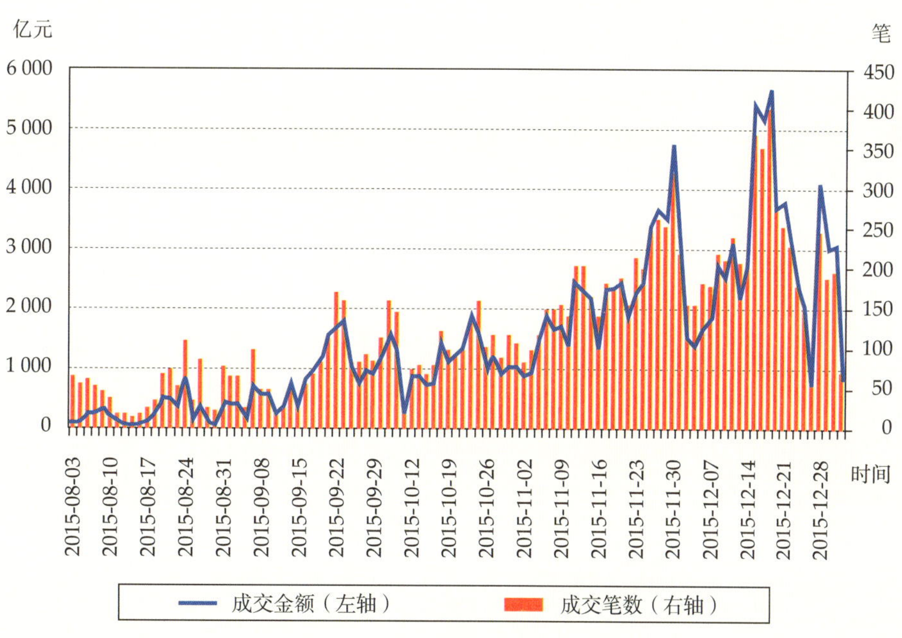

图2-18 质押式回购匿名点击业务成交情况

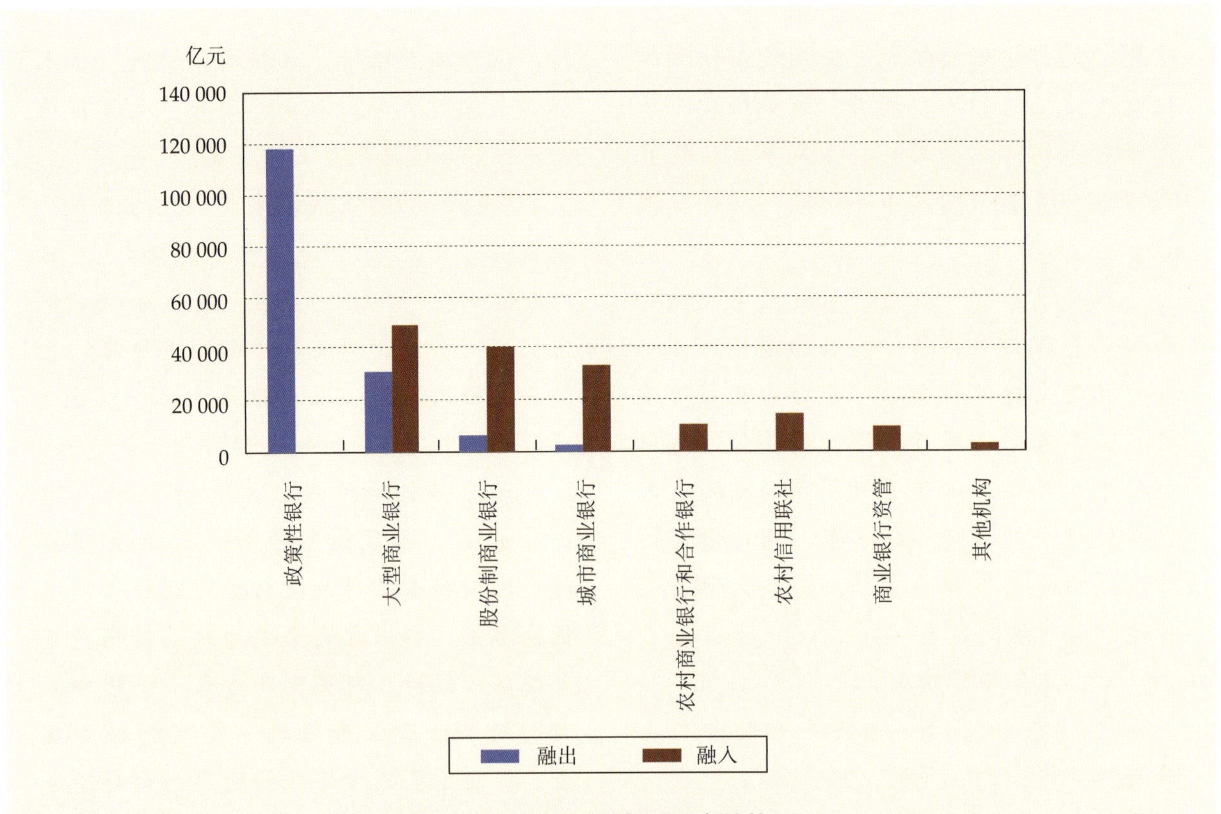

图2-19　主要机构类型融资结构

分布方面，早盘成交较为活跃，首个小时（9:00~10:00）成交占比约40%~50%，也一定程度地对当日市场利率水平的形成起到了正面作用。在成交利率方面，质押式回购匿名点击业务的加权利率较询价加权利率平均低约7个基点，除机构信用及质押券质量相对较高等因素外，也部分体现了交易机制改进对市场利率形成的良好促进作用。

专题二 同业存单业及大额存单市场分析

一、大额存单市场

（一）业务介绍

2015年6月2日，中国人民银行先后发布《大额存单管理暂行办法》（以下简称《办法》）及《大额存单管理实施细则》，宣告大额存单（全称大额可转让定期存单，CD）在暂停发行十八年后开闸重启。大额存单的概念早在20世纪80年代就已经存在，是指由银行业存款类金融机构面向非金融机构投资人发行的、以人民币计价的记账式大额存款凭证，是银行存款类金融产品，属一般性存款。与普通存款相比，除了收益高外，二者最大区别是大额存款具有流动性，可以转让和质押。

投资者方面，除了银行间同业拆借市场成员、证券基金管理公司及基金产品、保险机构等外，大额存单市场还将个人投资者和非金融类金融机构纳入了投资人范围，个人与机构的投资起点分别设为30万元与1 000万元。其中，30万元的额度在存款保险制度中个人存款保额上限50万元以内，故个人投资者在大额存单交易中的利益受着极大的安全保障。发行人方面，自本年6月2日《办法》公布以来，大额存单发行主体共经历两次扩围：全国银行间同业拆借中心在7月30日发文，将发行主体由最初的9家市场利率定价自律机制核心成员扩大到基础成员中的全国性金融机构和具有同业存单发行经验的地方法人金融机构及外资银行共计102家。而后，在12月4日，将大额存单发行主体进一步扩大至11月底以前发行过同业存单的地方法人金融机构及外资银行，机构个数由目前的102家扩大至243家。

大额存单的重启，对整个金融市场而言，为存款市场的定价提供参照，为进一步推进利率市场化改革奠定了体制基础。对银行而言，改变了商业银行以被动吸收存款获取资金的传统的经营模式，有利于丰富负债手段和主动调整负债结构，应对互联网金融和其他非银行金融机构的冲击，补充商业银行流动性，提升负债的稳定性和负债管理的精细度。对于企业和个人而言，丰富了资产配置工具和投资理财产品，优势体现在资金的安全性、高流动性和购买的便捷性，对于促进降低社会融资成本也具有积极意义。

（二）运行概况

首批大额存单于2015年6月15日起发行。截至2015年12月31日，共有71家机构参加大额存单的发行，全年共发行3 187只大额存单，计划发行金额共计62 809.60亿元，实际发行金额为17 318.27亿元，计划完成率为27.57%。大额存单面向个人和机构、企业发行，其中面向个人的有1 565只，面向机构和企业的有1 622只。面向个人计划发行15 170.08亿元，实际全年发行4 067.45亿元，占累计发行额总和的26.80%；面向机构和企业投资者计划发行47 639.52亿元，实际全年发行13 250.82亿元。从月度趋势来看，大额存单发行高峰期主要聚集在首次发行以后的5个月内，月发行均量保持在2 500亿元以上，而在年末开始有所滑落。

2015年大额存单均由存款类金融机构发行，其中国有控股商业银行占据了近80%的发行金额，而股份制商业银行发行金额占总额的18.49%。大额存单的产品期限涵盖1个月、3个月、6个月、9个月、1年、18个月、2年、3年和5年，但主要以1年期及以内的品种为主，且在1年期内范围分布较为分散，其中1年期品种占比

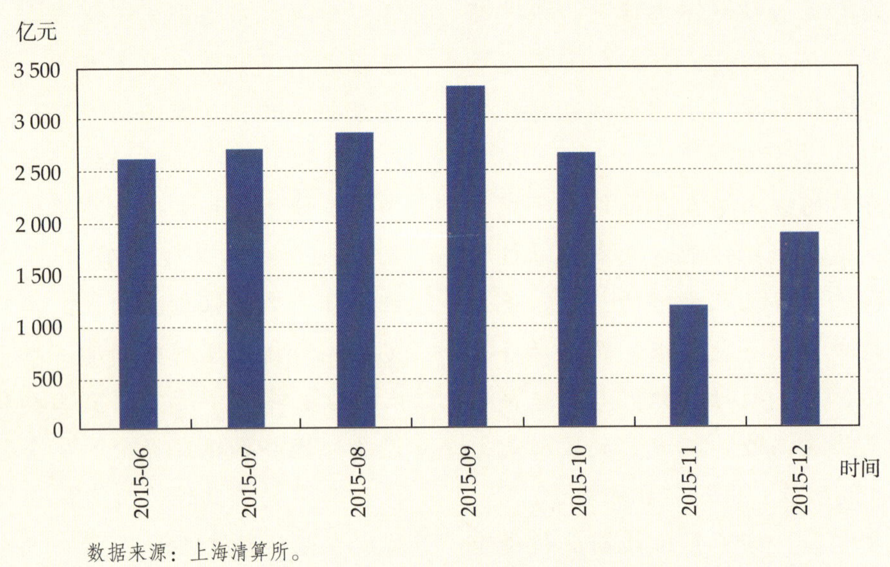

数据来源：上海清算所。

图2-20　2015年大额存单月度发行情况

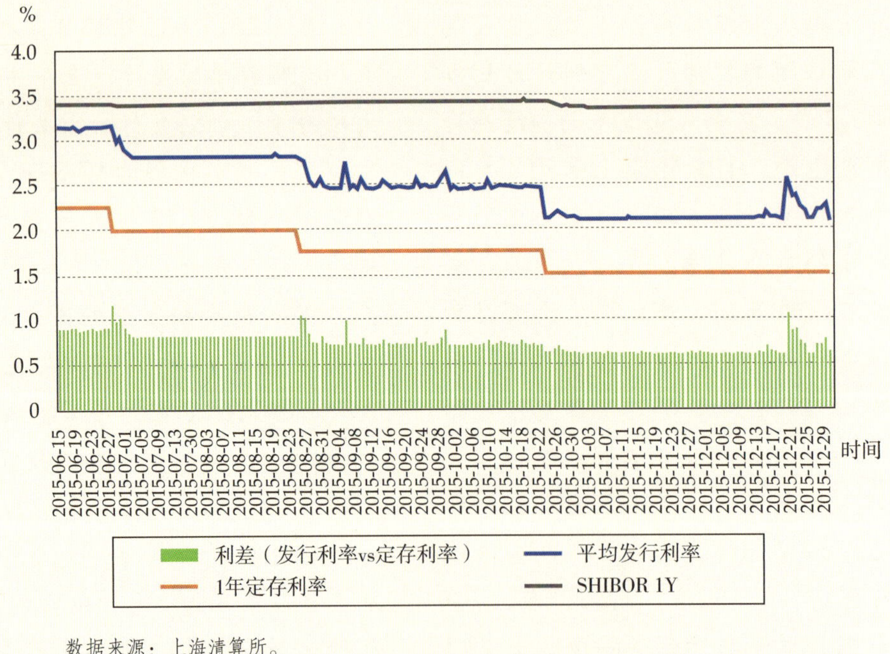

数据来源：上海清算所。

图2-21　2015年1年期大额存单发行利率、相关基准利率及其利差走势

33.44%，为发行量最大的品种，1个月、3个月和6个月品种占比分别在15%以上。

发行价格方面，以1年期为例，大额存单发行利率介于同期定存利率与同业拆借利率间，波动趋势与同期定存利率基本一致。发行利率与定存利率的利差全年收窄，年末维持在0.75%左右。对于发行银行，选择大额存单进行主动负债较吸收存款来说成本增加不大。

此外，在2015年发行的大额存单期限价格曲线中，除1月期与3月期的期限利差不够明显外，其他期限利差显著。

二、同业存单市场

（一）业务介绍

同业存单（NCD）于2013年12月7日正式推出，是指由存款类金融机构在银行间市场发行的记账式定期存款凭证，是一种货币市场工具。同业存单的发行利率、价格等以市场化方式确定。与大额存单类似，公开发行的同业存单可进行交易流通，并可作为回购交易标的物。同业存单的投资和交易主体为银行间同业拆借市场成员、基金管理公司及基金类产品。发行主体范围在12月4日由市场利率定价自律机制核心成员与基础成员，进一步扩大至观察成员，机构个数扩大至643家。

为支持上海自贸区金融创新和开放，经央行上海总部和上海清算所前期调研规划，央行于2015年9月发布操作指引，通知正式开展上海自贸区跨境同业存单发行业务。10月12日，首批8家试点银行（工行、农行、中行、建行、招商银行、光大银行、浦发银行和华瑞银行）成功发行上海自贸区跨境同业存单，全部获得足额认购，共有15家机构参与认购，其中6家为境外机构，总发行量29亿元。首批上海自贸区同业存单均为公开发行，期限3个月，发行利率主要参考同期限SHIBOR定价，较境内同业存单低5个基点至10个基点。

无论是从市场价值或是金融改革进程来说，上海自贸区跨境同业存单的推出均具有深远意义。首先，上海自贸区同业存单的发行，为区内银行业存款类金融机构创设了主动流动性管理手段，拓展了融资渠道，完善了自由贸易账户体系的货币市场功能。其次，有利于境外金融机构参与自贸区金融活动，实现区内与境外的资金双向流动，促进上海自贸区金融市场活跃度，为上海自贸区其他利率与汇率产品发行与交易奠定了基础，为上海自贸区债券、拆借以及衍生品交易等同业业务的创新发展积累经验。最后，有利于完善自由贸易账户体系的利率定价机制，促进全球人民币资金在上海集聚，推动自贸区金融市场改革进程，促进人民币境内外联动与国际化发展。

（二）运行概况

截至2015年12月31日，市场合计发行5 947只同业存单，共有289家机构参与发行，产品面额总计为53 027.50亿元，发行机构较上年增加200家，发行总额上升490.79%。从2015年全年趋势来看，市场月度发行产品面额呈上升态势，其中下半年较上半年业务增幅达到118.09%。

全年发行同业存单的期限基本在1年期及以下，与2014年存单集中分布于3月期及6月期不同，2015年发行存单平均分散于1月期、3月期、6月期以及1年期。发

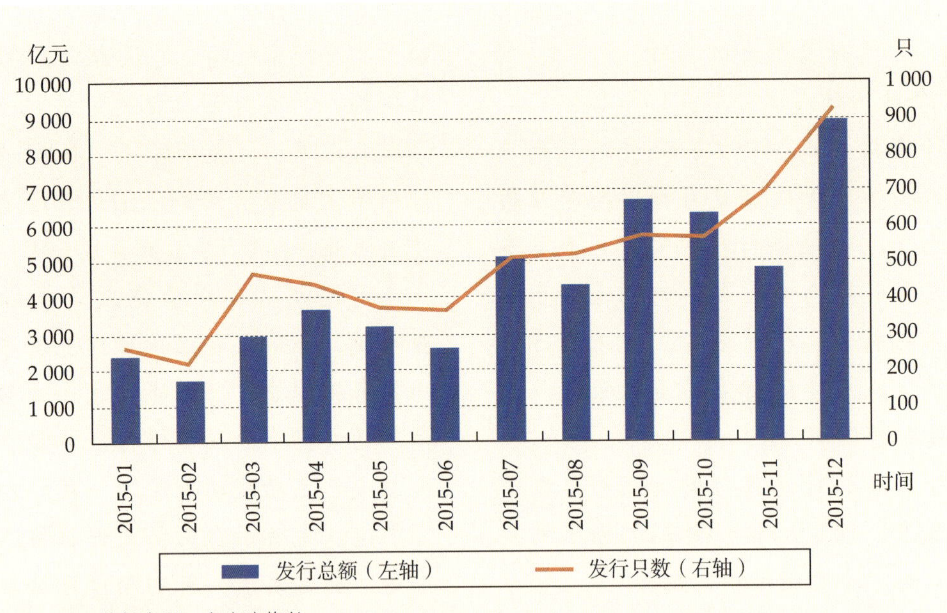

数据来源：上海清算所。

图2-22 2015年同业存单月度发行情况

行主体信用等级方面，2015年全年同业存单发行主体信用良好，超过85%的主体评级在AA+级及以上，其中71.11%的评级为AAA级。从2015年全年发行数据来看，大部分机构类型发行额较上年有100%以上的增长率，股份制商业银行和城市商业银行为同业存单发行人主力，发行金额分别占全部发行量的55.41%和33.59%；农村商业银行和农村合作银行合计发行金额4 393.50亿元，占据8.29%的发行份额；但国有控股商业银行的发行活跃度不高，发行金额为590.00亿元，较上年仅上升1.47%。此外，外资银行占据了近1%的发行份额；同时上海自贸区境内机构也加入同业存单发行，这将有利于同业存单价格形成的进一步市场化。

认购方面，截至2015年年末，共有774家机构/非法人参与同业存单初始认购，较2014年的165家有大幅增长，认购人类型也趋于多样化。在所有认购人中，存款类金融机构认购总额为31 402.90亿元，占比60%左右，非法人类产品15 552.30亿元，占比30%左右。

在所有2015年发行的同业存单中，有5 892只以贴现形式发行，有55只以付息形式发行，这其中3只为浮动付息，52只为固定付息。

价格方面，以3月期为例，同业存单发行价格的参考收益率始终围绕其定价参考的SHIBOR_3M基准利率曲线上下小幅波动。定存利率与同业存单参考收益率利差较年初降低50个基点左右，年末维持在210个基点左右。

截至2015年年末，同业存单市场共进行22 333笔交易，涉及2 540只同业存单，产品面额合计为38 746.24亿元，为2014年的16.33倍。其中以现券买卖达成交易20 102笔，涉及产品面额35 693.35亿元，占总面

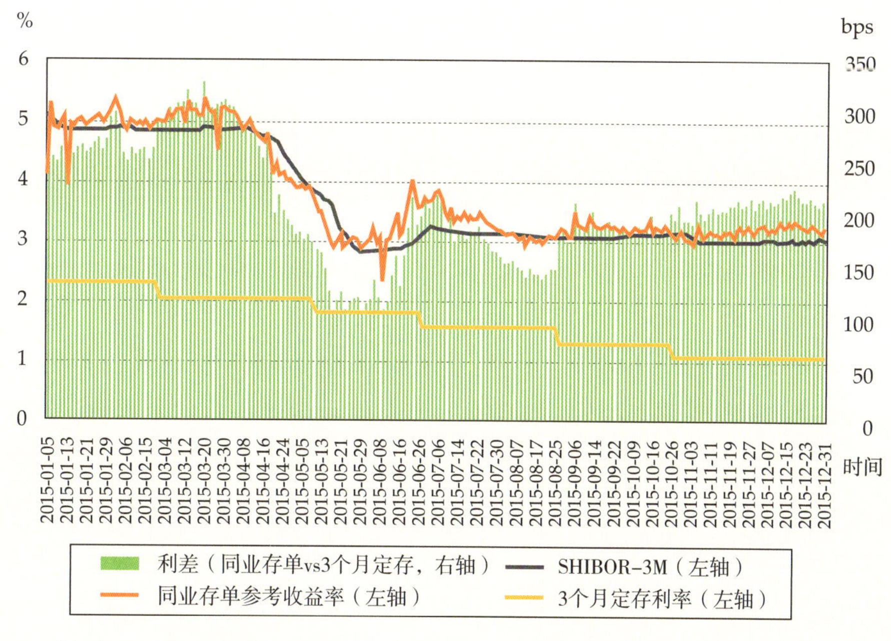

数据来源：上海清算所。

图2-23　2015年3月期同业存单参考收益率、相关基准利率及其利差走势

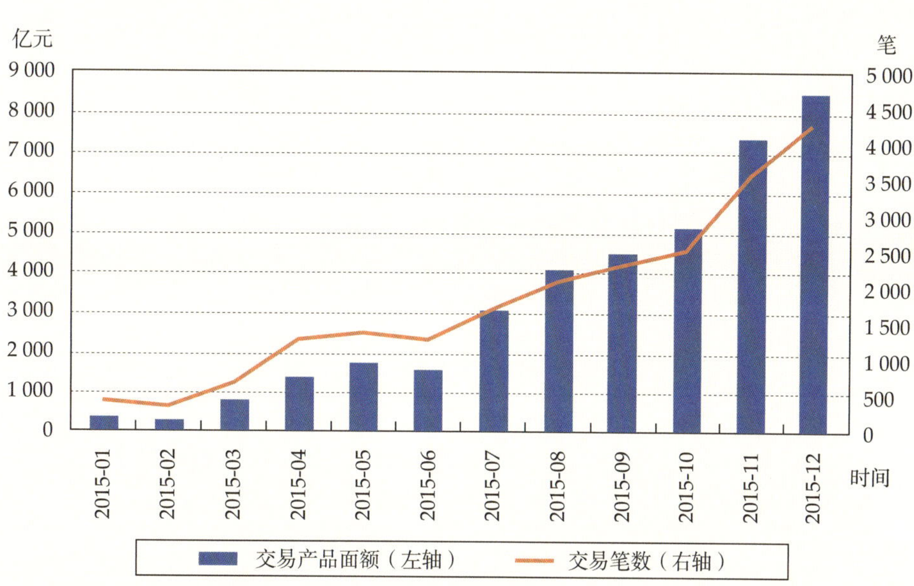

数据来源：上海清算所。

图2-24　2015年同业存单月度交易情况

额的92.12%；以回购达成交易2 231笔，涉及产品面额3 052.89亿元。全年交易占发行面额比率为73.06%，而2014年该比率为26.43%，表明同业存单市场流通性增强。

从月度趋势来看，2015年度同业存单市场交易持续增长，尤其是在下半年，月度交易量阶梯式上行，陆续突破7 000亿元、8 000亿元关口。

2015年同业存单交易中的78.01%由存款类金融机构完成。此外，非法人类产品、证券类金融机构合计占全部交易18%的份额。

截至2015年12月末，同业存单的托管余额为30 274.40亿元，由781家投资人持有，涉及3 197只产品。不同于交易中存款类金融机构占比较高的情况，所有持有产品在存款类金融机构与非法人类产品及非银行金融机构间分布较为平均。

价格与流动性方面，全年同业存单两级市场价格走势一致，价差较年初略有下行。由于产品属性等因素，同业存单月换手率普遍低于同期短期融资券等相关企业信用类债券，但流动性仍高于上年平均水平。

第三章 债券市场

2015年，我国债券市场在规范发展中兼具创新，保持了良好的发展势头。债券市场增量和存量规模持续增长，地方政府债发行规模增长最快，公司信用类债券发行量亦大幅上升；债券价格维持上涨走势，债市利率水平继续下行；债券创新品种不断涌现，新制度规则不断出台，市场开放程度进一步提高。

一、债券市场的运行情况

（一）债券发行市场

1. 债券市场年度发行总量增长迅猛

2015年，全国债券市场共发行各类债券22.3万亿元，较上年增加10.24万亿元，同比增长87.5%。其中在全国银行间债券市场登记新发债券13 145只，发行量共计21万亿元，同比增长81.3%，占债券市场发行总量的94.17%。交易所发行公司债券共计1 144只，发行量1.3万亿元，占债券市场发行总量的5.83%。

2. 债券市场托管总量继续平稳增长

截至2015年末，全国债券市场托管量达到47.9万亿元，较上年末增加10.95万亿元，同比增幅为34.6%。其中全国银行间债券市场托管量为43.9万亿元，同比增长33.2%，占全国债券市场托管量的90.45%；交易所市场的公司债券托管量为4万亿元，同比增长122.72%，占全国债券市场托管量的8.18%；柜台市场托管量为6 640.82亿元，同比增长11.87%，占全国债券市场托管量的1.37%。

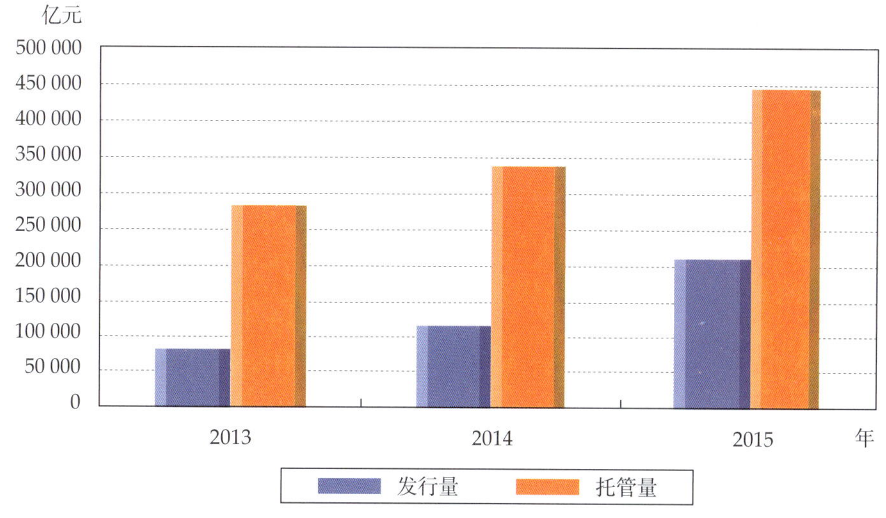

数据来源：中央国债登记结算有限责任公司，上海清算所。

图3-1 2013～2015年银行间债券市场发行量和托管量变化情况

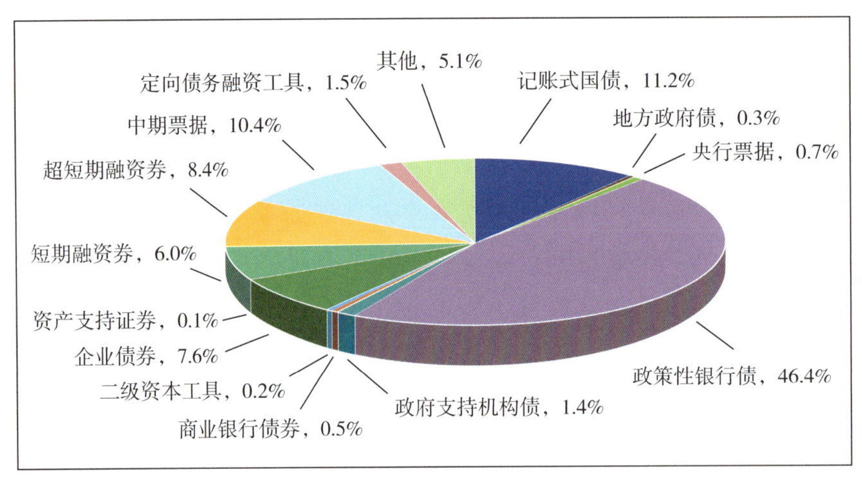

数据来源：中央国债登记结算有限责任公司，上海清算所。

图3-2 2015年银行间债券市场现券交易券种结构

（二）债券交易市场

1. 现券交易规模大幅上升

2015年，债券市场共发生现券交易结算90.17万亿元，同比上升109%。全国银行间债券市场现券结算量为86.8万亿元，同比上升114.9%。交易所债券现券交易结算量共计3.4万亿元，同比增长22%。柜台市场现券交易量为109.28亿元，同比增长52.42%。

从银行间债券市场现券交易的券种结构来看，交易量排名前五位的券种分别为国开行金融债与政策性银行债、记账式国债、中期票据、超短期融资券和企业债券，占比分别为46.44%、11.24%、10.39%、8.41%和7.59%，排在前五位的券种交易量合计占银行间债券市场交易总量的84.08%。

2. 债券价格指数持续上涨

2015年以来，央行继续实施稳健的货币政策，4次降低存款准备金率、5次降低贷款基准利率，在保持流动性总量适度充裕的同时引导市场利率下行。中债指数持续上涨，债券收益率曲线震荡下行。截至2015年年末，中债新综合指数（净价）为102.8321，较2014年12月末的99.4821点上涨3.37%;中债新综合指数（财富）为169.9023点，较2014年12月末的157.0586点上涨了8.18%。

从二级市场来看，中债固定利率国债、政策性金融债、企业债（AAA级）和中短期票据（AAA级）平均收益率分别较上年末下行84个基点、129个基点、159个基点和181个基点。5年期中债中短期票据AAA、AA+和AA等级曲线下行幅度分别为154个基点、159个基点和153个基点，债券的信用利差缩小。债券市场利率的下行有利于降低企业通过债券市场融资的成本。

3. 银行间债券市场投资者结构保持稳定

与2014年年末相比，2015年年末债券投资者结构变化不大，基本保持稳定。截至2015年年末，商业银行持有22.12万亿元债券，占全部债券余额的比重比上年末仅降低0.25%至39.29%，是银行间债券市场最大的投资者。在全部商业银行中，全国性商业银行是债券的投资主体，2015年年末全国性商业银行持有债券17.38万亿元，占比高达

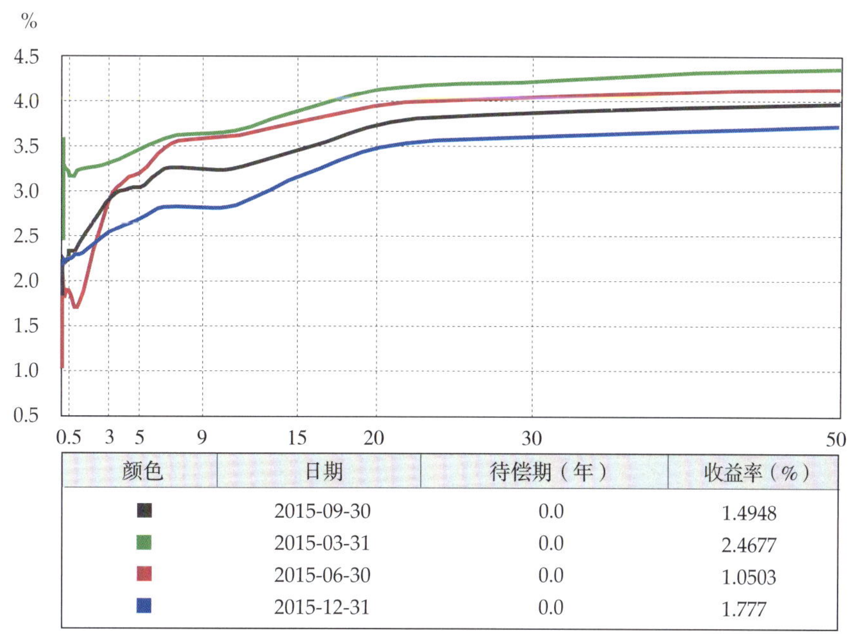

颜色	日期	待偿期（年）	收益率（%）
■	2015-09-30	0.0	1.4948
■	2015-03-31	0.0	2.4677
■	2015-06-30	0.0	1.0503
■	2015-12-31	0.0	1.777

数据来源：中央国债登记结算有限责任公司。

图3-3　2015年银行间固定利率国债收益率曲线

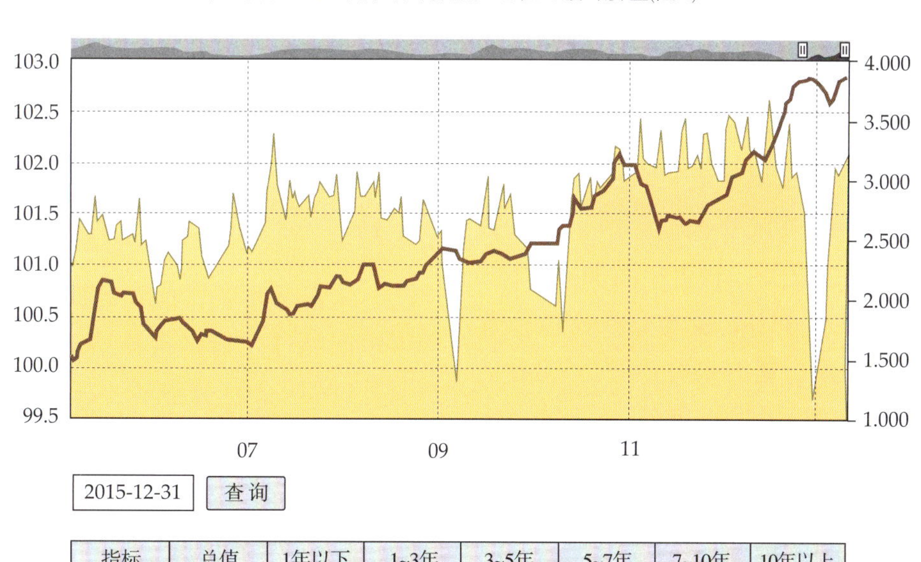

指标	总值	1年以下	1~3年	3~5年	5~7年	7~10年	10年以上
财富	168.3888	152.0159	163.8104	174.9593	180.6218	174.2828	184.9349
全价	117.1239	141.8418	106.7828	111.2596	115.0111	108.8323	107.6549
净价	102.0957	97.9533	99.2303	102.5237	107.5406	103.2898	103.3626

数据来源：中央国债登记结算有限责任公司。

图3-4　2015年中债综合指数（净价）

30.88%。其余的主要投资机构中，基金类由上年末的7.13%上升至8.54%；保险机构由4.98%下降至4%；城商行由4.37%上升至5.13%；农商行从2.3%上升至2.6%。

4. 柜台市场债券交易量大幅增加

自2014年柜台市场交易品种扩容之后，目前柜台市场供交易的债券品种共有记账式国债、地方政府债、政策性金融债和企业债四种。2015年，上述四类债券柜台交易累计成交109.28亿元，同比提高52.42%。储蓄国债柜台市场销售量为1 859.18亿元，比上年同期下降1.32%。

二、债券市场运行的主要特点

（一）地方政府债券发行规模增长最快

从银行间新发债券的券种结构来看，2015年企业债券发行3 431.02亿元，同比下降50.72%；国家开发银行、中国进出口银行和中国农业发展银行发行2.6万亿元，同比增长12.23%；二级资本工具发行2 698.64亿元，同比减少24.38%。在政府类债券中，记账式国债发行18 016.20亿元，较上年增加3 652.90亿元，同比增长25.43%；受地方政府债务置换政策执行的影响，地方政府债发行3.8万亿元，发行规模是2014年的9.59倍，成为2015年发行规模增速最快的债券品种。国开行金融债、政策性银行债券和政府债券在发行规模中仍占据主要地位，二者发行量合计约占发行总量的38%。

（二）全市场公司信用类债券发行量大幅增长

2015年，全国债券市场公司信用类债券①发行量达到7万亿元，同比大幅增长35.8%。其中，企业债券累计发行3 431亿元，同比减少50.72%；短期融资券和超短期融资券累计发行32 427.30亿元，同比增长50.70%，其中，超短期融资券增速高达108.66%；中期票据累计发行12 416.7亿元，同比增长32.54%；非公开定向债务融资工具累计发行8 781.35亿元，同比下降14.16%；区域集优中小企业集合票据累计发行4.26亿元，同比下降0.93%；非金融企业资产支持票据累计发行35亿元，同比增长60.76%。此外，从交易所债券市场来看，2015年1月，证监会发布《公司债发行与交易管理办法》，新办法将公司债发行主体由上市公司扩大至全部公司制企业，公司债发行规模急剧扩展，全年公司债发行12 981.5亿元，同比增长272.62%，成为发行规模增长最快的信用类券种。

（三）短期债券品种发行量占比大幅上升

从银行间新发债券的期限结构来看，0~3年短期品种发行量占比达到62.14%，较上年上升20.39个百分点；3~10年中长期品种发行量占比为35.11%，较上年减少3.28个百分点；10年以上长期品种发行量占比为2.76%，较上年下降0.1个百分点。

①仅包括非金融企业发行的公司信用类债券，不包括政府支持机构债券。

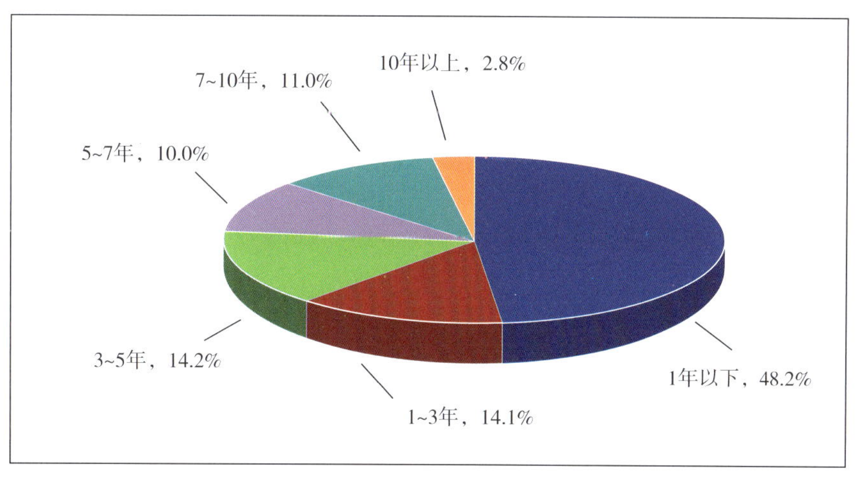

注：期限含上限不含下限。
数据来源：中央国债登记结算有限责任公司，上海清算所。

图3-5　2015年银行间债券市场债券发行期限结构

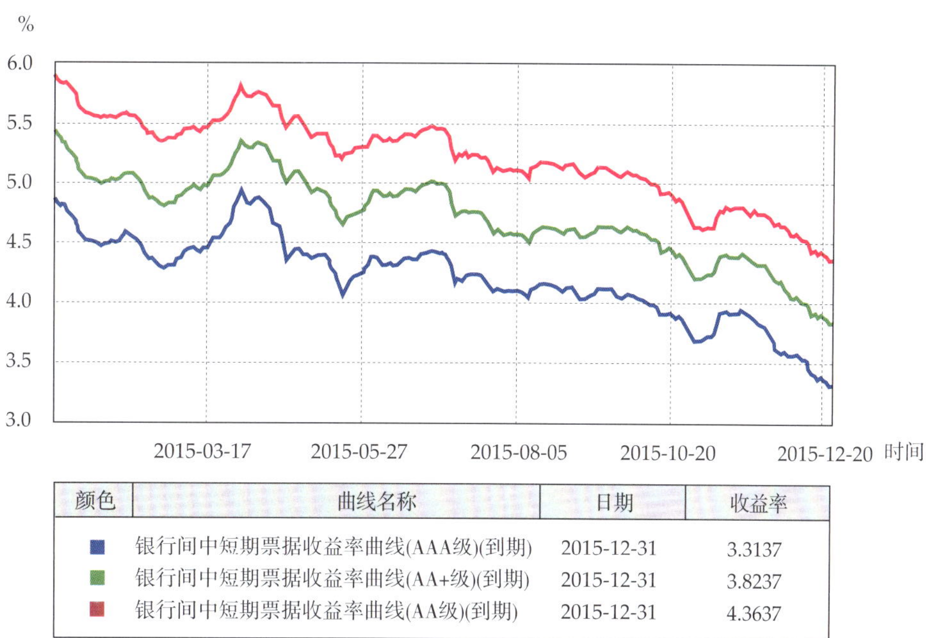

颜色	曲线名称	日期	收益率
■	银行间中短期票据收益率曲线(AAA级)(到期)	2015-12-31	3.3137
■	银行间中短期票据收益率曲线(AA+级)(到期)	2015-12-31	3.8237
■	银行间中短期票据收益率曲线(AA级)(到期)	2015-12-31	4.3637

数据来源：Wind资讯、中央国债登记结算有限责任公司。

图3-6　2015年银行间中短期票据不同信用等级收益率走势

（四）银行间债券市场现券换手率大幅提高

2015年，债券的现券累计换手率达到195.51%，同比提高118.42个百分点。其中，集合票据换手率最高为11.24倍，但因其体量较小，对整个银行间债券市场影响有限。此外，银行间债券市场的主要债券品种政策性银行债和企业债流动性较好，年度换手率分别为355.45%和163.5%；其余依次为中期票据、央行票据、非银行金融机构债、记账式国债、政府支持机构债、商业银行债、资本工具、资产支持证券和地方政府债,分别为197.67%、145.09%、86.07%、99.72%、70.21%、30.6%、21.7%、7.44%和5.59%。

（五）收益率波动幅度稳中有降

2015年，银行间债券市场债券价格波动性稳中趋降，市场价格波动降低。从中债收益率曲线各关键期限看，1年期国开债收益率的波动性降幅较大，其收益率两日变动绝对值的均值为2.43个基点，较上年的3.27个基点下降27.86%。2015年10年期国债收益率的两日变动绝对值的均值为2.23个基点，较2014年略涨1.99%。整体来看，在2015年债券市场整体向上的背景下，政策性银行债波动性降低，价格相对平稳，国债和信用债波动性有升有降，波动性趋于相对稳定。利率类债券及信用类债券主要品种近两年收益率波动情况见表3-2。

表3-1 银行间市场主要债券2015年和2014年换手率比较

单位：%

券种	2015年	2014年	与上年相比换手率增加
记账式国债	99.72	66.98	32.74
地方政府债	5.59	9.15	-3.56
央行票据	145.09	29.53	115.56
政策性银行债	355.45	163.50	191.95
政府支持机构债券	70.21	53.28	16.93
商业银行债券	30.60	8.47	22.13
资本工具	21.70	5.71	15.99
非银行金融机构债券	86.07	127.26	-41.19
企业债券	202.01	150.18	51.83
短期融资券	480.86	290.16	190.7
超短期融资券	480.65	277.93	202.72
资产支持证券	7.44	0.78	6.66
中期票据	197.67	171.88	25.80
集合票据	1 124.55	138.31	986.24
同业存单	140.94	34.24	106.7
银行间市场债券平均换手率	195.51	77.09	118.42

数据来源：中央国债登记结算有限责任公司、上海清算所。

表3-2 主要券种中债收益率曲线近两年关键期限日均变动

国债	2014年（bps）	2015年（bps）	增长率（%）
1年期	2.87	2.55	-11.01
3年期	2.34	1.95	-16.64
5年期	2.11	2.10	-0.56
7年期	2.18	2.28	4.70
10年期	2.19	2.23	1.99
国开债	2014年（bps）	2015年（bps）	增长率（%）
1年期	3.37	2.43	-27.86
3年期	3.64	2.85	-21.74
5年期	3.56	2.91	-18.36
7年期	3.22	2.50	-22.51
10年期	3.27	2.54	-22.28
进出口行和农发行债	2014年（bps）	2015年（bps）	增长率（%）
1年期	3.08	2.54	-17.51
3年期	3.15	2.83	-10.17
5年期	3.11	2.59	-16.75
7年期	2.87	2.29	-20.25
10年期	2.78	2.50	-10.14
中短期票据（AAA级）	2014年（bps）	2015年（bps）	变动比率（%）
1年期	2.80	3.18	13.50
3年期	2.45	2.45	0.09
5年期	2.57	2.55	-0.82
7年期	2.06	2.19	6.10
10年期	2.01	1.79	-10.79

数据来源：中央国债登记结算有限责任公司。

（六）债券市场信用风险进一步释放

2015年，债券市场信用风险事件频度增加，从私募债到公募债，从民企到国企，从利息违约到本金违约，涉及面有所扩大。全年债券市场共发生近20起信用风险事件，风险事件主体多为产能过剩和周期性行业，其中有部分债券通过股东、政府兜底或重组等方式最终实现偿付，但债券市场打破刚性兑付仍是发展趋势。刚性兑付的逐渐被打破将使信用定价更趋合理，引导资源得到更有效的配置，促进经济的改革转型。与此同时，债券违约市场化将促使市场参与者强化风险意识、提高风险的防范和应对能力，也提高了市场对于完善基础设施建设和建立风险管理体系的需求，必须将释放出的个体风险进行有效的分散和转移，才能扼制系统性风险的发生。

三、债券市场创新

（一）创新债券市场产品

1. 推出绿色金融债券

为贯彻落实国务院《生态文明体制改革总体方案》和党的十八届五中全会精神，2015年12月22日，中国人民银行发布2015年第39号公告，在银行间债券市场推出绿色金融债券。绿色金融债券是金融机构法人依法在银行间债券市场发行的、募集资金用于支持绿色产业项目并按约定还本付息的有价证券。绿色金融债券的推出，为金融机构通过债券市场筹集资金支持环保、节能、清洁能源、清洁交通等绿色产业项目创新了筹资渠道，有利于增加绿色信贷特别是中长期绿色信贷的有效供给，是建设绿色金融体系的一项重要举措，对于提高经济绿色化程度、推进我国生态文明建设、促进经济社会可持续发展具有积极意义。

2. 拓宽保险公司资本补充渠道

2015年1月22日，人民银行与中国保监会联合发布《中国人民银行　中国保险监督管理委员会公告》（〔2015〕3号），允许保险公司在银行间债券市场发行资本补充债券。资本补充债券是指保险公司发行的、用于补充资本、发行期限在5年以上（含5年）、清偿顺序列于保单责任和其他普通负债之后先于保险公司股权资本的债券。推进保险公司在银行间债券市场发行资本补充债券，有利于拓宽保险公司资本补充渠道，提高保险公司偿付能力和抵御风险能力。同时，保险公司长期以来主要作为投资主体参与银行间债券市场，引入保险公司发行债券，也有利于扩大银行间债券市场发行主体，丰富市场投资品种。

3. 境外企业首次在银行间债券市场公开发行人民币债券

为进一步推动金融市场深化发展和对外开放，配合推进人民币国际化和人民币加入特别提款权（SDR），2015年10月20日，银行间市场交易商协会按照相关自律管理规则接受招商局集团（香港）有限公司（以下简称“招商局集团（香港）”）在银行间债券市场公开发行短期融资券的注册申请，注册金额为30亿元人民币。2015年11月3日，招商局集团（香港）公告发行结果，首期5亿元1年期短期融资券发行利率为3.03%。作为国内首单在银行间市场公开发行的非金融企业人民币债，本单的发行有利于进一步丰富银行间债券市场产品层次，鼓励金融创新，促进我国债券市场的进一步对外开放；还有助于金融服务实体经济，进一步推进经济结构调整和转型升级。

4. 国际性商业银行首次获准在银行间债券市场发行人民币债券

2015年9月22日，人民银行网站发布公告，批复同意香港上海汇丰银行有限公司和中国银行（香港）有限公司在我国银行间债券市场分别发行10亿元人民币和100亿元人民币金融债券，这是国际性商业银行首次获准在银行间债券市场发行人民币债券，进一步扩大了我国银行间债券市场发行主体范围，拓宽了国际性商业银行的人民币融资渠道，有利于促进我国债券市场扩大对外开放，推进人民币跨境使用。

5. 外国政府首次在银行间债券市场注册发行人民币债券

2015年11月27日，银行间市场交易商协会接受加拿大不列颠哥伦比亚省（BC省）人民币债券注册，完成首单外国地方政府人民币债注册工作。12月8日，中国银行间市场交易商协会接受韩国政府人民币债券注册，完成首单外国主权政府人民币债注册工作。2015年12月15日，“大韩民国2015人民币债券”在北京金融资产交易所通过银行间债券市场债券集中簿记建档系统完成发行。首期债券发行规模30亿元，期限3年，发行利率3%。该债券成为首只在中国市场成功发行的外国政府人民币主权债券产品，标志着银行间债券市场进一步对外开放。

推动符合条件的境外机构在境内发行人民币债券、扩大境内发行人民币债券的境外主体范围是扩大金融业双向开放、丰富债券市场产品层次、实现发行人多样化的重要举措。此前，国际开发机构、境外非金融企业和境外商业银行已先后在银行间债券市场发行了人民币债券。

6. 开展非金融企业票据类产品创新

2015年,银行间债券市场非金融企业票据类产品创新持续活跃。

2015年3月27日，银行间市场首单客票收益权类资产支持票据产品成功发行，发行金额20亿元，基础资产为未来BSP客票收入，主体信用评级为AA级，通过结构化设计具体分成了五个品种。BSP客票是国际航空运输协会（以下简称国际航协）标准运输凭证，由国际航协认可的代理人出售的统一规格、所有航协成员航空公司通用的机票。乘客的客票款首先归集至国际航协，再由国际航协与各航空公司结算，具有使用广泛、安全可靠、现金流明确、便于监管等特点。

2015年11月9日，银行间市场首单公开发行的项目收益票据成功发行，产品注册金额为26亿元，首期发行13亿元，产品具体分为两个品种：品种一发行期限15+8年期，15年末含发行人赎回权和调整票面利率选择权、投资者回售权，发行利率5.4%；品种二发行期限23年，发行利率5.45%。本期产品由项目建成后的高速公路收费权提供质押担保，且发行人对产品的还本付息负有差额补足义务。项目收益票据具有发行期限较长、实现风险隔离的特点，对于拓宽项目建设融资渠道、推进城镇化建设、防范和化解地方政府性债务风险具有重要意义。截至2015年年末，累计共有9家企业注册10只项目收益票据产品，金额合计138亿元，其中已有5家发行人发行了59亿元，为支持城镇化建设项目融资发挥了重要作用。

7. 探索债务融资工具“债贷组合”管理机制

2015年9月25日，首单“债贷组合”对接债务融资工具产品——“珠三角城际”15亿元短期融资券成功发行。该产品发行人属于轨道交通建设类企业，轨道交通项目建设和回收周期较长，项目运行后收入和现金流状况稳定。针对发行人的财务特征，中国银行间市场交易商协会与主承销商国家开发银行共同研究推动“债贷组合”作为偿债保障措施，借鉴贷款管理模式对发行人存续期债券进行统筹管理。在具体方案中，国开行按照“统一规划、统一授信、总量控制、动态监测、全程管理”的原则，负责监测发行人财务、项目建设进度和募集资金专户情况，现场查验并建立债务偿还动态监控机制，对偿债风险进行多方位的分析、评估和防控。

引入“债贷组合”作为企业偿债保障措施，实行债贷资金同质化管理，一方面，有利于提高资金运行效率和水平，帮助企业调整债务结构和融资比重，合理控制融资成本，提高企业可持续融资能力；另一方面，通过实现企业债务风险的整体防控，及时揭示信用风险，有利于保护投资者利益，增强投资者信心。这一创新机制的引入，是银行间市场服务重点项目融资、完善债务风险防控的有益探索。

（二）创新债券市场发行机制

1. 财政部启动短期国债滚动发行

为贯彻落实党的十八届三中全会提出的“健全反映市场供求关系的国债收益率曲线”，根据国债管理、金融市场发展等方面需要，财政部于2015年4月13日发行年内第一期150亿元的6个月期贴现国债，开始按月滚动发行6个月期国债，之后于10月9日发行年内第一期100亿元的3个月期贴现国债，开始按周滚动发行3个月期贴现国债，并于11月27日首次公布3个月、6个月国债收益率。

短期国债是国债的重要组成部分，在完善国债管理、加强宏观调控以及促进金融市场发展等方面具有重要作用。短期国债的常态化滚动发行有利于进一步完善国债期限结构，完善短端国债收益率曲线，增强国债收益率在金融市场上的定价基准作用，同时，也有利于促进财政政策和货币政策协调配合，推进人民币国际化。截至12月底，财政部2015年分别连续发行12期共计1 200亿元的3个月期国债和9期共计1 250亿元的6个月期国债。

2. 小公募和非公开上市公司债发行

2015年1月，中国证监会发布《公司债发行与交易管理方法》（以下简称《管理办法》），将公司债发行主体范围从上市公司扩展到所有公司制法人，同时发行方式进一步丰富，推出大公募、小公募和非公开发行三种并行可选的发行方式。

非公开公司债券全称“非公开发行的公司债券”，即私募债，是仅面向合格投资者发行且投资者不得超过200人、满足中国证券业协会负面清单的非公开发行的公司债券。2015年6月初，首单13亿元的非公开公司债券成功发行。

小公募公司债券全称“面向合格投资者的公开发行的公司债券”，即信用评级AAA级以下、仅限合格投资者参与认购及交易的公司债券。合格投资者主要包括各类金融机构以及拥有300万元以上金融资产的个人等。小公募与大公募最大的区别在于大公募可向“公众投资者”公开发行和债项评级为AAA级的级别门槛。2015年6月，首单7亿元小公募公司债券成功发行，认购倍数达4.84倍，票面利率4.48%，远低于同期限的银行贷款基准利率。

新的发行方式以及发行主体的扩大使得交易所债券迅速扩容，全年公司债发行9 140.32亿元，同比增长222.25%，成为发行规模增长最快的信用类券种。

3. 中国国债收益率纳入特别提款权利率篮子

2015年12月1日，IMF召开执董会，对SDR货币篮子的定价方法进行审议。会议决定，自2016年10月1日起，中国的人民币将作为除美元、欧元、日元和英镑之外的第五种货币纳入SDR货币篮子。与此同时，IMF发布的《特别提款权定价方法评估报告》称，IMF工作人员评估一系列人民币计价的基准利率，经过长期评估和对比后，IMF认为“3个月国债收益率曲线利率最适合纳入SDR利率篮子”①。

2015年，人民银行通过各种举措推动境内债券市场的深入开放，支持离岸人民币债券市场的进一步发展，以及不断提高人民币国际化程度，这些都为人民币顺利进入SDR货币篮子奠定了重要基础。同时，自2015年10月起，财政部对3个月期国债进行常规发行，并且在其官网实现了短期国债收益率的展示和历史数据查询等重要功能，这些也为包括3个月期限在内的整条国债收益率曲线的完善打下了重要基础。

（三）创新债券市场交易机制

1. 债券回购净额及代理清算业务

经中国人民银行批准，上海清算所于2015年3月30日正式推出债券净额清算业务，在现行债券现券交易净额清算业务基础上，进一步将净额清算范围扩展至债券质押式回购和买断式回购，并通过代理清算的分层机制，为更多的市场机构提供服务。

债券回购净额及代理清算业务主要在净额清算和代理清算两方面有所创新。在净额清算方面，本次推出的回购净额清算模式在交易环节依然保留场外市场双边询价、自行商定抵押品的做法；对于相同结算日(无论首期或者到期) 交易统一轧差，效率更高；抵押品选择和管理由中央对手方圈定合格券范围以及折算率，并提供逐日盯市。在代理清算方面，推出的代理机制为更多机构分享净额清算的优势提供了条件。

推出债券回购净额清算及代理清算业务的意义在于：一是作为中央对手方介入信用债的回购交易，突破了市场机构交易对手的授信机制，帮助解决银行间债券市场对中小机构授信难的问题，增强小客户群体的交易竞争力；二是接受信用债做质押券的商业银行可以采用交易对手方和质押券风险权重孰低的原则计提风险资本，有效释放了风险资本额度；三是当正回购方到期违约时，由于有中央对手方处置质押券，逆回购方能完全从处置风险中脱离，有利于解决信用债质押接受度低的问题；四是代理清算机制的实施，有助于综合清算会员依托代理清算纽带，提升对银行间市场中小投资人的全方位合作，增强客户粘性，对优化银行间债券市场架构具有深刻影响。

2. 中债价格指标产品应用扩大

2015年，为更好地反映市场特点，贴合市场发展，中债价格指标产品进一步丰富：新增3A-级中债地方政府债曲线，新增专项债、保险公司金融债、境外企业发行的熊猫债及上海自贸区同业存单等新品种估值，持续完善资产支持证券、地方政府债、永续债、项目收益债、非公开定向债务融资工具、优先股等品种的估值方法，优化含分期还本条款的浮动债估值模型，创新发布了中债投资人分类指数。

随着中债价格指标产品的进一步丰富，

①IMF Policy Paper-Review of the method of valuation of the SDR: Staff considers that the three-month benchmark yield for Treasury bonds is the most suitable rate for inclusion in the SDR interest rate basket.This rate is observable daily from the China Central Depository and Clearing Co., Ltd. ...Moreover, developments in the CCDC three-month benchmark Treasury yield in recent years suggested that it is broadly responsive to changes in underlying credit conditions in the onshore market. 目前该利率由中央结算公司每日发布。

市场应用也进一步扩大。作为市场基准利率，中债国债收益率正式进入人民银行统计序列，“中债国债收益率统计表”首次被收录进人民银行发布的年度金融市场统计报告中；财政部于11月在其网站首次公布3个月、6个月国债收益率，这是继2014年公布关键期限国债收益率曲线基础上的又一尝试；以中债收益率曲线作为定价基准的银行间市场债券扩展到包括168只永续中票、7只优先股、2只证券公司永续次级债以及1只中期票据；中国证券投资基金业协会也将中债估值纳入了公允价值确定时可选的第三方估值体系；在境外投资者和境外市场中，欧洲UCITS基金、瑞士Pictet资产管理公司等境内市场RQFII投资者陆续开始采用中债指数作为业绩基准，韩交所也发行了以中债—5年期国债指数为投资标的进行跟踪复制的韩国市场首只债券ETN产品。此外，为助力推动人民币债券市场透明度的提高，中债价格指标产品体系现已通过彭博、路透等信息商供境外央行类机构免费查看。

四、债券市场制度建设

（一）简政放权方面

1. 取消银行间市场债券交易流通审批

为贯彻落实国务院简政放权的精神，2015年5月中国人民银行发布了《关于调整银行间债券市场债券交易流通有关管理政策的公告》（中国人民银行公告〔2015〕第9号），规定依法发行的各类债券，完成债权债务关系确立并登记完毕后，即可在银行间债券市场交易流通。该公告在取消行政审批的同时，提高市场透明度和规范性，加强事中、事后管理。

2. 推进债务融资工具注册制改革，实行注册分类分层管理

为更好地贯彻落实国家关于“稳增长、调结构、促改革、惠民生、防风险”政策要求，积极发挥银行间市场服务实体经济发展的作用，银行间市场交易商协会组织修订完成了《债务融资工具注册发行规则》、《公开发行注册工作规程》等工作制度。此次制度修订坚持了“以信息披露为核心”的注册制基本原则，从“机制流程、信息披露、管理方式”三方面优化，构建了“分层分类”注册发行管理体系。

此次制度完善遵循“简化、优化、强化、细化”的原则，对制度流程与信息披露要求既做减法，又做加法，推动债务融资工具市场自律管理方式由“事前管理为主”向“事前、事中、事后管理相结合”转变，进一步丰富了注册制在我国银行间市场的内涵和外延，有利于提升注册发行工作效率和质量，更好地服务市场、服务实体经济发展。

3. 银行间债券市场实现网上备案管理

近年来，随着银行间债券市场的不断发展，各类金融机构和非法人类产品投资者入市热情高涨，申请备案的投资者数量连年成倍增长，传统纸质备案方式已难以满足投资者需求。为适应市场发展需要，人民银行上海总部切实贯彻落实国务院简化行政许可、推行电子政务的精神，积极探索运用现代网络技术支持制度创新，2014年开发建设了“全国银行间债券市场准入备案信息系统”（以下简称信息系统），信息系统于2015年4月30日正式上线运行，实现了网上申请、网上审核和网上告知，工作效率显著提高，但仍有纸质备案通知书制作和领取环节，占用了大量工作时间和成本。为此，人民银行上海总部继续探索，总结经验，大胆创新，从法律要求和技术手段上进行研究论证后，对纸质备案通知书环节进行优化。12月1日，升级版信息系统成功上线运行，正式实行全程网上备案，备案申请人可凭电子“备案通知书”到中央国债登记公司、上海清算所和全国同业拆借中心等相关中介机构办理开户和联网手续，中介机构通过信息系统核实“备案通知书”后，办理开户和联网手续，从而实现准入备案行政许可的全程电子化、无纸化和透明化。全国银行间债券市场准入备案实现全程电子化后，在确保依法依规办理备案的前提下，速度成倍加快，行政许可工作效率大步跃升，方便了申请机构，为申请机构节省了大量时间和经济成本，带来了可观的经济效益和社会效益，进一步提高了人民银行上海总部管理和服务债券市场的能力，促进了银行间债券市场的规范发展。

（二）规范发行方面

1. 财政部规范地方政府债券发行

财政部分别于2015年3月和4月发布《地方政府一般债券发行管理暂行办法》和《地方政府专项债券发行管理暂行办法》。一般债券是指省、自治区、直辖市政府（含经省级政府批准自办债券发行的计划单列市政府）为没有收益的公益性项目发行的、约定一定期限内主要以一般公共预算收入还本付息的政府债券。期限为1年、3年、5年、7年和10年，单一期限债券的发行规模不得超过一般债券当年发行规模的30%。专项债券是指省、自治区、直辖市政府（含经省级政府批准自办债券发行的计划单列市政府）为有一定收益的公益性项目发行的、约定一定期限内以公益性项目对应的政府性基金或专项收入还本付息的政府债券。期限为1年、2年、3年、5年、7年和10年，7年期和10年期债券的合计发行规模不得超过专项债券全年发行规模的50%。两类债券发行利率均可采用承销、招标等方式确定，发行利率在承销或招标日前1至5个工作日相同待偿期记账式国债的平均收益率之上确定。鼓励社保基金、住房公积金、企业年金、保险公司等机构投资者和个人投资者投资这两类债券。以上两个办法的出台旨在规范地方政府债务管理，将地方政府债券划分为一般债券和专项债券可以使地方政府根据资金使用安排灵活选择发行品种，对于债券期限的规定也在防止扎堆发行长期限债和预防未来出现偿债高峰的基础上，充分考虑了金融机构各类期限的配置需求。

2. 发展改革委规范推进企业债券市场平稳发展

2015年以来，发展改革委发布了一系列旨在发挥企业债券积极作用，促进经济平稳发展的文件。3月，发展改革委印发了《战略性新兴产业专项债券发行指引》、《养老产业专项债券发行指引》、《城市停车场建设专项债券发行指引》和《城市地下综合管廊建设专项债券发行指引》4个专项债券发行指引，进一步加大债券融资方式对七大类重大投资工程包和六大类领域消费工程的支持力度，推动重点领域投资和消费需求增长。5月，发展改革委出台了《关于充分发挥企业债券融资功能　支持重点项目建设　促进经济平稳较快发展的通知》及补充说明两个文件，明确提出要科学、合理地设置发债条件，提高募集资金占项目总投资的比例，允许符合一定条件的企业使用不超过40%的募集资金用于偿还贷款和补充营运资金，允许偿还为在建项目举借且已进入偿付本金阶段的原企业债券及其他高成本融资，简化募集资金投向变更程序，适度调整对发债企业的财务指标要求，积极支持城投企业参与PPP项目发债融资。

7月，发展改革委制定并印发《项目收益债券管理暂行办法》。该办法指出，发行项目收益债券募集的资金，只能用于该项目建设、运营或设备购置，不得置换项目资本金或偿还与项目有关的其他债务，但偿还已使用的超过项目融资安排约定规模的银行贷款除外。在发行方式上，项目收益债券的发行方式可以招标或簿记建档形式公开发行，也可以面向机构投资者非公开发行。9月，发展改革委发布《关于推进企业发行外债备案登记制管理改革的通知》，取消企业发行外债的额度审批，实行备案登记制管理。同时，扩大企业外债规模，支持重点领域和产业转型升级，有效利用境外低成本资金，鼓励资信状况好、偿债能力强的企业发行外债，募集资金根据实际需要自主在境内外使用，优先用于支持“一带一路”、京津冀协同发展、长江经济带与国际产能和装备制造合作等重大工程建设和重点领域投资。10月，发展改革委下发《关于进一步推进企业债券市场化方向改革有关工作的意见》，再次放松企业债发行要求，包括缩短发债审核周期，债项级别为AA级及以上的发债主体（含县域企业）不受发债企业数量指标限制，以及高评级企业豁免复审等六个方面。12月，发展改革委下发《关于简化企业债券审报程序，加强风险防范和改革监管方式的意见》，简化企业债券申报程序，提高债券资金使用效率，强化中介机构责任和信息披露，强调事中、事后监管。

（三）推动发展方面

1. 私募基金、期货公司、资管产品获准进入银行间债券市场

为进一步丰富银行间债券市场投资者群体，2015年6月，中国人民银行发布了《关于私募投资基金进入银行间债券市场有关事项的通知》（银市场〔2015〕17号），允许符合条件的私募基金投资银行间债券市场。这意味着阳光私募不需要再通过信托或基金专户通道来投资债券，有利于提升银行间债券市场交易的活跃度和流动性，交易成本也会有所降低。同时，为拓宽期货公司自有资金和资产管理产品的投资渠道，根据《中国人民银行关于金融机构加入全国银行间债券市场有关事宜公告》（中国人民银行公告〔2002〕第5号），允许期货公司及其资产管理产品进入银行间债券市场。期货公司及其资产管理产品，应试行与做市商或尝试做市机构以双边报价和请求报价的方式达成现券交易。

2. 证监会发布《公司债券发行与交易管理办法》

为贯彻落实党的十八届三中全会决定和国务院《关于进一步促进资本市场健康发展的若干意见》关于规范发展债券市场的总体目标，2015年1月，中国证监会对《公司债券发行试点办法》进行了修订。修订后的规章更名为《公司债券发行与交易管理办法》（以下简称《管理办法》）。主要修订内容包括：一是扩大发行主体范围。《管理办法》将原来限于境内证券交易所上市公司、发行境外上市外资股的境内股份有限公司、证券公司的发行范围扩大至所有公司制法人。二是丰富债券发行方式。《管理办法》在总结中小企业私募债试点经验的基础上，对非公开发行以专门章节作出规定，全面建立非公开发行制度。三是增加债券交易场所。《管理办法》将公开发行公司债券的交易场所由上海证券交易所、深圳证券交易所拓展至全国中小企业股份转让系统；非公开发行公司债券的交易场所由上海证券交易所、深圳证券交易所拓展至全国中小企业股份转让系统、机构间私募产品报价与服务系统和证券公司柜台。四是简化发行审核流程。《管理办法》取消公司债券公开发行的保荐制和发审委制度，以简化审核流程。五是实施分类管理。《管理办法》将公司债券公开发行区分为面向公众投资者的公开发行和面向合格投资者的公开发行两类，并完善相关投资者适当性管理安排。此外，《管理办法》还强调要加强债券市场的监管以及强化持有人权益的保护。

新公司债券办法的颁布,充分体现了新一届政府简政放权、宽进严管的政府职能转变要求。上海证券交易所与深圳证券交易所也随后发布了《公司债券上市规则》等公司债券上市相关配套规则,进一步简化了债券上市流程,强化了债券分类与动态管理,优化了信息披露制度,助推公司债券市场发展。

3. 在定向发行框架下引入专项机构投资人制度

为更好地服务实体经济发展，促进债务融资工具市场投资人队伍建设，应市场之需，2015年11月，中国银行间市场交易商协会组织市场成员制定并发布《定向债务融资工具专项机构投资人遴选细则》和“2015年度定向债务融资工具专项机构投资人名单”，明确在债务融资工具定向发行中引入专项机构投资人制度。

引入专项机构投资人制度(N+X)后，定向工具投资人被进一步细分为专项机构投资人(N)和特定机构投资人(X)两类。N在完成购买某只定向工具的程序后，视为签署该只定向工具的《定向发行协议》，接受协议约定的权利与义务，认可协议约定的信息披露标准，无须就投资单只定向工具另行签署《定向发行协议》。这将大幅节省投资人投资定向工具的时间成本，有利于降低发行人寻找投资人难度，并实质性地改善定向工具二级市场流动性，降低企业融资成本。引入专项机构投资人制度，将为企业通过定向发行方式融资提供更多便利，是市场机制建设的重要组成部分，也是推动银行间市场深入发展的重要举措。

4. 地方债加入定期存款质押品

7月14日，财政部和中国人民银行发布《关于中央和地方国库现金管理商业银行定期存款质押品管理有关事宜的通知》,增加地方政府债作为国库现金管理商业银行定期存款质押品，中国国债、地方政府债券分别按存款金额的105%和115%质押。此次央行与财政部联合声明，确定质押品管理的细节，是在地方政府债券大量发行、地方债务置换进行顺利过程中，提高地方政府债券流动性的具体举措，有助于提高投资者持有地方政府债券的信心。

5. 建设债券统计补充信息采集系统

为全面、准确地反映债券市场发展，综合监测评估债券市场对货币政策及金融稳定的影响，人民银行和证监会于2014年10月联合发布了《关于印发〈债券统计制度〉的通知》（银发〔2014〕320号，以下简称《制度》）。为了贯彻落实《制度》的各项要求，确保补充信息采集的准确、高效，在人民银行的指导下，中央结算公司积极建设并上线人民银行债券统计补充信息采集相关系统，并在2015年10月组织召开了“债券统计发行信息填报工作动员会”。各填报机构运用系统积极填报、实施效果良好，较好地支持配合了债券市场统计制度的完善。

五、债券市场对外开放

（一）银行间债券市场参与主体及投资范围不断拓展

2015年，我国银行间债券市场人民币债券的境外发行主体范围继续拓展，试点发行人涵盖了外国政府机构、国际性商业银行和境外非金融企业。其中，汇丰香港和中银香港在我国银行间债券市场发行人民币金融债券，额度分别为10亿元与100亿元。这是国际性商业银行首次获准在境内银行间债券市场发行人民币债券。

同时，银行间债券市场境外机构投资流程简化，投资范围扩大。2015年6月，人民银行发布《关于境外人民币业务清算行、境外参加银行开展银行间债券市场债券回购交易的通知》，已获准进入银行间债券市场的境外人民币业务清算行和境外参加行可开展债券回购交易，包括债券质押式回购交易和债券买断式回购交易。其中正回购的融资余额不高于所持债券余额的100%，且回购资金可调出境外使用。7月，中国工商银行新加坡分行在全国银行间债券市场成功完成首笔债券质押式正回购交易，交易金额为2亿元人民币。允许境外人民币业务清算行和境外参加行参与人民币回购交易，为这些境外银行机构提供了人民币投融资便利，对提高境外人民币市场的流动性将发挥积极作用。

7月，人民银行发布《关于境外央行、国际金融组织、主权财富基金运用人民币投资银行间市场有关事宜的通知》，进一步明确相关境外机构投资者投资银行间市场的方式、流程、资质要求和受托机构要求等事宜。将相关申请程序简化为备案制，取消了对这些境外机构的额度限制，将其投资范围从现券扩展至债券回购、债券借贷、债券远期、利率互换、远期利率协议等交易，并允许其自主选择人民银行或银行间市场结算代理人为其代理交易和结算。便利了境外央行等机构投资银行间债券市场，而且提高了投资效率。

截至2015年年末，共308家境外机构获准参与银行间债券市场，比上年同期增加126家，这些境外机构包括境外央行、国际金融机构、主权财富基金、港澳人民币清算行、境外参加行、境外保险机构、RQFII和QFII。2015年年末，境外机构持有的各类银行间债券余额为6 484.35亿元，比2014年年末增长13%，占银行间市场债券托管总量的1.4%。随着境内债券市场对外开放的步伐加快，对境外机构的审批速度将进一步加快，境外机构投资者入市规模和活跃程度都将不断提高。

（二）探索推动自贸区债券业务开展

2015年10月，人民银行会同商务部、中国银监会、中国证监会、中国保监会、国家外汇管理局和上海市人民政府，联合印发《进一步推进中国（上海）自由贸易试验区金融开放创新试点，加快上海国际金融中心建设方案》。该方案提出，支持上海自贸区内企业的境外母公司或子公司在境内发行人民币债券，募集资金根据需要在境内外使用。12月，人民银行出台对广东、福建、天津自贸区建设的指导意见，支持各自贸区内金融机构和企业在境外发行人民币债券，所筹资金可根据需要调回区内使用。自贸区内企业的境外母公司也可在境内发行人民币债券。

（三）离岸人民币债券品种日益丰富

截至2015年年末，离岸人民币债券发行额为1 573.13亿元，比2014年的发行规模下降28.5%。但人民币债券发行主体和发行地区不断扩大，品种日趋丰富。

2015年10月，人民银行在伦敦成功发行了50亿元人民币央行票据，期限1年，票面利率3.1%。不仅有利于丰富离岸市场高信用等级的人民币金融产品，也有利于深化离岸人民币市场发展，对于推动跨境贸易和投资的便利化也具有积极意义。

2015年11月，财政部在香港面向机构投资者招标发行100亿元人民币国债，包括3年期50亿元、5年期30亿元、10年期和20年期各10亿元，中标利率分别为3.29%、3.40%、3.31%和4.00%，同时面向5家国外中央银行和地区货币管理当局发行人民币国债20亿元，均为3年期，中标利率均为3.29%。

2015年11月，建行亚洲成功发行全球首只21世纪海上丝绸之路人民币债券，规模10亿元，期限两年，在马来西亚交易所挂牌交易。10月，农业银行在英国伦敦发行人民币计价的创新型绿色债券，规模6亿元，期限两年，受到市场投资者的欢迎。

国内非金融企业赴海外发行人民币债券。2015年3月，海航集团（国际）有限公司携手建行首尔分行在韩国成功发行人民币债券，总规模2亿元，期限3年。10月，天津生态城投资开发有限公司在新加坡顺利发行10亿元人民币债券，期限3年，票面利率4.65%，获得境外投资机构的超额认购。这是人民币国际化进程中的重要一步，也为国内基础设施行业的企业拓展融资渠道探索了一条新路。

2015年，海外机构在离岸人民币债券发行市场十分活跃，香港、台湾、澳门、伦敦、法兰克福、澳大利亚、卢森堡、都柏林、东京、吉隆坡等金融市场都有人民币债券发行。7月，日本瑞穗银行在日本发行规模为2.5亿元的人民币计价债券，并在东京证券交易所东京专业债券市场上市，这是继日本三菱东京UFJ银行之后第二只在日本发行的人民币债券。2月，韩国进出口银行发行规模10亿元的人民币债券，期限3年，在台湾证券柜台买卖中心和新加坡证券交易所上市。11月，中欧国际交易所在法兰克福正式开业，两只以人民币计价的交易型开放式指数基金和一只“一带一路”人民币债券挂牌交易，德国离岸人民币金融工具交易平台的建成，标志着人民币产品在欧洲市场将迎来新的机遇。

（四）跨境监管合作取得新进展

2015年10月底，李克强总理访问韩国，中韩金融合作取得新进展。中国外汇交易中心建立人民币对韩元直接交易机制。韩国政府将修改其国内相关立法，同时将为当地人民币债券市场的发展提供便利，中国也支持国内机构赴韩发行债券。中韩双方同意将目前在青岛市开展的企业自韩国银行机构借入人民币资金试点推广到山东全省，以降低中国企业融资成本，便利韩国银行机构有效管理其人民币资金。同时，双方考虑在山东省开展股权众筹融资试点，推进山东省区域性股权市场和韩国柯斯达克市场合作。此外，在风险可控的前提下，促进中韩债券市场基础设施，包括登记、托管、结算机构之间的互联互通机制建设。12月，人民银行与俄罗斯联邦中央银行签署合作谅解备忘录，双方同意为对方在另一方发行以本币计价的债券提供便利，深化金融领域务实合作。

六、债券市场发展展望

2016年是全面建成小康社会决胜阶段的开局之年，是推进结构性改革的攻坚之年，也是经济新常态下，债券市场迈出崭新步伐的关键之年。近年来，中国债券市场取得了长足发展，在支持宏观调控、促进改革发展、改善社会融资结构、降低企业融资成本等方面发挥了越来越重要的作用，也与利率市场化、人民币国际化等重大金融改革开放举措相互呼应、相互促进。债券市场未来发展的空间巨大，但在经济下行背景下，微观主体信用风险逐步显性化，隐性担保、刚性兑付导致部分债券价格扭曲，监管的有效协调不够，金融市场对外开放不断加快，都对完善制度和产品创新提出了新挑战。

（一）发行规模持续增长

2015年中央经济工作会议强调，积极的财政政策要加大力度，这意味着2016年新增国债发行规模将会扩大，地方政府债务置换的额度将有所增加，随着城投债发行的政策约束趋于放松，预计城投债的发行量也将上升。同时，绿色金融债券、资本补充债券等新品种的推出，将吸引更多的金融机构通过发行金融债券进行融资。信贷资产支持证券发行实行注册制，基础资产从企业贷款逐步向个人抵押贷款、汽车贷款、信用卡应收款和基础设施收费等多元化方向转变，也将促使资产支持证券的发行规模持续扩大。在利率市场化、信用风险加速释放的情况下，信用违约互换等信用风险衍生产品将有突破性发展。此外，无论在银行间还是交易所市场，发债流程均趋于简化和便捷。综合上述因素，2016年债券市场发行规模将持续增长，从而更有效地支持实体经济的融资需求。

（二）投资者群体进一步拓宽

多元化的投资者群体有利于提高市场的活跃度和流动性。目前，中国人民银行已允许符合条件的银行理财产品、非金融机构合格投资人、农村金融机构和信托产品、证券公司资产管理计划、基金管理公司及其子公司特定客户资产管理计划、保险资产管理公司资产管理产品和私募基金投资银行间债券市场，极大丰富了债券市场投资者类型。下一步，银行间债券市场将继续坚持面向合格机构投资者，进一步拓宽符合条件的投资者群体，优化完善财税支持等相关配套政策，吸引和推动更多长期资金投资银行间债券市场。

（三）制度和基础设施建设不断加强

近年来，债券市场制度和基础设施建设不断完善，如2015年取消银行间债券市场债券交易流通行政审批，不断完善做市商考核指标体系，激发做市商做市积极性等。但与此同时，我国金融市场基础设施建设尚不完善、法律基础有待加强、集中统一的交易报告制度尚未形成等问题。下一步，应借鉴国际经验，并结合我国国情，进一步完善市场发行、交易、清算、结算、托管、交易数据库等各项制度安排和基础设施建设，明确和加强宏观审慎管理部门对金融市场基础设施的监管职能，加强交易监测和风险预警，提升监管效率，建立健全信息披露和信用评级等市场化约束机制，建立完善相关业务恢复与风险处置等事后处理机制，保障中国金融市场的高效安全运行和整体稳定。

（四）产品和机制持续创新

为激发市场活力，更好地满足市场成员日益增长的投融资和风险管理需求，2015年银行间债券市场推出资本补充债券、绿色金融债券和标准债券远期交易，开展标准债券远期和标准利率互换集中清算业务、债券回购交易净额清算业务和代理清算机制、自贸区铜溢价掉期中央对手清算业务、自贸区大宗商品现货清算业务、人民币苯乙烯掉期及自贸区乙二醇进口掉期中央对手清算业务等。下一步，债券市场产品和制度的市场化创新机制将进一步建立健全，在规范发展的前提下，将大力发挥市场主体和中介机构在工具和产品方面的创新动力，积极稳妥地推进创新，帮助实体经济有效管理各类风险。

（五）国际化进程进一步深化

2015年银行间债券市场发行主体进一步拓宽至境外金融机构和外国政府，允许符合条件的境外参加行和清算行开展债券回购交易，取消境外央行类机构的入市审批流程和投资额度限制，并拓宽其投资范围。伴随着人民币加入SDR和国际化进程的深入推进，境外机构人民币流动性管理的规模将加速扩大，人民币资产配置需求将明显增加，债券市场的投资主体和发行主体类型也有望丰富。同时，为更好地满足境外机构的投融资需求，涉及对外开放的会计、审计政策、税收、评级等制度安排也将进一步完善。

专题三 推出地方政府债务置换计划

近年来，我国地方政府债务规模迅速增加，风险日益凸显。为防止地方政府债务问题集中暴露、防范金融体系风险、确保经济稳定增长，2015年，人民银行积极配合财政部门建立透明规范的城市建设投融资机制，支持地方政府将高成本、透明度低的中短期债务置换为低成本、透明度高的中长期债券。5月，财政部、人民银行和银监会联合发布通知（财库〔2015〕102号），明确了债务置换的方式、范围、价格和配套政策，地方政府债务置换计划正式推出。

一、地方政府债务置换计划内容

（一）置换方式

地方政府债务置换主要以定向承销的方式进行，即“谁家的孩子谁抱走”，由省级政府面向地方政府存量债务中特定债权人，采取簿记建档的方式发行，用以置换相应的存量债务。这种方式虽略带行政色彩，但不改变投资者结构，有利于减少对市场流动性及利率的影响，对市场冲击较小。同时，辅助以公开发行债券的方式发行。

（二）置换范围

地方政府债务置换范围是2013年政府性债务审计确定的，截至2013年6月30日的地方政府负有偿还责任的存量债务中，2015年到期需要偿还的银行贷款部分，以及经协商一致的地方债务中的信托、证券、保险等其他机构形成的债务。

（三）置换价格

在地方政府债务置换计划中，定向承销的债券发行利率下限为发行日前1到5个工作日国债收益率平均值，上限为发行日前1到5个工作日国债收益率平均值上浮30%。

（四）配套政策

地方政府债务置换计划将地方政府债纳入中央和地方的国库现金管理抵押品范围、纳入人民银行货币政策操作工具（SLF、MLF、PSL等）的抵押品范围，以有效缓解地方债务置换后银行资产收益率下降对银行产生不利影响。

二、2015年地方政府债券发行基本情况

2015年，包括4个计划单列市在内的34个地方政府共发行地方政府债券38 351亿元，完成了全年3.2万亿元置换债券和6 000亿元新增债券的发行。债券发行方式以公开招标为主，占发行总额的4/5，定向承销发行的置换债券约占1/5。从全年地方债券发行情况来看，主要呈现如下特点：

一是地方政府债发行规模大、推进快。2015年地方政府债共发行3.8万亿元，地方政府债务三批置换计划已基本完成，发行总量与同期国债、金融债发行总量基本持平。

二是地方政府债发行期限长、利率低。地方政府债共有1年期、3年期、5年期、7年期、10年期5个品种，大部分省份选择发行3年期、5年期、7年期、10年期债券，平均发行期限6.41年。公开招标债利率此前基本与国债持平，发行利差主要体现在市场波动。8月7日，辽宁省公开发行的地方政府债发行利率大幅抬升，其中10年期品种发行利率达区间上限3.99%，高于国债基准52个基点，但仍流标1.5亿元。此后，公开招标发行的地方政府债发行利率逐渐抬升，普遍高于国债基准20~30个基点，但考虑到地方政府债普遍流动性较弱，发行利率整体仍偏低。此外，定向置换债除河北、上海和厦门外，发行利率普遍为国债均值上浮15%。

三是地方政府债投资人以银行为主。由于地方政府债发行利率较低、期限长，非银行机构几乎没有投资意愿。从已公布的地方债承销团情况来看，参与机构主要为银行及地方商业银行和农信社，且主承销商持债占比达80%，一般承销团近20%，证券、信托、保险类等其他债权人基本没有参与。

三、需要关注的几个问题

（一）融资平台负债率缓解有限，后续融资压力仍较大

从经营性项目为主的融资平台角度看，负债基本被列为第三类债务，债务置换对其影响基本可以忽略。但在地方政府债务管理改革背景下，经营性平台对后续政府对企业资本金补充不确定性产生担忧，对未来融资和发展模式偏谨慎。

从公益性项目为主的融资平台角度看，一是置换项目不从融资平台剥离，平台的资产端不变，平台的负债端对债权人的债权变为对地方政府的应付账款，债权人发生变化，但负债总额不变，资产负债率不变。二是置换项目从融资平台剥离，平台的资产端应收账款和平台的负债端长期借款同步减少，资产负债率降低。

综合看来，融资平台承担了大部分基础设施建设任务，投资压力仍在继续增大。受融资平台政府债务置换规模不均、地方政府债务后续甄别的不确定性、融资平台项目贷款受限等因素影响，政府平台未来融资规划普遍较为被动、谨慎，更多地依靠政府大力发展城市建设基金，多元化方式解决存量债务。

（二）地方政府债评级区分度不高，重要评级指标获取难度大

2015年财政部对于地方政府债券引入了AAA-评级，但根据中债信息网披露数据，截至目前，从已发债的34个主体来看，发行的一般债券和专项债券级别均为AAA级，未出现明显级别区分。一是由于地方政府债评级采用发行人付费模式，通常通过招投标方式进行，导致评级机构独立性受限。评级公司往往通过降低费率，许诺评级结果等方式中标。如山西地方债，东方金诚评级时出现大幅降价。二是评级所需要的准确数据获取难度大。地方政府向评级公司提供的政府工作报告、预决算报告等信息均在当地政府召开“两会”时已向外界公布，评级更为需要的债务数据通常只能提供到2013年6月底，并且数据连贯性较弱，其中一些对评级工作重要的核心数据无法公开，导致评级公司

无法获得常规作评级需要的准确数据。

（三）地方政府债发行具有一定行政干预色彩，潜藏金融风险

现行的地方政府债务置换以缓解地方政府的债务集中偿还压力为主要目标，地方政府在发行过程中行政干预情况较为突出，具有一定的短视性，且政府干预下的发行利率定价水平对市场化的债券融资体制建设将产生一定负面影响。一方面，债券发行利率并没有反映市场的真实利率水平。在公开招标债方面，地方政府债公开招标发行利率通常根据前1~5日同期限国债利率均值定价，实际发行利率基本与国债利率持平，各省发行利率差异主要体现在市场波动。8月7日，辽宁债流标后，地方政府公开招标债发行利率逐步上行，目前基本为国债利率上浮15~30个基点，但实际发行利率仍以地方财政部门指导水平为准。在定向置换债方面，定向置换债直接置换银行贷款，不能流动转让，只能持有到期，需要较高的流动性溢价补偿，发行利率由地方财政和债权人商定，普遍为国债均值上浮15%。另外，地方政府债券投资决策也不完全是商业选择。地方政府债券的投资者主要是商业银行和农信社，而参与认购银行的债券资产与存款利差存在倒挂。如5年期地方政府债券利率约为3.3%，而大型商业银行5年期存款成本在3.6%左右，股份制银行还要高些在3.8%左右，商业银行购买地方政府债券多数为付息差，成本与收益倒挂约30~50个基点。

（四）地方政府债务置换影响银行传统营收模式

地方政府债务置换的主要对象是商业银行对于地方政府的债权，由于地方政府债券拥有近主权债券的信用等级，并且被纳入货币政策工具的范畴，置换工作提升了银行资产的流动性和资产质量，但也降低了银行的贷款利息收入。按置换规模3.2万亿元测算，银行利息收入损失超千亿元，占银行业利润的5%左右，银行资产需要调整和重新配置。具体而言，2015年以来，银行表外融资规模萎缩，表内融资规模稳定增长。根据2014年银行资产结构测算，地方政府债务置换后，银行贷款从46%降至35%，类信贷融资从9%降至6%，债券投资从32%增长至45%。

此外，地方政府债务置换将锁定一部分到期新增投资的期限和收益，对新增其他债券投资产生一定挤出效应，主要体现在会降低其他新增债券的久期并提高预期收益率。

四、相关意见及建议

一是确保地方政府债券市场化发行。债券非市场化发行，扭曲了市场定价机制，埋下了风险隐患，不利于形成长效债券发行机制。建议尊重市场规律，减少行政指导，推动债券通过公开、公正和透明的市场化原则发行定价。

二是实现信息充分披露，引导市场稳定预期。明确的政策信号和充分的信息披露是稳定投资人预期的关键，随着地方政

府债置换规模不断增加，建议地方政府完善信息披露流程、加大信息披露精度、增强信息披露完整度。

三是加强部门间协调，形成监管合力。地方政府债务置换影响范围广、置换周期长，加强部门间沟通协调，保持宏观调控各项政策的合理、适度，是确保地方政府债置换顺利的关键。财政部、人民银行等部门结合宏观经济状况和市场流动性情况共同协调沟通地方政府债置换节奏和规模，同时明确市场预期，保障市场平稳运行。

第四章 股票市场

2015年，中国股票市场融资规模显著增加，再融资占绝对比重。各股票指数先扬后抑，市场运行呈现出高波动性。中小板、创业板涨幅明显，股票总市值持续增加。各类型投资者数量增长明显，股票交易十分活跃。股票市场法治化建设稳步推进，基础制度市场化改革进一步深化，多层次股权市场体系不断完善，产品创新和对外开放取得新进展。

一、股票市场运行的基本情况

（一）股票发行与融资

2015年，中国股票市场融资规模显著增加，以再融资为主。全年共有224家企业完成首发上市，融资金额为1 578.3亿元，同比分别增长79.2%和136.0%，其中主板、中小板、创业板首发家数分别为92家、45家和87家，分别实现融资1 086.9亿元、183.8亿元和307.6亿元。850家上市公司完成再融资发行，融资金额13 497.8亿元，同比分别增长74.5%和97.9%，其中主板、中小板、创业板增发家数分别为366家、271家和213家，分别实现再融资8 951.9亿元、3 268.1亿元和1 277.7亿元。2015年，共有12家上市公司发行优先股，融资金额为2 007.5亿元，同比增长60.5%。

（二）股票指数与交易

1. 各股票指数整体先扬后抑，中小板、创业板涨幅明显

2015年，各股票指数整体呈现先扬后抑走势，6月中旬以前大幅上涨，此后显著

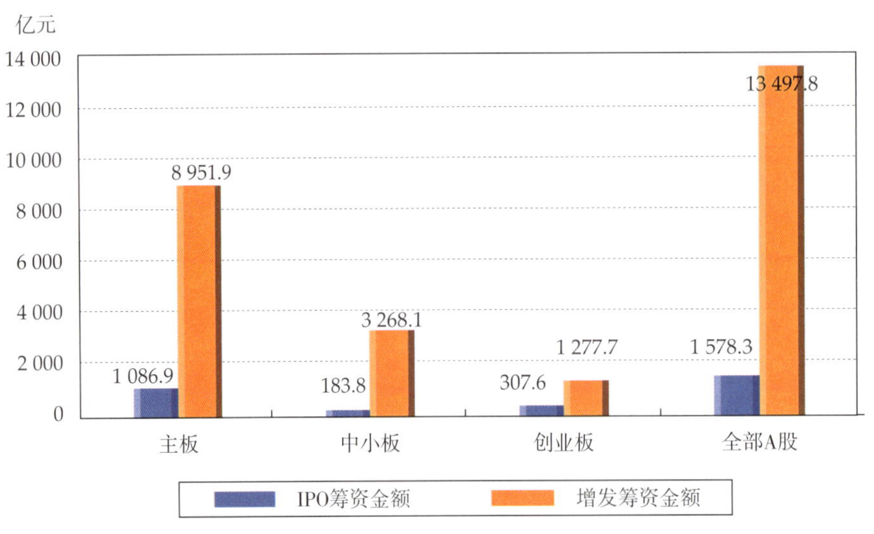

数据来源：Wind资讯。

图4-1 2015年A股市场首次公开发行与再融资发行金额

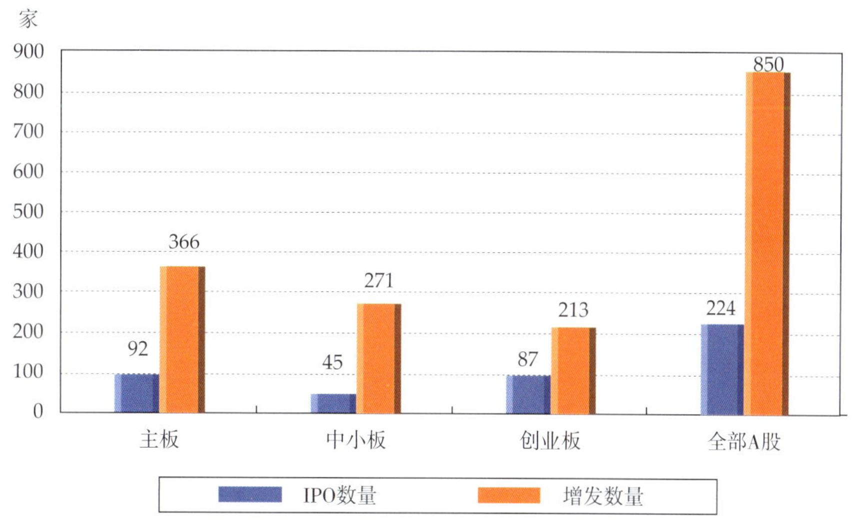

数据来源：Wind资讯。

图4-2　2015年A股市场各类型融资方式家数

回调，至年末中小板、创业板指数仍涨幅明显。截至2015年12月31日，上证综合指数、深证成份指数、创业板指数和中小板指数分别收于3 539.2点、12 664.9点、2 714.0点和8 393.8点，较年初分别上涨9.4%、15.0%、84.4%和53.7%。以2015年6月12日作为阶段性高点，上证综合指数、深证成份指数、创业板指数和中小板指数分别收于5 166.35点、18 098.3点、3 899.7点和11 996.5点，较年初分别上涨59.7%、64.3%、165.0%和119.7%。

数据来源：Wind资讯。

图4-3　2015年A股市场各股票指数走势

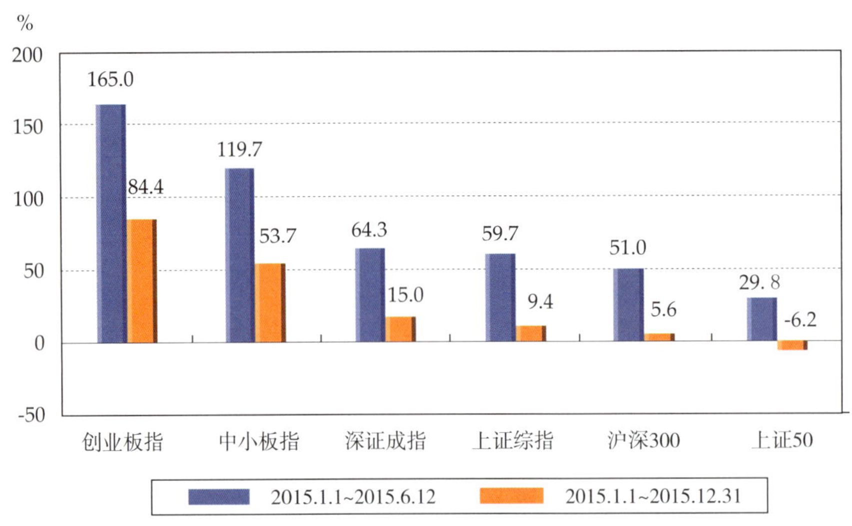

数据来源：Wind资讯。

图4-4 2015年A股市场各股票指数涨跌幅

2. 股票市值增长显著，股本流通率略有下降

截至2015年12月31日，沪、深两市共有上市公司2 827家，比上年末增加214家，上市股票2 909只，比上年末增加213只，其中A股2 808只、B股101只。全部A股总市值56.7万亿元，比上年末增加16.0万亿元，同比增长38.3%；全部A股流通市值21.3万亿元，比上

数据来源：Wind资讯。

图4-5 2000~2015年A股市场总市值、流通市值及股本流通率

年末增加7.1万亿元，同比增长50.0%。全部A股总股本5.0万亿股，同比增长14.8%；流通股本4.4万亿股，同比增长12.9%，占全部股本的88.0%，股本流通率较上年末略有下降。

3. 股票市场成交活跃，换手率明显提高

2015年，股票市场成交规模大幅增长。截至12月底，全部A股累计成交金额为253.3万亿元，同比增长243.4%。其中，沪深主板市场累计成交金额为175.7万亿元，同比增长244.3%；中小企业板累计成交金额为49.4万亿元，同比增长229.4%；创业板累计成交金额为28.4万亿元，同比增长266.6%。

2015年，股票交易换手率大幅提高。全部A股的年度换手率为434.5%，上证综指、上证50、沪深300、中证500、创业板指和全部B股的年度换手率分别为384.4%、222.4%、316.1%、586.7%、525.0%和37.7%，均处于较高水平。

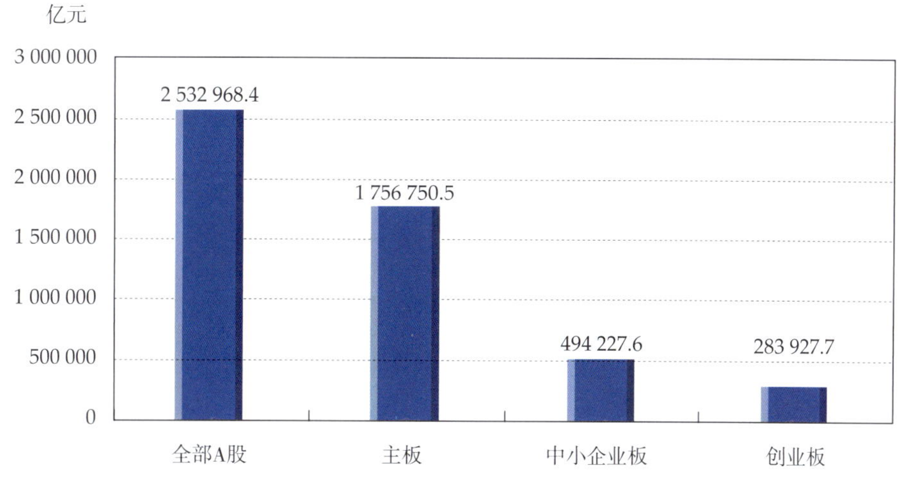

数据来源：Wind资讯。

图4-6　2015年A股市场成交金额

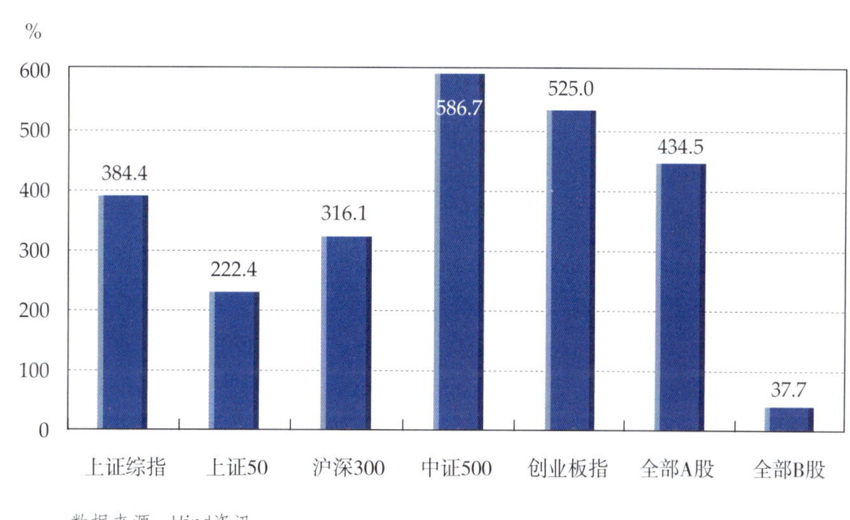

数据来源：Wind资讯。

图4-7　2015年各股票品种年度换手率

二、股票市场运行的主要特点

（一）市场运行呈现高波动性，各指数波动率显著上升

2015年股票市场运行的最大特点是高波动性，体现为波动率数值高。上证综指的年化波动率由2014年的17.2%迅速增长到2015年的38.8%，明显高于其他年份。由于创业板市场上市公司主要为中小企业，经营业绩的波动性通常高于主板，创业板指数的年化波动率显著高于上证综指，2015年其年化波动率由2014年的25.1%迅速增长至50.7%。类似的，深证成指和中小板指的年化波动率分别由2014年的20.2%和20.1%增长至2015年的42.3%和43.2%，创出历史新高。

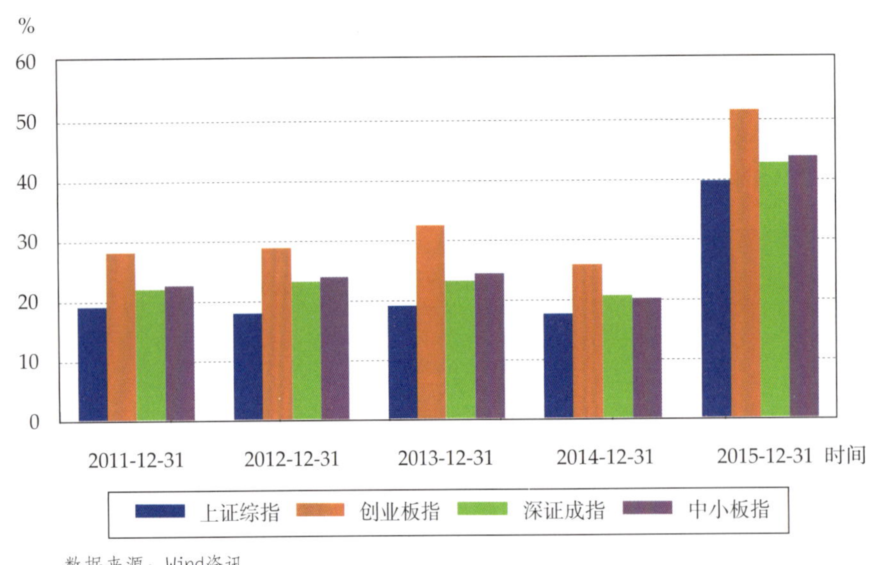

数据来源：Wind资讯。

图4-8 2011~2015年各股票指数年化波动率

（二）市场资金杠杆率较高，各类投资者数量持续增长

2015年，股票市场交易资金呈现高杠杆率特征。自2010年3月融资融券业务正式启动以来，股票信用账户新增开户数量不断增加。2015年4月，月度新增户数达到41万户的高位，融资余额占流通市值的比例上升至4.1%。在监管部门规范两融的背景下，信用账户新增开户数量有所回落，截至2015年12月底，融资余额占流通市值的比例下降至2.8%。

2015年，A股市场个人账户数量进一步增加。截至2015年6月底，A股市场个人账户总数达到2.3亿户，较2014年12月增长24.5%。自2015年4月13日起，自然人与机构投资者均可根据自身实际需要开立多个A股账户和封闭式基金账户，A股个人账户总数统计停止更新，转为使用A股投资者数量来衡量账户变动情况。截至2015年12月底，自然人开立A股账户的投资者人数达到9 812.1万人，较2015年5月底增加1 310.7万人、增长15.4%。

2015年，股票市场机构投资者队伍不断扩大。截至2015年12月底，特殊机构及产品A股账户数量达到17.2万户，较2014年年末增长32.1%。其中，包括9.2万券商账户、4.3万基

金账户、3.7万其他机构（含社保基金、企业年金、QFII、RQFII、保险、信托）账户。与2014年年末相比，所有机构投资者账户数量均有所增加，其中基金和RQFII增幅最大，分别增长195.2%和67.3%。

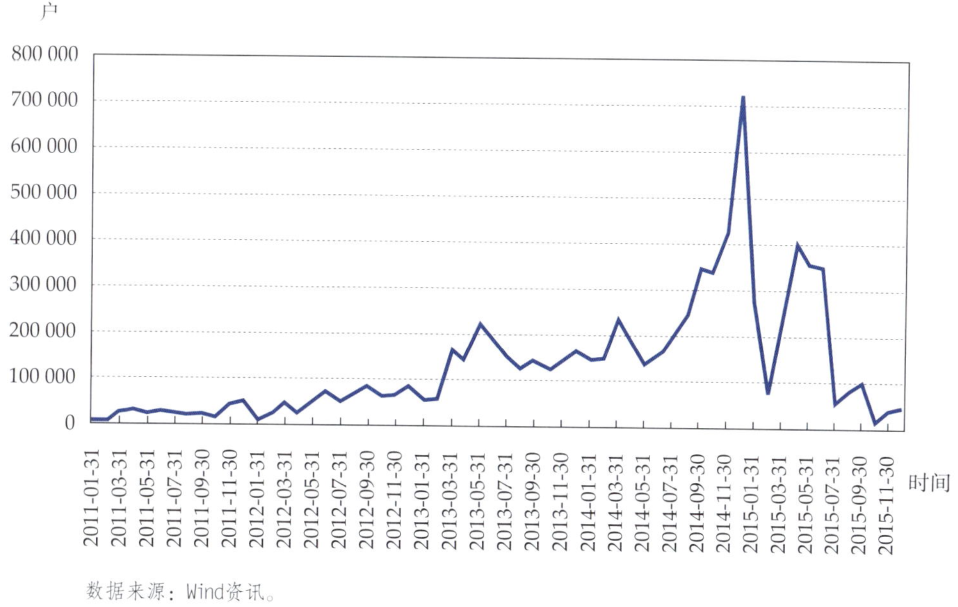

数据来源：Wind资讯。

图4–9　2011~2015年股票信用账户新增开户数量变动情况

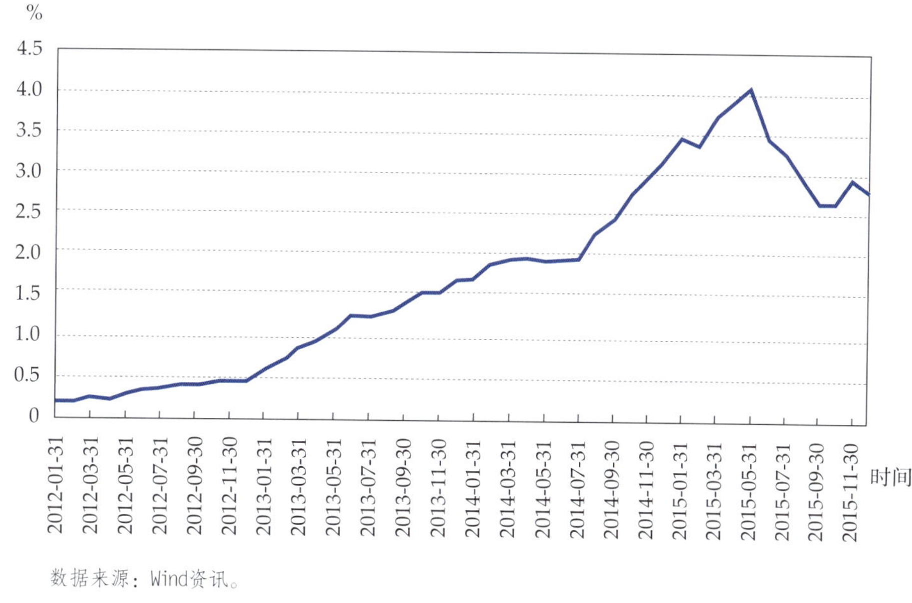

数据来源：Wind资讯。

图4–10　2012~2015年股票融资余额占流通市值比重

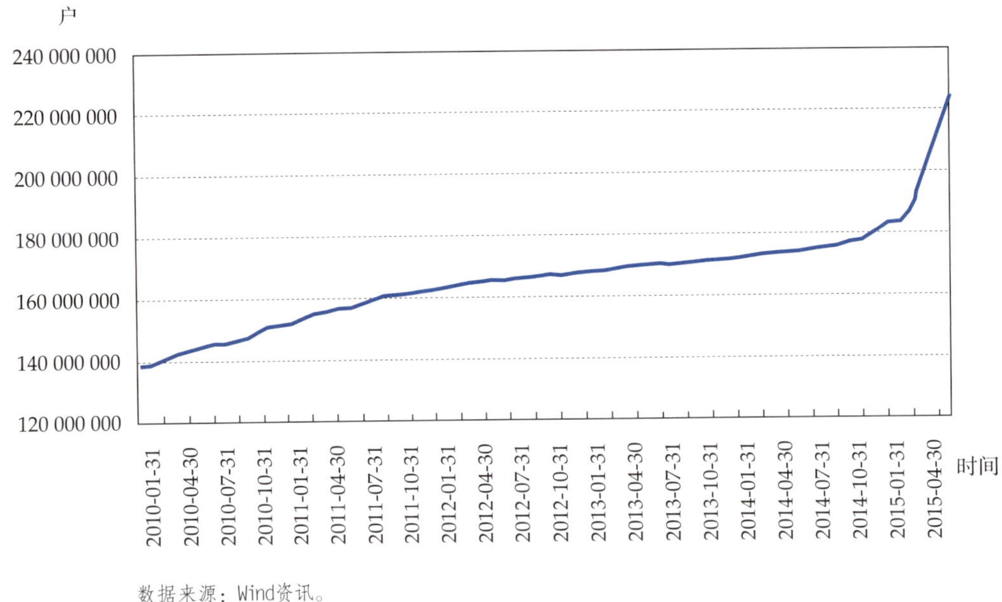

数据来源：Wind资讯。

图4-11　2010~2015年A股市场个人账户总数

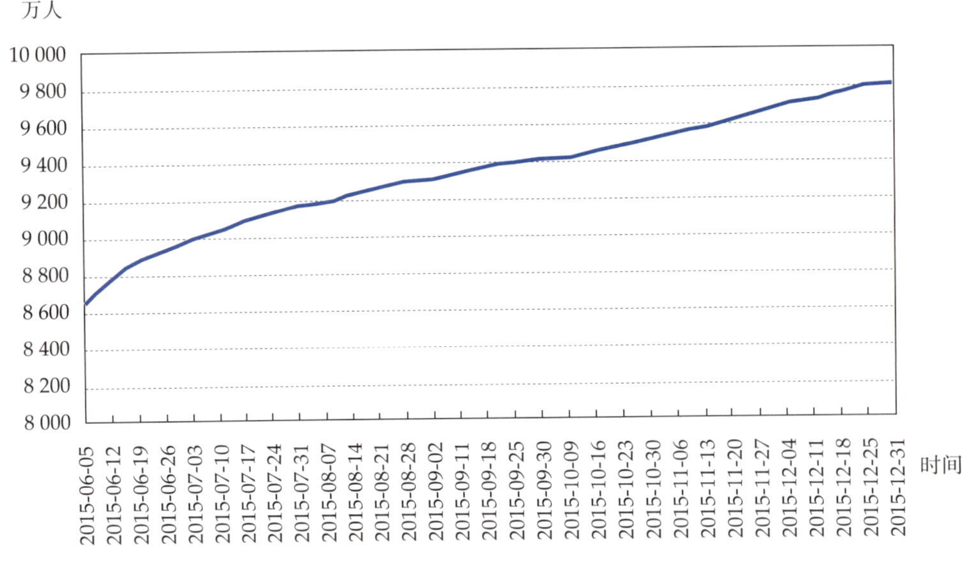

数据来源：Wind资讯。

图4-12　2015年A股市场个人投资者数量

表4-1 特殊机构及产品A股账户数量

单位：户，%

	2015年12月	2014年12月	变化率
券商	91 449	88 516	3.31
基金	42 896	14 530	195.22
其他机构	37 344	26 952	38.56
其中：社保基金	310	254	22.05
企业年金	6 835	6 184	10.53
QFII	981	826	18.77
RQFII	942	563	67.32
保险	2 834	1 955	44.96
信托	25 442	17 170	48.18
合计	171 689	129 998	32.07

数据来源：中国证券登记结算有限责任公司。

（三）制造业与金融业交易活跃，新兴行业涨幅居前

从成交金额来看，制造业遥遥领先，金融业次之，证券公司和保险公司股票成交金额大幅增长。截至2015年12月末，制造业累计成交额占比为50.2%，位列第一；金融业累计成交额占比为11.7%，排在第二位。信息技术、房地产、批发零售等行业股票交易也比较活跃。

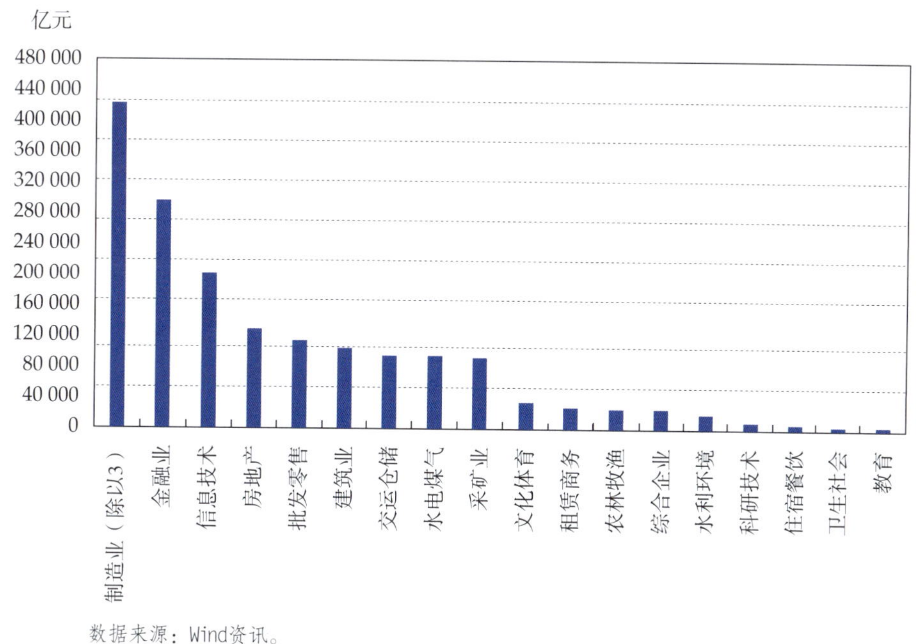

数据来源：Wind资讯。

图4-13 2015年各行业股票成交金额（中国证监会分类）

从涨幅来看，新兴行业居前。至大盘在年度最高点时，信息技术行业强势领涨，涨幅达到234.5%，而金融业表现最弱，涨幅仅为20.6%；截至12月31日，信息技术行业涨幅位居第三，为107.4%，而金融业依旧变现最弱，下跌7.3%。总体来看，以信息技术和卫生社会为代表的高端制造业以及高品质服务业，作为未来产业转型方向，行业景气度向好，涨幅居前；以采矿业为代表的传统产能过剩、景气度下行行业，涨幅靠后。

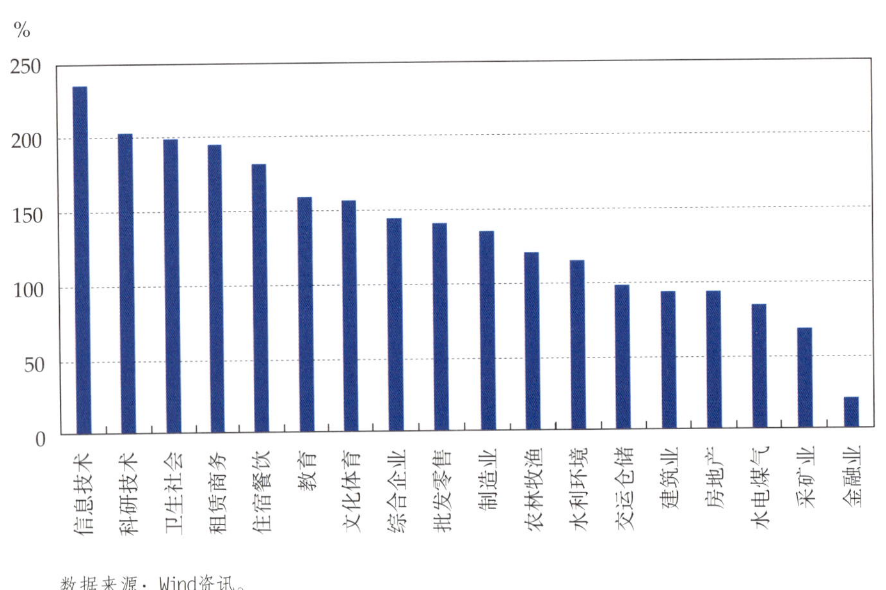

数据来源：Wind资讯。

图4-14　中国证监会行业分类涨跌幅（2015.1.1~2015.6.12）

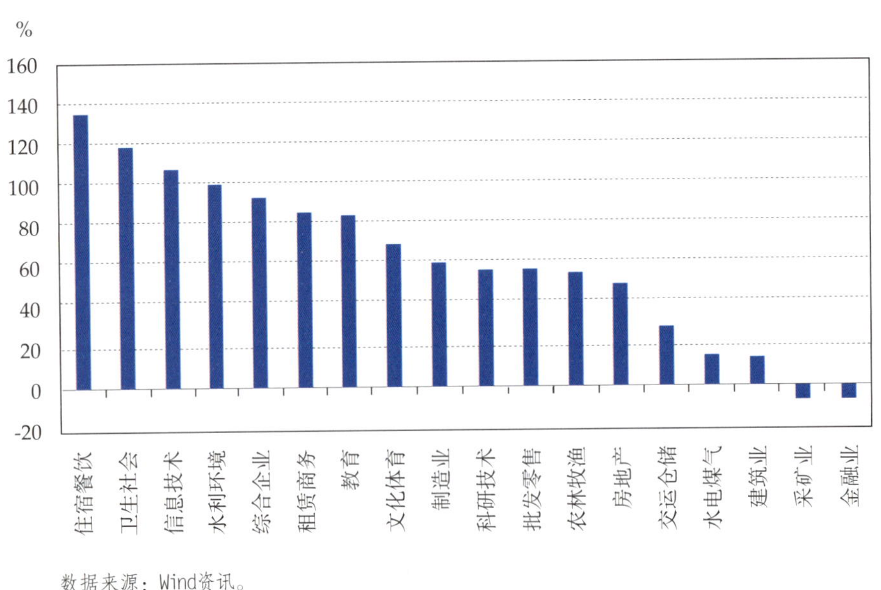

数据来源：Wind资讯。

图4-15　中国证监会行业分类涨跌幅（2015.1.1~2015.12.31）

三、股票市场制度和基础设施建设

（一）推进股票市场法治化建设

1.《中华人民共和国证券法》修订工作稳步推动

4月20日，新《中华人民共和国证券法》草案提请全国人大常委会进行一审。这一资本市场基本法的修订完善，在扩大证券范围、探索证券发行注册制两方面取得重大突破。其中，证券的范畴重新表述为“代表特定的财产权益，可均分且可转让或者交易的凭证或者投资性合同”，内涵明显扩大，范围有望扩充；证券发行注册制的准备工作继续稳步推进，有关配套政策陆续出台。证券范围的扩展、注册制改革的推进，将进一步鼓励我国基础资产的证券化，带动资本市场的大发展，进而提升资本配置效率，提高社会生产率。本次对《中华人民共和国证券法》的修订，还在放宽公开发行股票门槛、规范上市公司股东转售股票、投资者适当性管理及投资者保护、探索境外企业境内上市、现金分红制度、证券合伙企业设立、禁止跨市场操作及内幕交易等多个层面进行改革。总体而言，新《中华人民共和国证券法》草案为多层次资本市场体系制定了规则框架，从制度规范层面为股票发行注册制奠定了基础，同时突出了简政放权的监管思路，强化了由事前监管向事中、事后监管的转变。

2. 各类违法违规行为受到严厉打击

2015年，证券监管部门加大了对资本市场各类违法违规行为的打击力度，切实加强投资者保护工作。践行以信息披露为中心的监管执法理念，不断加大对上市公司信息披露违规的打击力度，对信息披露违规及证券期货服务机构违法违规立案调查共计61起，同比增长53%。针对影响市场秩序的突出问题，重点打击惩处操纵市场案件，立案调查共计71起，同比增长373%，其中又以信息操纵、滥用程序化交易操纵、滥用融资融券操纵等新型操纵案件为重点。对非法经营证券业务、非法咨询立案调查24件，规范市场经营秩序。首次将编造、传播虚假信息、证券公司新三板违规开户、私募基金违法违规等类型案件纳入执法视野，并积极发挥个案辐射效应，规范资本市场信息传播秩序，规范新三板市场运行，保护投资者合法权益，达到“以点带面”的打击效果。

（二）完善多层次股票市场体系

1. 新三板市场实现跨越式发展

随着全国中小企业股份转让系统挂牌步入常态化，各项配套管理制度进一步完善，新三板市场实现跨越式发展。2015年全年新增挂牌公司3 557家，融资1 216.17亿元，分别同比增长193%和821%。11月20日，中国证监会发布《关于进一步推进全国中小企业股份转让系统发展的若干意见》，明确新三板在多层次资本市场中的独立地位，提供市场内部分层差异化制度的框架指引，强化中小企业特别是创业创新企业的融资功能，完善主办券商制度并引入多元机构投资者，加大监管力度以实现创新与风控平衡。该意见既着力解决当前发展中面临的问题，提出了完善措施；又放眼未来，为市场的后续创新和长期发展预留了空间。11月24日，《全国中小企业股份转让系统挂牌公司分层方案（征求意见稿）》公布，从分层思路、分层标准和实施程序、维持标准和程序调整及差异化制度安排等几个方面设计了分层工作方案，分层制度有望加速推进。同时，新三板市场已陆续推出定向增发、股份转让、私募债、股权质押融资、资产证券化、与银行合作增加企业授信额度等多种融资工具。9月21日，《全国中小企业股份转让系统优先股业务指引》（试行）发布，优先股有望在新三板市场面世。此外，全国中小企业股份转让系统还制定了《发行审查要点》、《发行文件模板》等一系列规则指引，为市场参与各方提供了切实可行的业务流程，有助于提高发行备案工作效率，增强融资服务能力。

2. 区域股权交易市场稳步建设

区域性股权交易市场是我国多层次资本市场体系的塔基，与全国中小企业股份转让系统共同构建了场外交易市场的基本格局。6月26日，中国证监会发布《区域性股权市场监督管理试行办法（征求意见稿）》，从宏观上明确了区域性股权市场的基本定位、监管体制，并从微观上对功能作用、监管底线、支持措施等予以规制。该试行办法将区域性股权市场定位为“为其运营机构所在地省级行政区划内中小微企业私募证券的发行、转让及相关活动提供设施与服务的私募证券市场”，将其与A股市场、新三板市场等区分开来，实现功能互补与错位发展，为构建多层次资本市场提供了空间。截至2015年12月底，已设立的37家区域性股权市场共有挂牌股份公司3 375家，展示企业4.15万家，累计为企业实现各类融资4 331.56亿元。上海股权托管交易中心尤具特色，2015年11月20日，获批设立科技创新企业股份转让系统，作为多层次资本市场的一部分，将在推进上海建设具有全球影响力的科技创新中心起到重要作用，助力大众创业、万众创新，实现科技型、创新型中小微企业与资本市场的有效对接。

（三）深化基础制度市场化改革

1. 股票发行注册制稳步推行

从制度层面来看，正在修订的《中华人民共和国证券法》将在证券发行、加大信息披露等方面进行积极探索；从技术层面来看，中国证监会已经多次表态积极推进注册制改革，证券交易所也在积极推进降低上市门槛和加快完善转板机制等建设。11月6日，中国证监会就《证券发行与承销管理办法》、《首次公开发行股票并上市管理办法》、《首次公开发行股票并在创业板上市管理办法》等规章制度向社会征求意见，并于11月30日发布《关于进一步推进新股发行体制改革的意见》，发行制度的改革进程有所加速。12月9日，国务院审议通过《关于授权国务院在实施股票发行注册制改革中调整适用〈中华人民共和国证券法〉有关规定的决定（草案）》，决定自施行之日起两年内，授权对拟在上海证券交易所、深圳证券交易所上市交易的股票公开发行实施注册制度。这一系列改革措施，为股票发行注册制度的推行奠定了基础。

2. 并购重组政策不断完善

2月5日，国务院发布《上市公司重大资产重组管理办法》，鼓励依法设立的并购基金、股权投资基金、创业投资基金、产业投资基金等投资机构参与上市公司并购重组。该办法的颁布，意味着政府从国家视角对并购重组予以重视，从政策角度支持并购重组的市场化改革，为股权投资基金等发展带来更多机遇。为充分发挥企业在兼并重组中的主体作用，国务院又于2015年年末发布了《关于进一步优化企业兼并重组市场环境的意见》，提出要缩小审批范围、简化审批程序、发展并购贷款、重用资本市场、鼓励优强企业兼并重组、引导企业开展跨国并购、消除快跨地区兼并重组障碍等意见。目前，除了借壳上市以外，上市公司其他并购重组审核已全面放开，在支付手段、定价方面也趋于灵活。这都将有效降低企业并购重组成本，推动市场化并购重组市场的发展。

3. 退市配套规则修订调整

为进一步落实上市公司退市制度，完善退市制度改革，上海证券交易所、深圳证券交易所于2015年年初分别制定了《重新上市实施办法》，明确重新上市主要指标应等同IPO条件的原则思路。一方面，针对不同的退市情形公司，区分主动退市公司与强制退市公司，对重大违法强制退市公司申请重新上市，特别规定了严格前置条件；另一方面，对于主动退市公司申请重新上市和被错判重大违法的退市公司恢复上市地位，在申请文件、审核程序、重新上市后的交易安排等方面进行了一定简化和差异化安排。上海证券交易所、深圳证券交易所还对《退市整理期业务实施细则》、《风险警示板股票交易暂行办法》等相关操作制度进行了调整，对警示期间和退市整理期间的交易和操作内容进行了规制。

4. 信息披露多维度推进

在信息披露方面，中国证监会继续推进和完善相关工作：一是通过发布年报会计监管报告，向市场传递关于执行会计准则、内部控制规范和财务信息披露规则等方面的监管标准，继续引导上市公司提高财务信息披露质量；二是对存在的问题，在日常监管和专项核查中继续了解情况，后续处理；三是进一步完善多层次信息披露规范体系，探索建立有效的信息披露规范建设和实施制度。

5. 证券账户一人一户限制取消

4月12日，中国证券登记结算有限责任公司发布《关于取消自然人投资者A股等证券账户一人一户限制的通知》，取消自然人投资者开立A股账户的一人一户限制，允许自然人投资者根据实际需要开立多个沪、深A股账户及场内封闭式基金账户。对于投资者而言，可以自主选择低佣金或投顾服务全面的券商，减少此前销户环节的不便；对于券商而言，在一人多户限制放开的背景下，优秀券商有望通过进一步提升市场竞争力，在经纪业务上取得更多收入。

6. 融资融券风险管理强化

2015年下半年，A股市场经历了一轮去杠杆过程，除了对场外配资的清理工作外，场内融资融券的风险控制不断得以加强。2015年7月1日，中国证监会颁布《证券公司融资融券业务管理办法》（证监会令第117号），提高了融资融券业务操作的有效性，业务展期自由度更高，风险控制更具备灵活性和弹性。同时，上海证券交易所、深圳证券交易所也于同日发布各自的实施细则，从业务流程、标的证券、保证金和担保物、信息披露和报告、风险控制等几方面，配合证监会的管理办法，进一步规范了融资融券业务的开展。后续，两大交易所又进一步对实施细则进行了修订，调整卖出证券后买券还券或直接还券的时限设定为自次一交易日起，将买入证券的融资保证金比例从50%提高到100%，进一步严控场内融资融券可能产生的风险。

（四）推动市场创新开放发展

1. 股票期权正式推出

1月9日，中国证监会发布《股票期权交易试点管理办法》及《证券期货经营机构参与股票期权交易试点指引》等相关办法与指引，批准上交所开展上证50ETF期权试点。2月9日，上证50ETF期权正式在上交所挂牌上市。上证50ETF期权的推出，不仅可以增加市场流动性，成为新的金融对冲工具，也对上证50ETF的扩张有促进作用，提升了权重股、蓝筹股的吸引力，同时可以和股指期货一起丰富机构投资者的资产配置手段。由于期权投资者准入要求较高，同时年内证券市场震荡幅度较大，上市以来，上证50ETF期权运行较为平稳，交易活跃度有限。

2. 从沪港通到两地基金互认

沪港通开通一年有余，整体运行平稳。据统计，沪股通2015年共使用约1 210亿元额度，占总额度的40%，成交总金额为1.538万亿元，日均成交67亿元。同期，港股通共使用约924亿元额度，占总额度的37%，成交总金额为7 420亿港元，日均成交33亿港元。在沪港通平稳运行的基础上，中国证监会与香港证监会5月22日就内地与香港开展基金互认工作的实施原则、互认模式与操作方案达成共识，并签署了监管合作备忘录。通过制定《香港互认基金管理暂行规定》和《有关内地与香港基金互认的通函》，对互认基金的资格条件、申请程序、运作要求及监管安排进行了规定。11月6日，中国人民银行、国家外汇管理局发布《内地与香港证券投资基金跨境发行销售资金管理操作指引》，为支持内地与香港公开募集证券投资基金互认工作出台了具体细则。12月18日，中国证监会审核批准首批3只香港互认基金正式注册，同时香港证监会审核批准了4只内地互认基金正式注册。两地互认基金的正式注册，是内地与香港基金市场相互开放的一个重要里程碑，是我国资本市场对外开放的重要内容，有利于增进内地与香港资本市场的互联互通，有利于深化内地及香港资产管理行业的交流与合作，有利于为两地投资者提供更加多元化的基金投资产品，有利于推动两地监管机构共同建立基金监管标准，加快亚洲地区资产管理行业的融合发展。

3. 合格境外机构投资者范围扩大

截至2015年年末，人民币合格境外机构投资者（RQFII）试点范围已经扩大到16个国家和地区，可投资额度达到12 100亿元，其中香港地区获批额度最高，达到了2 000亿元。为扩大人民币跨境使用，推进中国资本市场开放，RQFII作为重要的投资渠道，帮助符合条件的境外机构运用境外人民币资金投资境内证券市场，取得了良好成效。RQFII试点范围的进一步扩大，意味着我国正坚定不移地加大证券市场对外开放力度，同时也为RQFII备案制等改革措施的推出奠定了基础。

4. 中外合作继续深化

2015年5月，上海证券交易所、中国金融期货交易所与德意志交易所集团，就共同建设离岸人民币金融工具交易平台达成战略合作协议，拟按照40%、20%和40%的持股比例，成立“中欧国际交易所股份有限公司”，用以研发和上市交易以离岸人民币计价的证券和衍生产品。这是继沪港通之后，上海证券交易所和中国金融期货交易所支持“资本市场双向开放和人民币国际化”以及“一带一路”等国家战略的又一重要举措。

2015年11月18日，中欧国际交易所股份有限公司在德国法兰克福正式开业，首批人民币计价现货产品挂牌交易，包括两支交易型开放式指数基金（ETF）产品和一支人民币债券产品，未来可能还将包括衍生品。中欧国际交易所的开业，象征着我国资本市场对外开放更进一步，打造欧洲离岸人民币交易和定价中心，满足国际投资者对人民币资产的投融资及风险管理需求，助力人民币国际化。

四、股票市场发展展望

发展多层次股权市场。研究制定股票发行注册制改革的相关制度规则，做好启动改革的各项准备工作。进一步发展壮大证券交易所主板，增强蓝筹股市场活力。深入发展中小企业板，深化创业板改革。建立上海证券交易所战略新兴板，拓展市场深度，加大对已跨越创业阶段、具有一定规模的战略新兴产业企业的支持力度。加快完善“新三板”制度规则体系，优化小额、快速、灵活、多元的投融资机制，更好地发挥对创新型、创业型、成长型中小微企业的支持作用。规范发展区域性股权市场，探索建立区域性股权市场与“新三板”的合作机制，引导登记备案、运作规范的私募投资基金等机构投资者参与区域性股权市场。开展股权众筹融资试点，建立符合股权众筹“大众、小额、公开”特点的发行方式。

深入推进并购重组市场化改革。完善资本市场并购重组机制，推动消除跨行业、跨地区、跨所有制并购重组的障碍，支持上市公司特别是国有控股上市公司通过资产注入、引入战投、吸收合并、整体上市等多种方式做优做强，更好地支持经济结构转型和产业升级。深化并购重组市场化改革，进一步取消简化上市公司并购重组行政许可，研究实行并购重组股份协商定价，推动扩大并联审批范围，完善分行业审核，提高审核效率。支持并购重组方式创新，丰富并购重组支付手段，研究出台发行优先股、定向发行可转换债券等作为并购重组支付方式的实施细则。密切关注并购重组中可能出现的风险、问题和矛盾，及时制定应对预案和措施。

扩大股票市场双向开放。进一步拓宽境内企业境外上市融资渠道，研究解决H股“全流通”问题。完善合格境外机构投资者（QFII）、人民币合格境外机构投资者（RQFII）制度，推动A股纳入国际知名指数，引导境外主权财富基金、养老金、被动指数基金等长期资金加大境内投资力度。启动深港通，完善沪港通，研究沪伦通。推进自贸区金融开放创新试点。深入推进内地与香港基金互认，稳步推进香港互认基金在内地注册。做好跨境监管交流与合作。

专题四 2015年新三板市场蓬勃发展

自2013年12月14日国务院发布《关于全国中小企业股份转让系统有关问题的决定》（国发〔2013〕49号）以来，2014年新三板市场驶入快车道，2015年更加蓬勃发展，挂牌公司家数已远超A股。随着配套制度的出台，新三板市场规则进一步完善，市场功能进一步发挥，支持创新型、创业型、成长型中小微企业发展的作用日趋显著。

一、新三板市场规模快速扩大、市场功能跨越式发展

新三板市场挂牌公司家数远超A股，且以TMT行业为主。截至2015年12月31日，挂牌公司共计5 129家，总股本2 960亿股，流通股本1 024亿股，预计2016年年内挂牌家数将达到8 000家。行业分布上，以TMT、机械设备公司为主，家数占比上新型服务业和医药生物业公司最高，规模占比上金融业份额明显提升。

市场功能跨越式发展。流动性方面，2014年12月新三板单月成交额突破30亿元，2015年3月首周成交额为32亿元，4月3日单日达37.5亿元，7日高峰52.3亿元，截至12月31日累计成交额为1 911亿元，是上年全年的近15倍。融资方面，截至2015年12月31日，全年新三板公司股票融资额为1 273亿元，是上年全年的9倍多。估值方面，新三板静态PE水平由2014年年初的不足20倍上升至2015年年末的约31倍。同时，新三板公司并购和重大资产重组活动日益活跃。

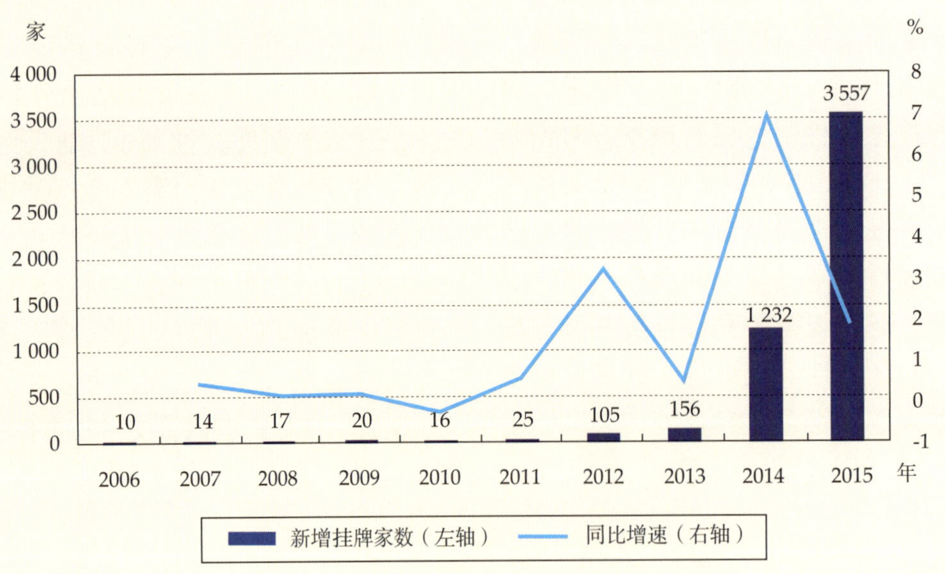

数据来源：股转系统，申万宏源研究。

图4-16 2006~2015年新三板市场挂牌家数

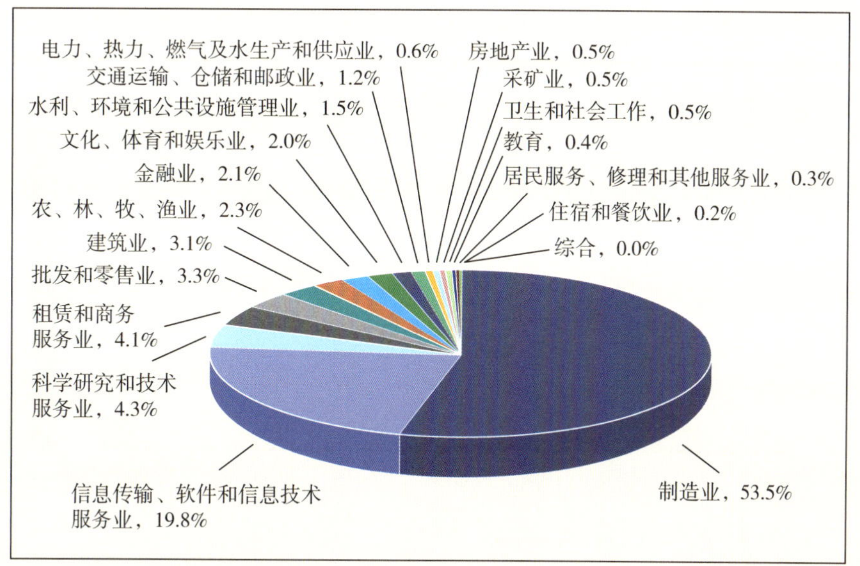

数据来源：股转系统，申万宏源研究。

图4–17 新三板市场行业分布

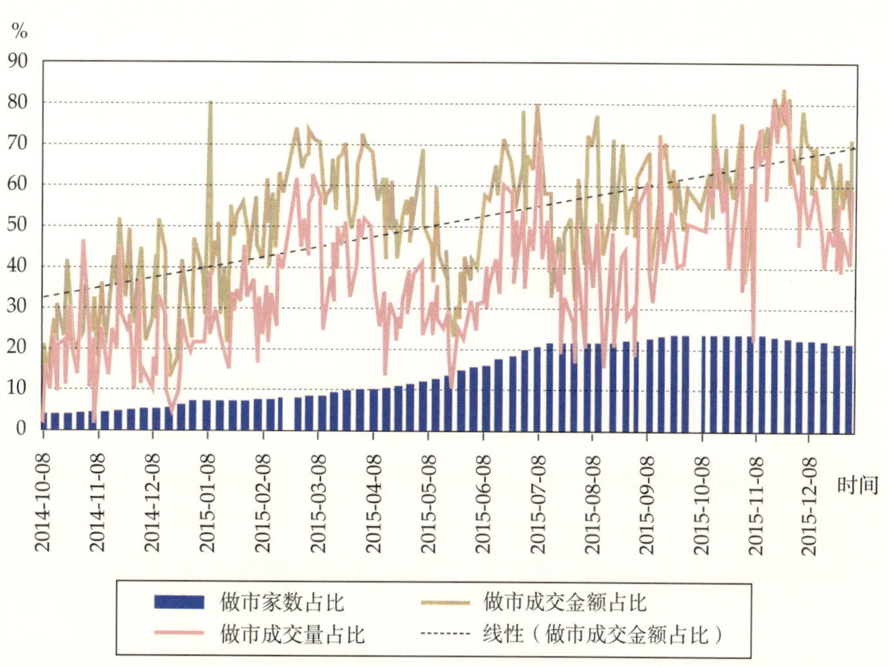

数据来源：股转系统，申万宏源研究。

图4–18 做市占比成交趋势上升

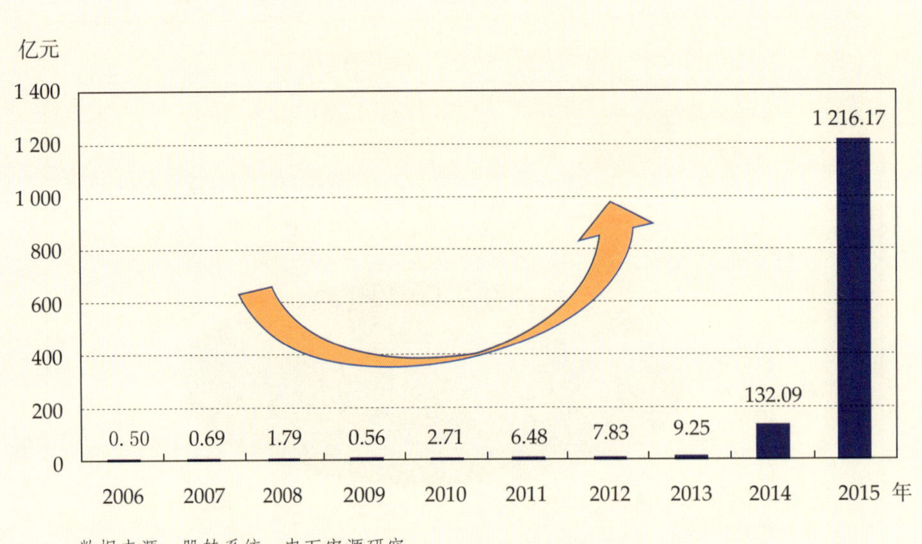

数据来源：股转系统，申万宏源研究。

图4–19 融资功能逐步凸显

二、新三板市场化制度红利有待逐步释放

目前，新三板仍在建设初期，距离成熟市场还有相当长的路程。主要体现在三个方面：

第一，制度建设仍待完善。时至今日，新三板挂牌、交易、发行、投资者、并购与资产重组、优先股、监管等各环节制度框架均已齐备，但很多领域细则尚未落地，特别是一些基础性制度，如摘牌退市制度等；有些制度尚不具备实施条件，如非市场化的投资者适当性管理制度、竞价交易制度等；有些制度有待进一步优化完善，如做市商制度、强化对公司治理和信息披露的要求等。

第二，功能发挥尚未充分。新三板的市场功能相比2014年之前已经有了跨越式发展，但市场功能仍未充分发挥，集中体现在市场整体流动性不足，以及尚未形成多元化的投资者队伍，影响价格发现功能，进而对融资和并购活动构成制约。

第三，支持实体经济的力度有待加大。新三板是中国最具包容性的资本市场，90%以上是民营经济中的中小企业，但也有越来越多金融类公司进入新三板。尽管这些金融类公司在所属行业中是中小公司，但与其他公司相比仍是巨头，2015年以来市场融资超过34%流入这些公司，在单次融资金额前15名中，只有两家是非金融类公司。新三板支持实体经济，尤其是支持高科技创新型中小企业的力度仍需加大。

新三板制度优势集中体现为规范体系内最大限度的市场化，因此其红利释放是市场化不断发挥作用的结果，但需要一个过程和更多制度保障：一是健全和完善基础性制度，把公司治理做好，把信息披露做好，尽快建立退市制度；二是完善交易系统，包括协议转让以及做市转让盘后大宗交易平台的建立，交易规则的规范与

监管；三是通过正向激励机制完善做市商制度，建立做市商评价体系，用市场化手段激励做市商更好地提供流动性和估值功能，将评价体系和做市商运营数据进行公示，便于市场化的优胜劣汰；四是建立多元化以机构为主的投资者体系，同时重视合格个人投资者的引入和培育；五是提供多元化的金融工具，如优先股转让平台尽快上线，私募债、可转债、股权质押式回购产品尽快推出等。

三、新三板有望成长为代表新经济的综合性独立市场

新三板已经上升为国家战略，是经济转型的助推器和金融改革的试验田，是真正的创业板。第一，国发49号文明确股转系统“主要为创新型、创业型、成长型中小微企业发展服务”，服务创业创新中小微，服务新经济，是深化改革的助推器，另外首次将股权融资特定覆盖到中小微企业，有望成为真正的创业企业孵化器。第二，由于历史负担较轻，新三板被赋予改革探路者的使命，探索市场在资源配置中的决定性作用。因此不仅其发行挂牌主体是创新创业型公司，而且整个平台系统都在创新中，包括多层次市场体系、注册制、转板、做市商、交易所公司制、监管转型等，是深化改革的试验田。

新三板距离美国纳斯达克最近，方向是综合性独立市场。第一，从时代背景看，新三板、纳斯达克均诞生于危机之后，新技术快速迭代，创新热情高涨，创业文化开始兴盛；第二，新三板一开始就是注册制、低门槛、高包容，把组织交易的事情交给主办券商，把价值判断的事情交给市场，符合纳斯达克的基本理念和基本精神；第三，纳斯达克的两大特色制度——做市商和分层在中国资本市场的试点也都落在新三板；第四，新三板起于中关村，犹如纳斯达克起于硅谷，不论制度还是系统在持续创新、调整之中，是交易

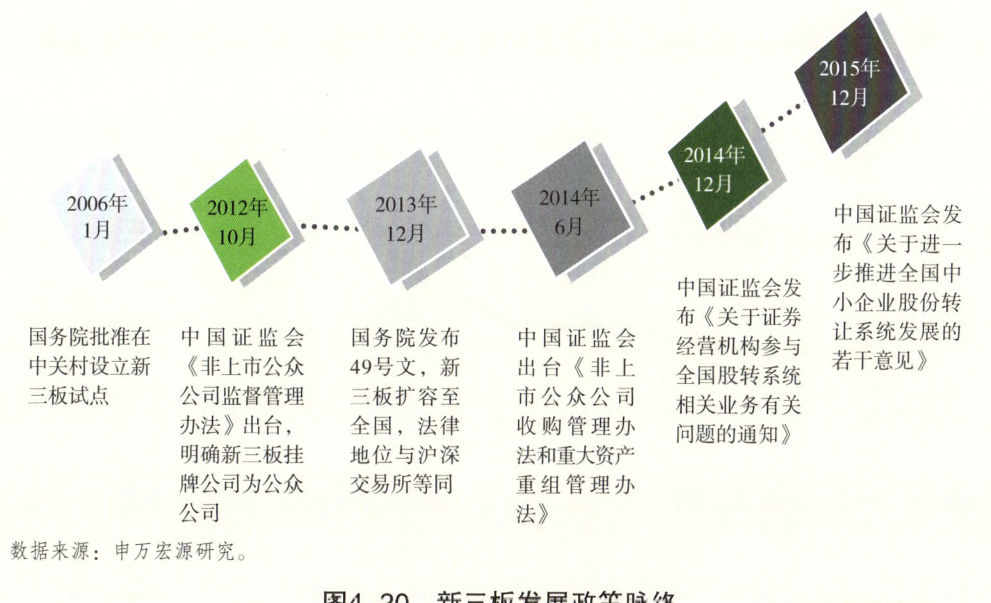

数据来源：申万宏源研究。

图4–20　新三板发展政策脉络

所保持活跃生命力的所在。11月20日，中国证监会发布《关于进一步推进全国中小企业股份转让系统发展的若干意见》，再次明确新三板“坚持独立的市场地位，公司挂牌不是转板上市的过渡安排”。

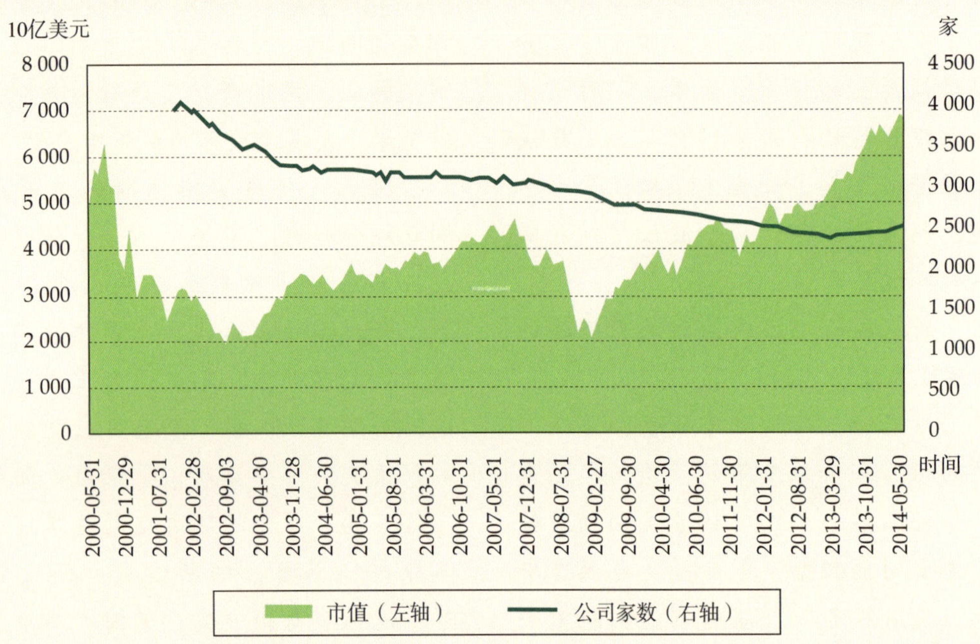

数据来源：纳斯达克官网，申万宏源研究。

图4-21　纳斯达克发展脉络

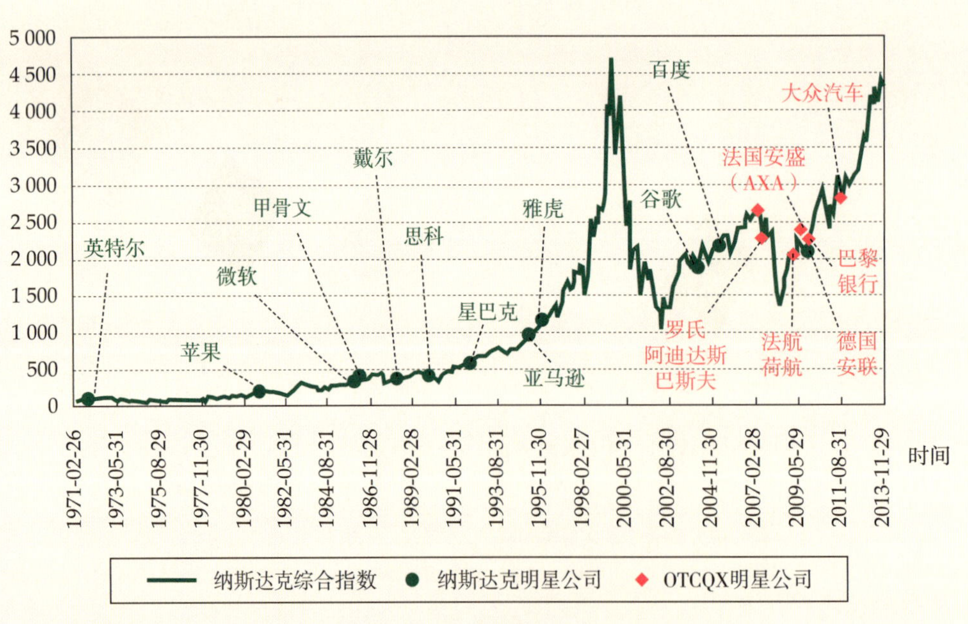

数据来源：纳斯达克官网，OTCM官网，申万宏源研究。

图4-22　OTC市场明星公司

第五章 外汇市场

2015年人民币汇率总体稳定、市场决定性作用增强。外汇市场成交活跃，交易主体结构进一步完善和丰富，市场运行和管理机制改革适时推进，汇率形成机制改革朝着市场化方向不断深入。在较为错综复杂的国际市场环境下，今后外汇市场将在加强风险防范、预警和管理的基础上不断向市场化方向迈进，扩展市场深度和广度，继续推进市场机制和基础设施建设的改革与完善。

一、外汇市场运行的基本情况

（一）人民币汇率情况

1. 人民币汇率中间价和参考价

人民币对各货币汇率中间价涨跌不一。全年人民币对7个货币汇率中间价升值、对5个货币汇率中间价贬值。其中，2015年人民币对美元汇率贬值、中间价波幅较大。年初美元兑人民币汇率中间价为1美元兑6.1248元人民币，年末报收在1美元兑6.4936元人民币。全年美元对人民币汇率中间价波幅为3 857个基点，比上年扩大3 077个基点。全年人民币对美元汇率中间价贬值5.8%，这是2005年汇改以来汇率中间价首个显著贬值年度，也是迄今为止最大的年度贬幅。

人民币对非美货币汇率升贬不一。2015年，人民币对欧元、澳元、新西兰元、新加坡元、加元汇率中间价分别升值5.1%、

数据来源：中国外汇交易中心。

图5-1　2015年人民币对美元汇率中间价

6.1%、8.1%、1.1%、12.7%，人民币对英镑、日元、港元、瑞士法郎汇率中间价分别贬值0.8%、4.6%、5.8%、0.9%。人民币对新兴市场货币明显升值，人民币对俄罗斯卢布、马来西亚林吉特汇率中间价分别升值24.9%、16.4%，人民币对哈萨克斯坦坚戈、泰国泰铢汇率参考价分别升值75.9%、4.0%。

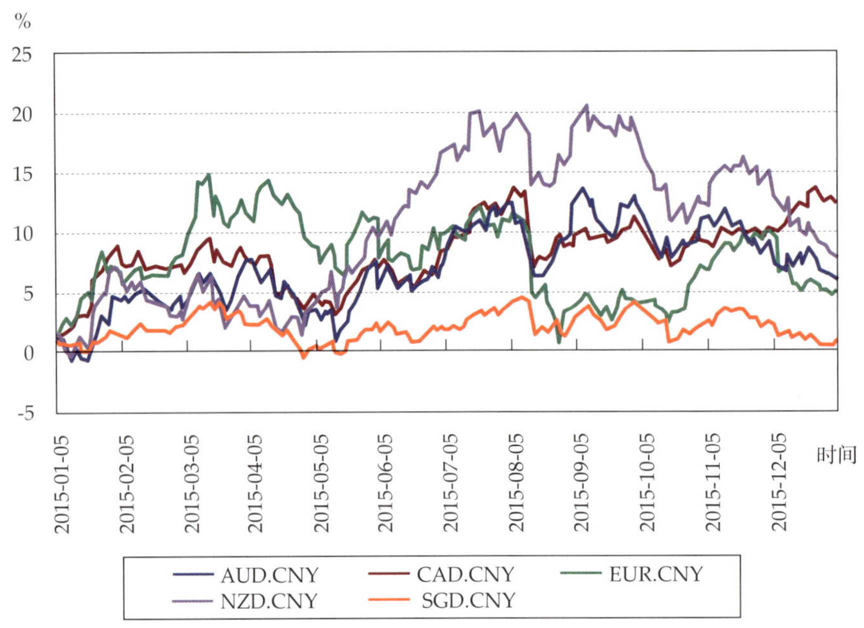

数据来源：中国外汇交易中心。

图5-2　2015年人民币对欧元、澳元、新西兰元、新加坡元、加元汇率中间价年内升贬

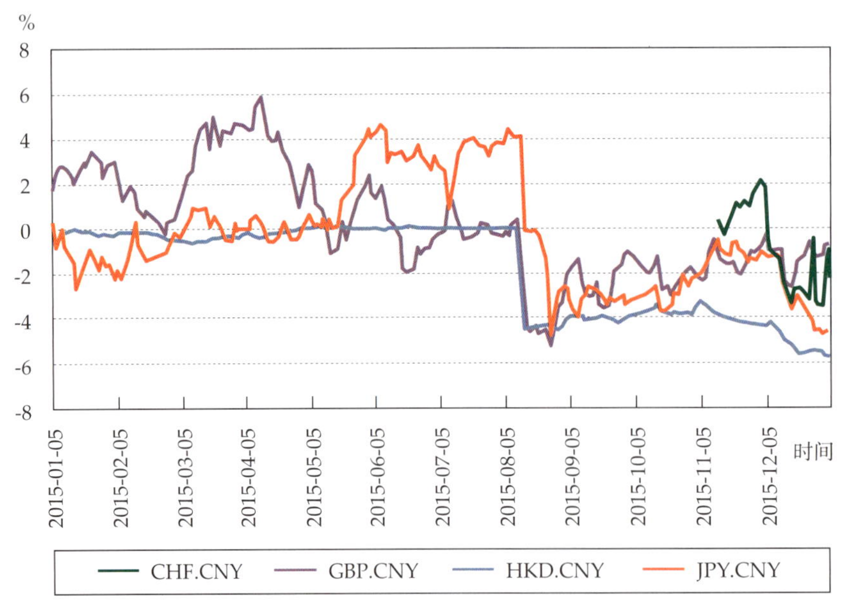

数据来源：中国外汇交易中心。

图5-3　2015年人民币对英镑、日元、港元、瑞士法郎汇率中间价年内升贬

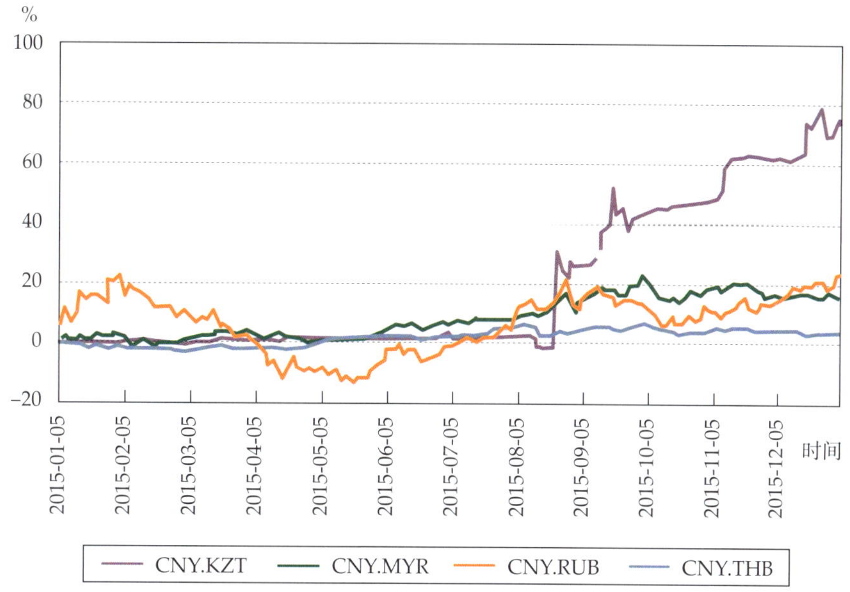

数据来源：中国外汇交易中心。

图5-4 2015年人民币对卢布、林吉特、坚戈、泰铢汇率中间价（参考价）年内升贬

2. CFETS人民币汇率指数

2015年，人民币汇率总体保持稳定。中国外汇交易中心（简称CFETS）人民币汇率指数年末收于100.94，较上年末升值0.94%。从全年走势来看，前8个月受美元走强的影响，人民币有效汇率总体呈现小幅升值态势，CFETS人民币汇率指数最高达到105.65。8月11日，人民银行完善了人民币对美元汇率中间价形成机制，中间价的形成更加参考外汇市场供求关系。此后，人民币对美元双边汇率有所贬值，CFETS人民币汇率指数回落至101附近徘徊。11月以来，人民币对美元双边汇率持续小幅走贬，进一步释放了人民币汇率贬值压力。2015年年末，CFETS人民币汇率指数大致回到了2014年年末的水平，显示人民币对一篮子货币保持了基本稳定。

（二）人民币外汇市场交易情况

1. 人民币外汇即期市场交易情况

2015年，银行间外汇市场即期累计成交30.6万亿元人民币，同比增长20.6%，增速较上年扩大19个百分点。其中，人民币对美元即期成交29.1万亿元人民币，同比增长21.1%，人民币对欧元、新加坡元即期分别成交4 257.1亿元、3 801.1亿元人民币，同比分别增长34.9%、353.6%。其他非美货币交易则出现下降：人民币对日元、英镑、澳元、新西兰元、港元即期分别成交3 370.2亿元、779.6亿元、1 005.4亿元、168.6亿元、1 750.2亿元人民币，同比分别下降26.0%、43.4%、32.3%、39.9%、13.8%；人民币对俄罗斯卢布、马来西亚林吉特即期分别成交224.6亿元、14.9亿元人民币，同比分别下降11.9%和增长25.4%；2015年新挂牌的人民币对瑞士法郎成交148.6亿元人民币。

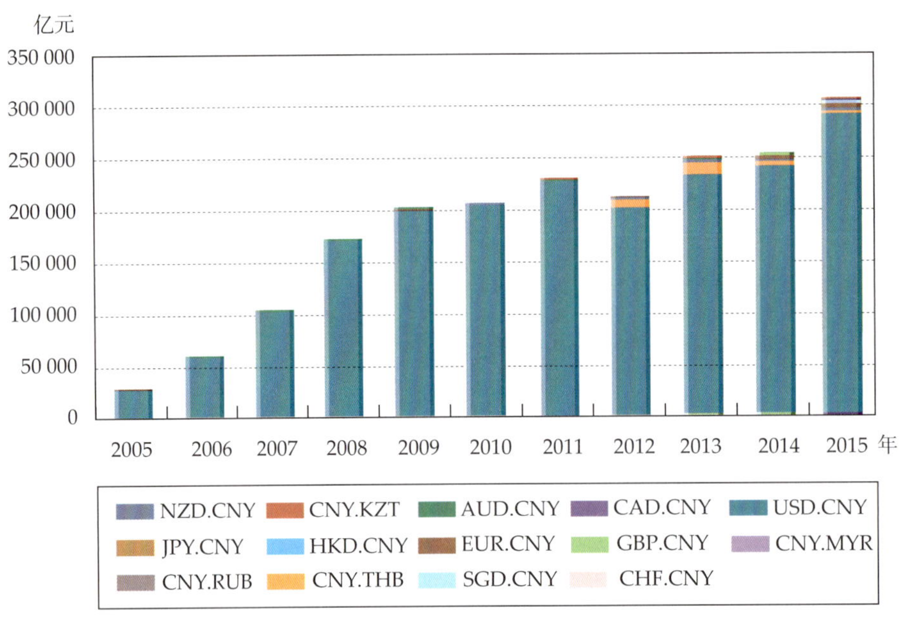

数据来源：中国外汇交易中心。

图5-5　2005~2015年人民币外汇即期市场成交情况

2. 人民币外汇市场参与者情况

银行间人民币外汇市场会员进一步壮大。2015年，人民币外汇市场会员518家，首次突破500家，年内增长53家。外币对市场会员143家，年内增长20家。

从会员机构类型上看，人民币外汇市场上有大型商业银行22家，外资银行126家，农村商业银行和合作银行148家，基金证券类机构2家，境外央行类机构7家。基金证券类机构和境外央行类机构为2015年首次进入银行

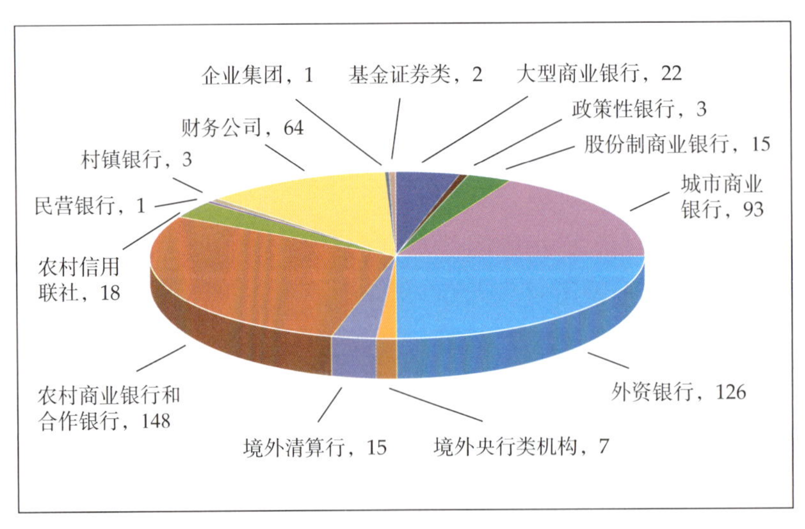

数据来源：中国外汇交易中心。

图5-6　2015年银行间人民币外汇市场参与者构成

间外汇市场。从会员机构功能上看，人民币外汇即期市场做市商30家，人民币对欧元、日元、英镑、澳元、新西兰元、新加坡元、瑞士法郎等直接交易做市商分别为10~15家不等，人民币对林吉特、卢布交易做市商各4家。

（三）外币对市场交易情况

2015年，银行间外币对即期市场交易大幅增长，全年共成交715.7亿美元，同比增长59.4%，为近四年来的交易量新高。交易增长主要来自EUR对USD和USD对HKD，两类货币对的即期成交同比分别增长了102.6%和57.3%，交易成交占全部九个货币对交易总量的74.8%，外币对交易结构保持稳定。

二、外汇市场运行的主要特点

（一）汇率的市场决定性作用增强

2015年8月，人民币对美元汇率中间价报价机制完善，交易汇率与中间价系统性偏差消失，市场的基础性作用逐步向市场的决定性作用过渡。从日内价格来看，前7个月人民币对美元即期加权交易汇率相对于中间价的偏离基本维持在1.5%的幅度，部分时期一度超过1.9%。完善报价机制以后，中间价的形成在机制上向市场汇率靠拢，交易汇率相对于中间价的偏离大幅收窄，交易汇率与中间价系统性偏差消失，交易汇率基本围绕中间价上下小幅波动。9月以后，二者的偏离在0.03%左右，交易汇率与中间价之间长期以来的日内偏差消失。从日间价格来看，前7个月，中间价与前日收盘汇率之间的价差在400~1 300个基点，日均超过900个基点，隔夜价差较大。报价机制完善以后，中间价与交易汇率之间的价差得到一次性校正，中间价与上一日交易汇率收盘价的价差基本收缩为30个基点左右，无持续性的明显偏差，汇率隔夜风险大幅降低。

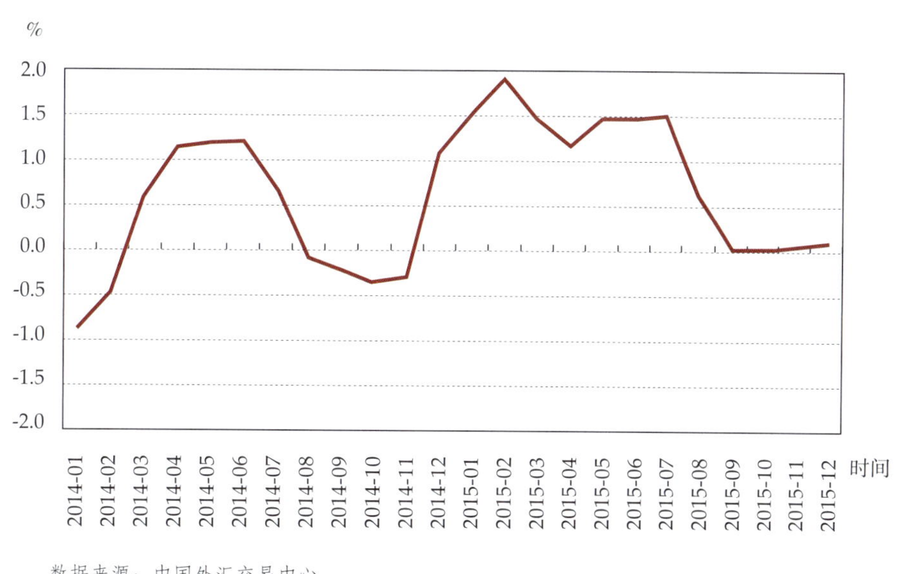

数据来源：中国外汇交易中心。

图5-7 2014~2015年人民币对美元交易汇率较基准价偏离

（二）人民币汇率总体保持强势

2015年人民币对一篮子货币汇率弹性增强、有升有贬，总体保持强势。我国经常项目长期保持顺差，全年进出口贸易顺差3.7万亿元人民币，再创历史新高；经常项目顺差占GDP的比重属于国际公认的合理范围。外商直接投资（FDI）和中国对外直接投资（ODI）都持续增长，外汇储备充裕，经济基本面保持中高速增长。这些因素决定了人民币不具备持续贬值基础，支持人民币在长期内走强。与多数国际储备货币和新兴市场货币相比，人民币仍是强势货币。CFETS人民币汇率指数显示，2015年人民币汇率总体呈现一定程度的升值。BIS名义汇率和实际汇率指数也表明，人民币汇率表现强于多数发达经济体和新兴经济体货币。

（三）对外开放步伐加快

2015年,在银行间外汇市场陆续向离岸人民币清算行开放的基础上，合格境外主体进一步扩大。9月末，中国人民银行发布通知，向境外央行类机构多途径、多方式开放中国银行间外汇市场。11月，首批7家境外央行类机构在中国外汇交易中心完成备案，正式进入银行间外汇市场，涵盖了境外央行（货币当局）和其他官方储备管理机构、国际金融组织、主权财富基金三种机构类别，以直接成为中国银行间外汇市场境外会员、由中国银行间外汇市场会员代理和由中国人民银行代理中的一种或多种方式开展交易。12月，外汇市场进一步引入合格境外主体，符合一定条件的人民币购售业务境外参加行获准进入银行间外汇市场，通过交易系统参与全部挂牌的交易品种，进一步推动了外汇市场的对外开放。

自2015年8月24日起,每个交易日中国货币网公布10:00、11:00、14:00、15:00和16:00的人民币对美元参考汇率，多个时点参考汇率发布，便利了境内外定价参考。计算方法为各自对应时点前30秒内市场成交价格的加权平均。五个时点的参考汇率均依据境内银行间外汇市场成交价格计算得出，综合反映当

表5-1 主要货币汇率指数升贬率

单位：%

		中国	美国	英国	印度	韩国	日本
名义汇率	2014年以来	10.2	20.0	9.3	6.2	3.0	-4.3
	2015年以来	3.7	10.8	5.3	1.2	0.8	5.2
实际汇率	2014年以来	10.3	17.2	8.0	13.6	2.0	-4.5
	2015年以来	3.9	9.6	4.4	5.4	0.7	4.1
		欧元区	澳大利亚	巴西	马来西亚	俄罗斯	南非
名义汇率	2014年以来	-6.8	-8.7	-27.2	-14.5	-44.1	-20.0
	2015年以来	-4.4	-6.0	-25.1	-13.5	-12.4	-17.3
实际汇率	2014年以来	-9.9	-7.9	-19.8	-12.1	-31.1	-13.8
	2015年以来	-5.8	-5.5	-19.5	-12.1	-2.1	-14.3

数据来源：国际清算银行BIS。

日外汇市场供求状况，为包括国际金融组织在内的境内外市场主体提供了更多的市场汇率参考。2015年11月30日，IMF批准人民币加入SDR，参考汇率将为其定价提供重要作用。

延长交易时间，覆盖欧洲时段。2015年12月23日，中国人民银行和国家外汇管理局发布公告，延长外汇交易时间，自下年起银行间外汇市场交易系统每日运行时间延长至北京时间23:30，覆盖欧洲交易时段，境内外市场主体参与人民币外汇交易的便利性大幅提升，市场包容性进一步增强。

（四）市场运行环境错综复杂

国际方面，主要国际储备货币汇率走势分化，部分新兴市场货币汇率剧烈震荡。美元指数全年大涨9.3%，欧元、英镑、日元汇率分别贬值10.2%、5.4%和0.5%；新兴市场中巴西雷亚尔和俄罗斯卢布汇率全年深幅下挫32.9%和20.4%，韩元和印度卢比汇率也分别贬值7.0%和4.8%。国内方面，人民币成功纳入SDR货币篮子，人民币在国际支付中的全球排名稳定在前五，国际收支和对外经济基本面保持稳健。与此同时，全年各个月度贸易进口和出口都呈现负增长，衰退型顺差扩大。市场主体顺周期的外币资产负债配置持续调整。从2015年9月起，外币贷款转为连续负增长，外币存款增速连续快于外币贷款，市场主体对外币资产的需求持续上升，外币负债从相对减少转为绝对减少。银行代客结售汇多数时期呈现为逆差，第三季度银行代客售汇规模创出历史新高，市场主体的结汇动机下降、购汇势头持续上升。这些国内外因素从不同层面影响了市场参与者对汇率的判断和预期，也成为外汇市场全年走势变化的重要因素。

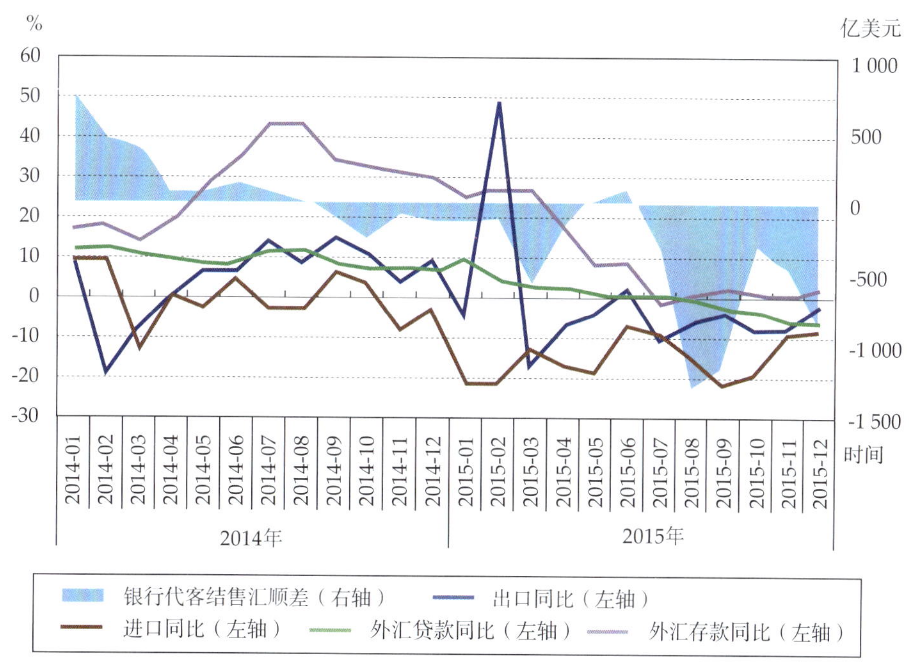

数据来源：中国外汇交易中心。

图5-8 2014~2015年进出口、外币存贷款、银行代客结售汇基本情况

三、外汇市场的机制建设

（一）汇率中间价报价机制完善

2014年下半年以来，我国货物贸易顺差持续处于高位，美元对其他国际主要货币升值，两方面因素对人民币汇率的影响不同，做市商预期出现分化，人民币汇率中间价与市场汇率出现偏离。为增强人民币兑美元汇率中间价的市场化程度和基准性，中国人民银行决定完善人民币兑美元汇率中间价报价，自2015年8月11日起，做市商在每日银行间外汇市场开盘前，参考上日银行间外汇市场收盘汇率，综合考虑外汇供求情况以及国际主要货币汇率变化向中国外汇交易中心提供中间价报价。

中间价报价调整有利于减少基准汇率和交易汇率偏差，有助于推动人民币对美元汇率中间价向市场均衡汇率趋近。在有管理的浮动汇率制度下，市场汇率应当围绕作为基准汇率的人民币中间价波动，市场汇率与中间价的偏离可以通过市场自身的修复功能来校正。此次调整做市商报价，使中间价形成更加参考外汇市场总体供求关系，从机制上防止中间价与市场汇率持续大幅偏离，提高中间价报价的合理性，提高中间价形成的市场化程度，扩大市场汇率的实际运行空间，更好地发挥汇率对外汇供求的调节作用。

（二）CFETS人民币汇率指数发布

2015年12月11日，中国外汇交易中心在中国货币网正式发布CFETS人民币汇率指数。汇率指数综合计算一国货币对一篮子外国货币加权平均汇率的变动，能够更加全面地反映一国货币的价值变化。从国际经验看，汇率指数有的由货币当局发布，如美联储、欧央行、英格兰银行等都发布本国货币的汇率指数；也有的由中介机构发布，如洲际交易所（ICE）发布的美元指数已经成为国际市场的重要参考指标。中国外汇交易中心发布人民币汇率指数符合国际通行做法。为

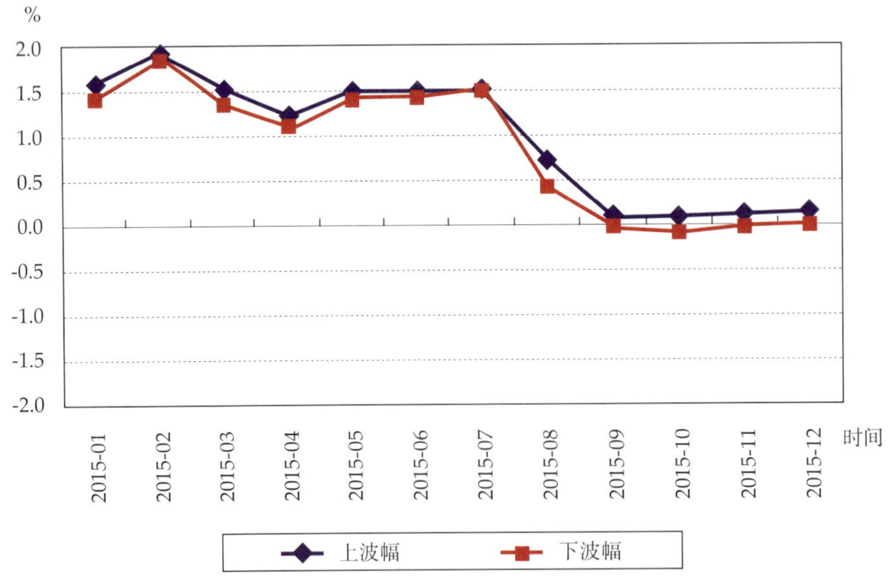

数据来源：中国外汇交易中心。

图5-9 2015年人民币对美元交易汇率波幅

便于市场从不同角度观察人民币有效汇率的变化情况，中国外汇交易中心也同时列出了参考BIS货币篮子、SDR货币篮子计算的人民币汇率指数。

长期以来，市场观察人民币汇率的视角主要是看人民币对美元的双边汇率，由于汇率浮动旨在调节多个贸易伙伴的贸易和投资，因此仅观察人民币对美元双边汇率并不能全面反映贸易品的国际比价。也就是说，人民币汇率不应仅以美元为参考，也要参考一篮子货币。参考一篮子货币与参考单一货币相比，更能反映一国商品和服务的综合竞争力，也更能发挥汇率调节进出口、投资及国际收支的作用。CFETS人民币汇率指数的公布，为市场转变观察人民币汇率的视角提供了量化指标，以更加全面和准确地反映市场变化情况。

2015年以来，CFETS人民币汇率指数总体走势相对平稳，在国际主要货币中人民币仍属强势货币。2015年12月31日，CFETS人民币汇率指数为100.94，较2014年末升值0.94%；参考BIS货币篮子和SDR货币篮子的人民币汇率指数分别为101.71和98.84，分别较2014年末升值1.71%和贬值1.16%。三个人民币汇率指数一贬两升，显示2015年人民币对一篮子货币总体保持了基本稳定。展望2016年，人民币汇率形成机制将继续呈现出以市场供求为基础、参考一篮子货币、双向波动、有弹性的特征，人民币汇率政策也将更多承担起发挥自动调节国际收支的作用。

（三）人民币直接交易再扩容

从2015年11月10日起，银行间外汇市场开展人民币对瑞士法郎直接交易，人民币对瑞士法郎交易实行直接交易做市商制度，交易品种涵盖即期（包括竞价和询价）、远期和掉期交易，所有人民币外汇市场会员皆可参与。这是人民币直接交易币种的又一次扩容，有利于促进中国与瑞士之间的双边贸易和投资，便利人民币和瑞士法郎在贸易投资结算中的使用，满足经济主体降低汇兑成本的需要。

表5-2 人民币直接交易扩容的进程一览表

推出时间	直接交易货币对
2010年8月19日	人民币对马来西亚林吉特
2010年11月22日	人民币对俄罗斯卢布
2012年6月1日	人民币对日元
2013年4月10日	人民币对澳元
2014年3月19日	人民币对新西兰元
2014年6月19日	人民币对英镑
2014年9月30日	人民币对欧元
2014年10月28日	人民币对新加坡元
2015年11月9日	人民币对瑞士法郎

随着人民币在国际上的使用范围日益广泛，市场对人民币与非美元货币兑换交易的需求上升。在此背景下，银行间外汇市场陆续推出了人民币对日元、欧元、英镑、澳元、新西兰元、新加坡元和瑞士法郎直接交易。人民币直接交易一方面提高了价格透明度，形成人民币对该货币的双边汇率，降低了汇率摩擦成本，以及企业和个人的汇兑成本。另一方面，人民币直接交易积极推动了人民币国际化进程，在俄罗斯、韩国多地近年来已形成相当规模的当地货币对人民币直接交易。随着我国与世界各国经贸往来的发展，人民币与包括新兴市场在内的多种外币直接交易需求将进一步上升。

（四）市场管理制度进一步完善

2015年，多项外汇市场管理改革新政生效，简政放权更加深入，进一步便利银行的外汇业务，推动金融机构参与银行间外汇市场。国家外汇管理局清理整合法规，废止多部涉及金融机构进入银行间外汇市场的管理文件，取消了对金融机构进入银行间外汇市场的事前准入许可，明确了金融机构在银行间外汇市场的基本交易规则；2015年1月，出台了《银行办理结售汇业务管理办法实施细则》，银行结售汇综合头寸按日考核调整为按周考核，并取消结售汇综合头寸与外汇贷存比挂钩的政策，外汇头寸管理放宽，进一步提高了外汇管理政策透明度。这一管理政策改革提高了外汇市场的运行效率，赋予了市场主体更多自主交易的空间，有利于培育多元化交易需求，适应外汇市场发展新常态。

（五）外币拆借电子化交易服务出台

2015年4月13日，外汇交易系统正式推出电子化外币拆借交易服务。该业务提供双边询价、双边清算交易模式，交易币种涵盖美元、欧元和港元，拆借期限包括10个标准期限和非标准期限，外汇交易系统生成成交单，是交易双方达成外币拆借交易的有效书面凭证。截至2015年年底，外币拆借会员已达286家，涵盖银行、财务公司、信托公司、保险公司、证券公司等各类金融机构。全年外币拆借共成交3 188笔、903.2亿美元。电子化外币拆借业务借助交易中心现有的外汇交易系统推出，使外币拆借交易集中在一个有组织的交易平台，既提高了外币市场的交易效率、节约了会员银行的个体成本，也有利于形成境内统一的、公开透明的外币利率曲线，为所有市场会员的定价估值和风险管理提供便利。

四、外汇市场的发展趋势

人民币汇率形成机制改革将继续朝着市场化方向迈进。根据外汇市场发展状况和经济金融形势，市场供求关系在汇率形成机制中将更大程度地发挥决定性作用。完善以市场供求为基础、有管理的浮动汇率制度，促进国际收支平衡，增强人民币汇率双向浮动弹性，提高国内外资源的配置效率，保持人民币汇率在合理均衡水平上的基本稳定。

加快外汇市场发展，丰富外汇产品，积极探索具有充分流动性和标准化属性的市场工具，拓展外汇市场的广度和深度，更好地满足市场投资者的多元化需求。推动外汇市场对外开放，进一步扩大合格境外主体，研究延长外汇交易时间以覆盖更多时区，促进形成境内外一致的人民币汇率，形成全球范围内完善的人民币市场基础设施。

加强市场风险防范、预警和管理，在当前跨境资本流动的复杂国际形势下，运用包括价格手段在内的多种调节方式和宏观审慎管理，切实防范跨境资金异常流动风险，保证资本流动合规有序。

第六章 黄金市场

受美联储升息预期、美元指数走强的影响，2015年黄金市场承压下行。全年，国际金价下跌11.42%，创六年新低。与国际主要黄金市场相比，中国黄金市场交易活跃，上海黄金交易所、上海期货交易所、商业银行境内柜台黄金业务分别增长89.58%、6.08%和110.36%。随着黄金市场对外开放进程加快，黄金市场交易机制不断完善，中国黄金市场金融化、国际化程度日益提升。

一、黄金市场运行的基本情况

（一）上海黄金交易所现货市场的运行情况

1. 现货金价震荡下行，交易规模快速增长

2015年，国内现货黄金价格跟随国际金价震荡下跌。年初，上海黄金交易所黄金主力合约Au99.99开盘价240.6元/克，最高价280元/克，最低价210.79元/克，收盘价222.86元/克，较上年末下跌7.37%。全年，黄金加权平均价235.17元/克，同比下跌5.75%。

2015年，上海黄金交易所黄金交易规模总体保持了平稳快速增长的态势，黄金成交3.41万吨、8.01万亿元，较2014年分别增长89.58%、74.51%；日均交易量139.62吨，较2014年增长90.36%。

2. 产品结构趋向均衡，竞价与询价业务共同发展

2015年，上海黄金交易所各业务板块均

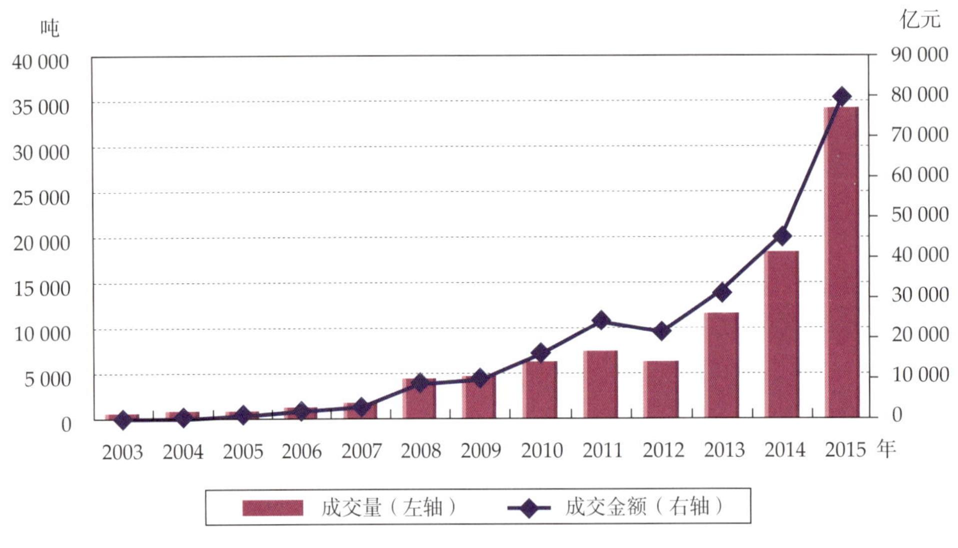

数据来源：上海黄金交易所。

图6-1 2003～2015年上海黄金交易所市场交易情况

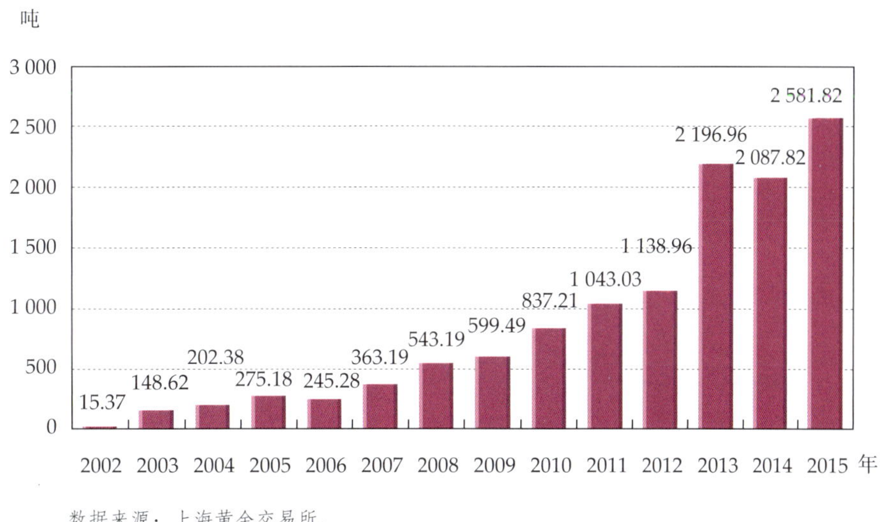

数据来源：上海黄金交易所。

图6–2 2002～2015年上海黄金交易所出库数据

大幅增长，初步形成黄金延期、黄金现货实盘、黄金询价业务三分市场的格局。竞价业务中，黄金现货实盘合约成交9 254.12吨，较2014年增长74.94%，市场占比27.16%；黄金延期合约成交14 576.79吨，较2014年增长47.54%，市场占比42.79%；黄金询价产品成交10 236.47吨，较2014年增长265.67%，市场份额由上年的15.58%提升至31.71%，形成与竞价市场互补发展的局面。

3. 机构业务增幅较大，个人业务占比下降

截至2015年年末，上海黄金交易所国内会员有182家，较上年末增加9家；国际会员63家，新增23家；法人机构客户数9 982户，新增1 678户；个人客户数863.44 万户，新增105.22万户。

从成交量上看，机构在黄金业务的主体地位持续增强。2015年，机构黄金交易量为3.02万吨，增长95.88%，市场占比88.68%。个人黄金交易量3 856.19吨，增长51.45%，市场占比11.32%，份额下降约2个百分点。

4. 清算规模大幅增长，黄金出入库量保持增长

2015年，上海黄金交易所资金清算总额为27 326亿元，较上年增长53.91%。其中，会员自营16 816亿元，增长63.95%；代理10 510亿元，增长40.19%。日均资金清算量为112亿元，增长54.55%。

上海黄金交易所黄金出入库规模总体保持快速增长态势。2015年，黄金出库量2 581.82吨，增长23.66%，入库量2 665.79吨，较2014年增长23.28%。

（二）上海期货交易所黄金期货市场的运行情况

1. 国内外期金价格高度联动，国内期现价差扩大

国内黄金期货价格与美国COMEX黄金期货价格走势保持联动，相关系数高达0.95。2015年，国内黄金期货主力合约开盘240元/

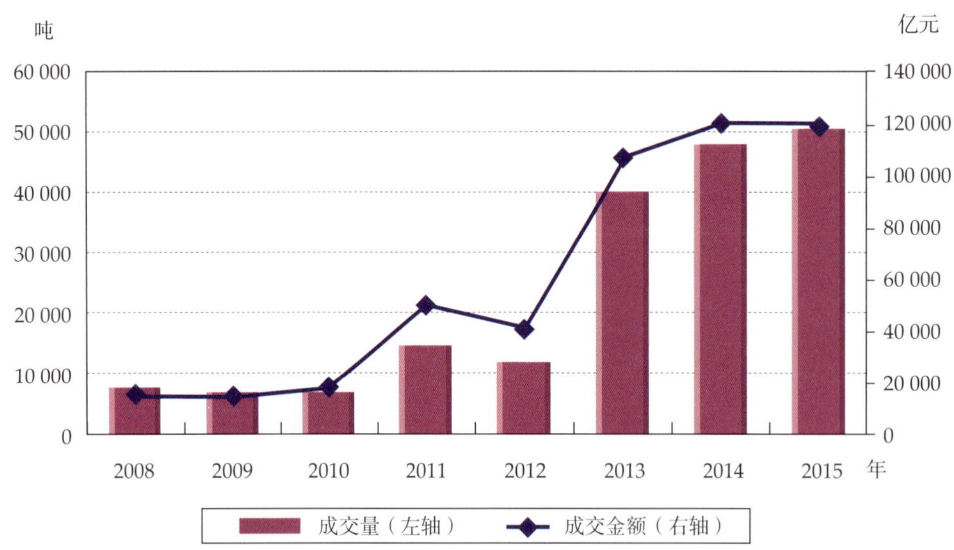

数据来源：上海期货交易所。

图 6-3 2008～2015年黄金期货成交量与成交金额

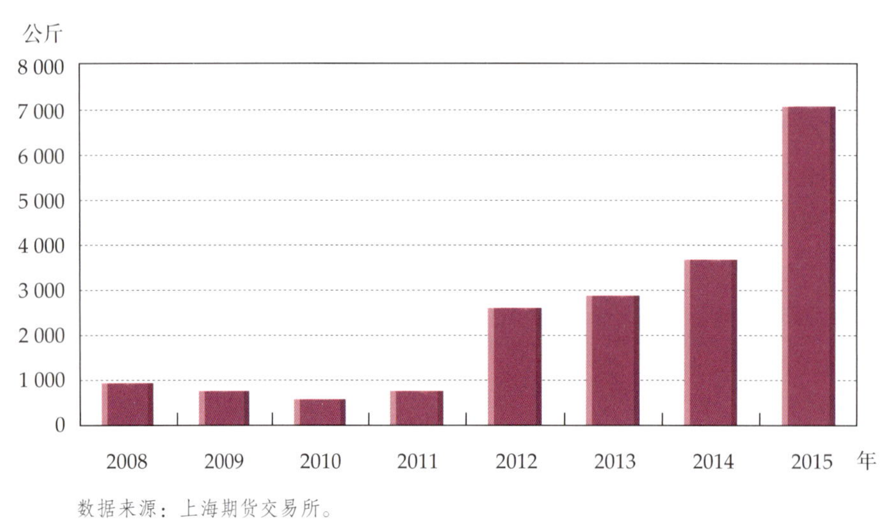

数据来源：上海期货交易所。

图6-4 2008～2015年上海期货交易所黄金期货交割情况

克，最高价263.2元/克，最低价216.8元/克，收盘价226.05元/克。收盘价较上年末下跌6.84%。从期现价差情况来看，全年244个交易日中，有240个交易日的国内黄金期货收盘价高于现货Au9999收盘价。全年，期现价差波动区间为（-0.25，4.32），平均价差2.07元/克，较2014年的1.27元/克增加62.99%。期现价差扩大，一定程度上反映了市场对黄金价格后市看涨的预期。

2. 期货交易规模稳中略增，持仓量持续增长

按双边统计，2015年上海期货交易所黄金期货累计成交5 063.44万手（50 634.4吨），增长6.08%；成交金额为11.98万亿

元，与上年基本持平，占上海期货交易所所有品种总成交金额的9.47%，金额占比较上年略降0.04个百分点。日均成交量207.52吨，同比增长6.52%。

随着连续交易时段成交量持续增大，黄金期货价格连续性得到提高，投资者持仓规模持续提升。截至2015年年末，上海期货交易所黄金期货平均月末持仓量22.787万手（合227.87吨），较上年增长9.03%。

3. 实物交割量保持增长

2015年，黄金期货实物交割量为7 056公斤，同比增长93.26%，月均交割588公斤。

（三）商业银行黄金业务的开展情况

1. 商业银行场内黄金现货交易量成倍增长

2015年，商业银行在上海黄金交易所的黄金交易总量达25 297.91吨（含自营和代理），成交金额为5.94万亿元，分别增长110.36%和99.3%。商业银行的交易量占比由2014年的68%提高至74.26%。其中，商业银行自营交易黄金18 217.74吨，增长120.46%。商业银行代理企业及个人交易黄金7 080.17吨，增长64.38%。代理企业交易黄金3 247.38吨，增长84.35%；代理个人交易黄金3 832.79吨，增长50.57%。

2. 商业银行自营黄金期货量同比增长

截至2015年年末，有17家商业银行成为上海期货交易所会员，累计开展黄金期货自营交易1 109.352吨，增长25.09%，占上海期货交易所黄金期货交易总量的2.19%。

3. 商业银行的境内自有黄金业务总体保持增长

2015年，商业银行在境内开展的各项场外黄金业务累计成交6 594.23吨，增长48.9%，其中，黄金拆借业务、黄金远期、黄金掉期业务增长较快。

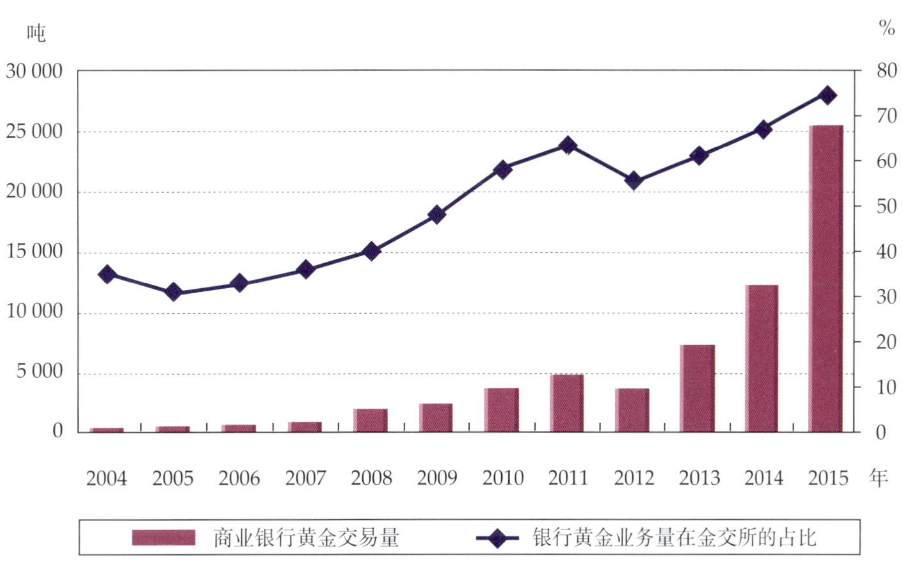

数据来源：中国黄金市场监测分析系统数据库。

图6-5　2004～2015年商业银行在SGE的黄金交易总量和占比情况

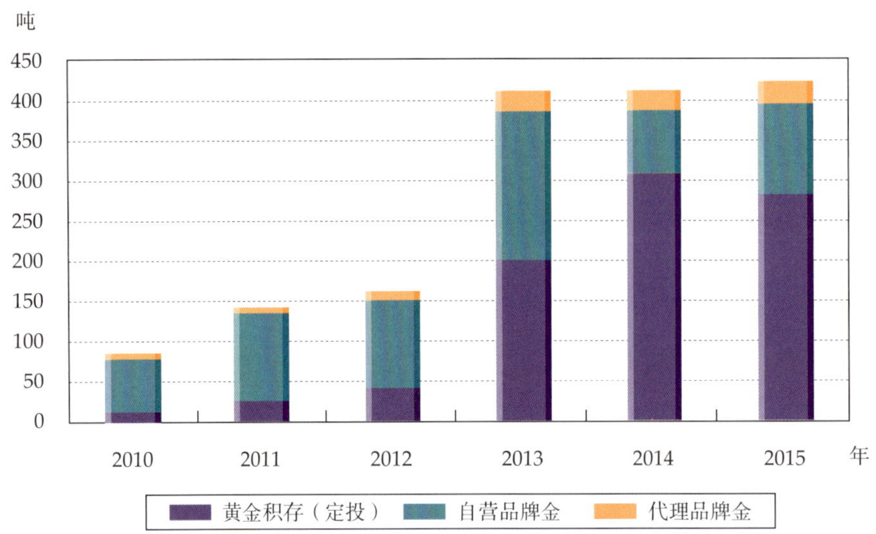

数据来源：中国黄金市场监测分析系统数据库。

图6-6 2010～2015年商业银行实物黄金销售量

（1）实物黄金销售量趋稳。2015年，商业银行累计销售实物黄金419.4吨，增长1.89%，销售金额为1 045.84亿元，下降3.26%。其中，自营品牌金销售110.17吨，增长41%，代理品牌金销售25.48吨，增长8 %；黄金积存（黄金定投）销售283.74吨，下降8.48%。伴随金价持续走低，实物黄金销售量在2013年增长后趋于平稳。

（2）账户金交易量有所回升。2015年，商业银行账户金累计交易1 227.19吨，交易金额为2 882.93亿元，分别增长24.13%和16.07%。其中，美元账户金和人民币账户

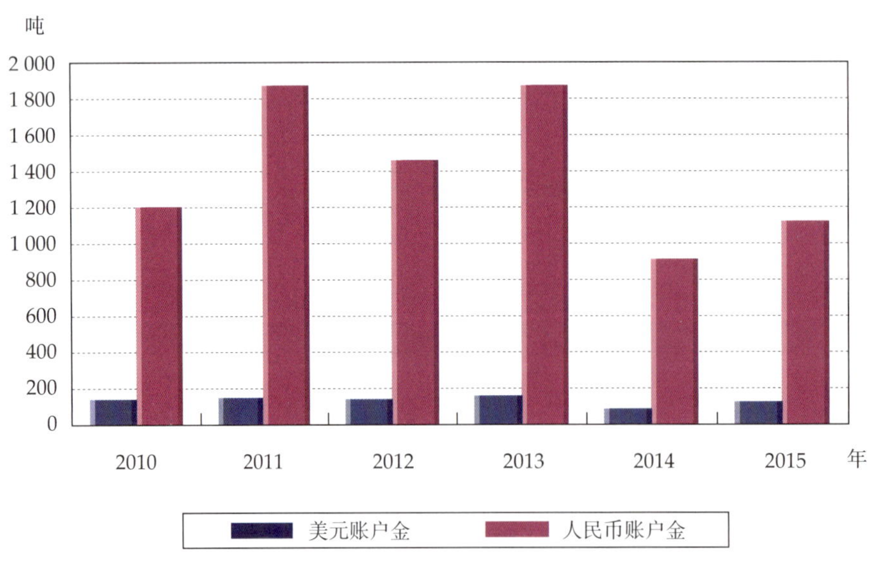

数据来源：中国黄金市场监测分析系统数据库。

图6-7 2010～2015年商业银行账户金历年成交量情况

数据来源：中国黄金市场监测分析系统数据库。

图6-8　2010～2015年黄金租赁、黄金拆借业务量及黄金租借业务增幅

金分别交易117.37吨和1 109.83吨，分别增长50.71%和21.85%。

（3）黄金租借业务保持增长。黄金租借业务包括商业银行同业黄金拆借和对企业客户的黄金租赁两部分。2015年，商业银行累计租出黄金2 431.93吨，增长31.78%，名义成交金额为5 748.93亿元，增长24.46%。其中，商业银行对客黄金租赁1 582.71吨，较2014年增长15.47%；同业之间累计拆出黄金849.22吨，增长78.86%。

（4）黄金质押业务同比增长。2015年，商业银行累计接收质押黄金27.47吨，发放黄金质押贷款48.88亿元，分别较2014年增长60.23%和48.89%。

（5）黄金理财业务销售量减少。2015年，商业银行出售各类挂钩黄金的理财产品名义本金额达5 566.76亿元，较2014年减少34.73%；到期赎回6 245.23亿元，减少20.49%。截至2015年年末，未到期黄金理财产品余额为1 822.43亿元，较2014年年末减少33.2%。

（6）境内黄金衍生品持续快速增长。商业银行在境内开展的场外黄金衍生品业务包括分别以美元和人民币报价的黄金远期、黄金掉期和黄金期权。2015年，境内黄金衍生品业务累计交易2 216.88吨，较2014年增长1.56倍。其中，黄金远期成交1 488.82吨，增长101.95%；黄金掉期成交718.81吨，增长5.17倍；黄金期权成交9.25吨，减少27.35%。从不同币种的黄金衍生品交易情况看，2015年人民币报价的黄金衍生品累计成交1047.99吨，增长4.05倍，超过美元报价的黄金衍生品77%的增幅。

4. 商业银行境外黄金交易持续增长，远期和掉期业务占七成以上

2015年，商业银行各类境外黄金交易累

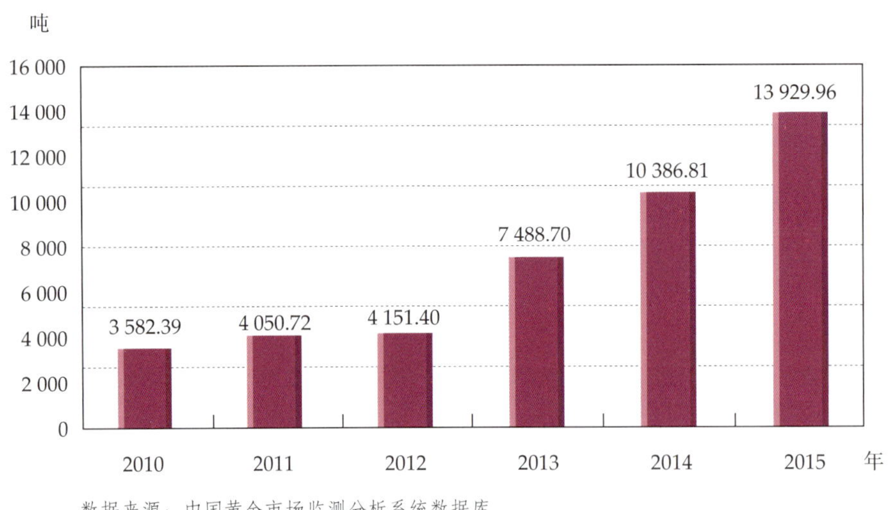

数据来源：中国黄金市场监测分析系统数据库。

图6-9 2010～2015年商业银行境外黄金业务量

计成交13 929.96吨，成交金额为5 173.9亿美元，较上年分别增长34.11%和22.16%。其中，境外黄金掉期累计成交8 377.63吨，增长29.88%；境外黄金远期成交1 960.93吨，增长66.19%；境外黄金期货成交136.61吨，增长7.1倍；境外黄金期权成交1.98吨，减少66.18%；境外黄金即期成交3 452.82吨，增长26.29%。从交易结构看，黄金远期和黄金掉期分别占商业银行境外交易黄金衍生品的14.08%和60.14%。境外黄金即期的交易占比为24.79%，与2014年同期基本持平，但较2013年减少22个百分点。黄金期货和黄金期权的累计交易占比约1%。

二、黄金市场运行的主要特点

（一）国内外黄金现货价差走势平稳，黄金期货价差扩大

截至年末，上海黄金交易所Au9999合约收于222.86元/克，下跌7.37%。受人民币贬值6.13%[①]的影响，国内现货金价较国际金价11.43%的跌幅有所减少。若不计方向，2015年国内外黄金现货的平均价差为0.77元/克，同比增长4.34%。全年244个交易日中，有240个交易日国内现货金价高于国际金价，溢价天数较上年增加50天，平均溢价0.78元/克，降幅7.15%。有4个交易日国内金价低于国际金价，折价均值-0.28元/克。由于国内实物黄金供求基本平衡，国内外金价价差走势平稳，季节性扩大的情况并不显著。从黄金期货的国内外价差情况来看，受人民币贬值预期的影响，2015年上海期货交易所黄金期货与纽约COMEX黄金期货的平均价差从2014年的2.21元/克升至3.29元/克，升幅48.95%。

（二）中国黄金市场增速较快，银行间询价市场蓬勃发展

2015年上海黄金交易所黄金产品、上海期货交易所黄金期货同比分别增长89.58%和6.08%，境内商业银行场外黄金业务同比增

①采用中国外汇交易中心每日公布的人民币汇率中间价计算。

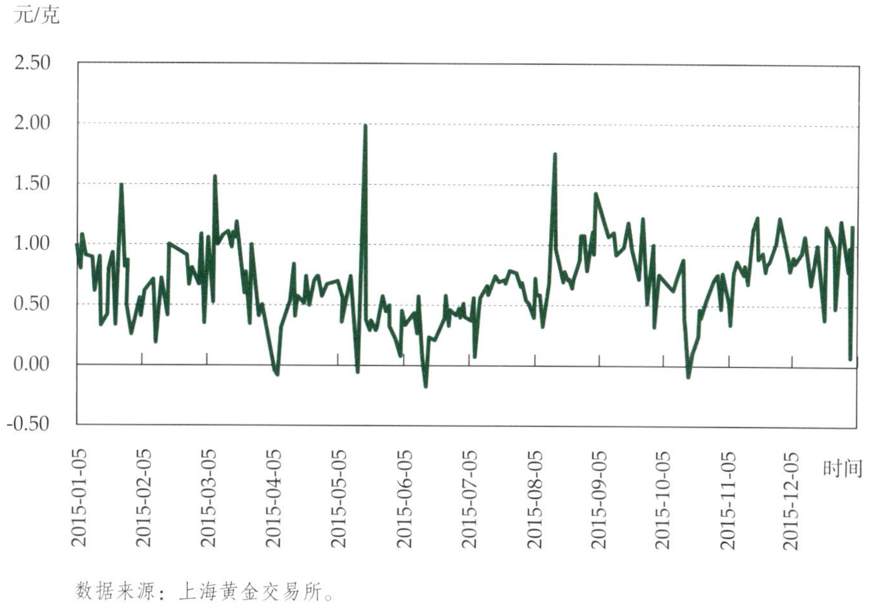

数据来源：上海黄金交易所。

图6-10 2015年国内外黄金现货价差波动情况

长48.9%。同期，美国黄金期货交易量增长3.09%，伦敦黄金市场清算量减少5.07%。中国黄金市场保持快速发展势头，增速超过国际主要黄金市场。

黄金询价业务成为银行等机构投资者的重要交易方式。2015年，金交所黄金询价业务累计成交10 236.47吨，增长265.67%，占金交所黄金业务总量的30.05%。询价业务占比较上年提升15个百分点。从参与主体来看，询价交易参与者由2014年的454家增至595家，银行间询价银行数量由43家扩增至50家，询价机构包括银行、证券公司等，参与主体进一步扩容优化。

（三）国际板市场发展迅速，商业银行在国际黄金市场的参与度提升

一是国际板会员数量增长，交易规模扩大。截至年末，上海黄金交易所的国际会员已由最初40家增至63家。2015年，国际板累计成交黄金4 795吨，成交金额为1.14万亿元。二是黄金沪港通交易开始起步。2015年7月，香港金银业贸易场和上海黄金交易所联合启动“黄金沪港通”。该交易机制使得内地和香港两大主要黄金市场启动了互联互通。三是黄金进口渠道进一步放宽。根据《中国人民银行法》，由中国人民银行对黄金进出口实施管理及相关审批。截至当前，我国已有18家银行具备黄金进口资格，其中外资银行4家。2015年，中国人民银行、海关总署出台了《黄金及其黄金制品进出口管理办法》，将黄金进口资格放宽至符合条件的黄金企业。四是商业银行在国际黄金市场的参与度提升。2015年，商业银行在境外开展的各类黄金业务累计成交13 929.96吨，同比增长34.11%，名义成交金额5 173.9亿美元，同比增长22.16%。中国银行、工商银行、建设银行、交通银行等已陆续成为伦敦黄金市场协会（LBMA）会员，其中，中国银行、建

设银行已经参与LBMA黄金定盘价报价。

（四）黄金衍生品市场交易活跃，以人民币报价的市场份额大幅增加

从场内市场看，2015年上海黄金交易所黄金远期询价和掉期询价累计成交6 717.24吨，增长278.19%；黄金延期成交9 879.89吨，增长47.54%。2015年，上海期货交易所黄金期货交易量同比增长6.08%。

从场外市场看，2015年，商业银行在境内开展的各类场外黄金衍生品业务累计成交2 216.88吨，增长156%，名义成交金额为5 207.6亿元，增长140%。其中，以人民币报价的黄金衍生品达1 047.99吨，增长4.05倍。在境内黄金衍生品中，以人民币报价的黄金衍生品的市场份额已由2010年的3.69%增至2015年年末的47.28%。

三、黄金市场的制度建设与产品创新

（一）黄金市场产品体系不断完善

1. 银行间询价系统推出黄金期权业务

为服务实体经济，提升市场功能，2015年2月2日上海黄金交易所在原有黄金询价即期、远期和掉期产品基础上，推出黄金询价期权业务。全年，黄金询价期权成交14.46吨。

2. 国际板推出黄金询价业务

2015年国际板推出黄金询价业务，并于1月12日达成首笔交易。国际板交易产品进一步丰富。2015年，国际板黄金询价业务快速发展，全年交易量已达3 050.47吨。

3. 国际板开通“黄金沪港通”业务

2015年7月10日，“黄金沪港通”开通。香港金银业贸易场投资者可以通过“黄金沪港通”参与上海黄金交易所国际板交易。“黄金沪港通”开通后，运转情况良好，共有香港金银业贸易场20家行员开立国际交易账户，黄金沪港通累计交易黄金5 102.00 千克，交易金额为11.77亿元。

（二）黄金市场服务体系不断健全

1. 推出有价资产充抵保证金业务

为进一步拓展市场服务功能，上海黄金交易所于2015年9月发布《上海黄金交易所充抵保证金业务管理办法》，推出有价资产充抵保证金业务，明确可用于充抵业务的有价资产分为黄金库存、白银库存、外币、有价证券等。目前，黄金库存充抵保证金业务已率先推出，白银库存、债券和外币等质押物的充抵保证金业务正在有序推进过程中。市场参与者通过黄金库存充抵保证金业务，可在不变卖黄金库存的情况下，获得资金额度，减少占用保证金，降低资金成本。同时，可以增大客户投资规模和使用资金的灵活性，有助于提高市场的流动性。2015年，上海黄金交易所主板市场用于充抵保证金的黄金累计达72公斤。

2. 升级改造交易系统

为满足业务发展和国际化需求，适应竞价与询价交易、清算和信息登记对交易系统性能和稳定性提出的更高要求，上海黄金交易所开发了架构先进、功能齐全、性能卓越、安全可靠的第三代系统。自2015年6月第三代系统一期工程建成上线后，系统连续运行平稳，各项技术性能显著提升且安全稳定，撮合峰值超过4 000笔/秒，为后续系统升级改造打下了良好的基础。

3. 进一步规范黄金租借业务

黄金租借业务是黄金市场不可或缺的配套服务。为规范业务发展，防范各方面风险，上海黄金交易所强化了对黄金租借业务的风险管理。

一是加强租前、租中管理，督促业务合规开展。一方面通过向借出银行调取企业开户资料、租借合同等方式加强对可疑租借企业进行资格追查，另一方面通过电话联络、窗口指导、约谈等方式督促借出银行合规开展租借业务。

二是开展业务风险自查，强化租后管理。上海黄金交易所不定期邀请借出银行召开业务座谈会，了解租借业务的开展情况，明确借出银行应严格执行租借准入标准，开展业务自查，评估黄金租借业务信用风险，追踪租后资金流向，要对租借企业的财务情况、经营状况、偿还能力、实物需求等方面进行全面梳理，并向交易所报告。

4. 推出黄金交易移动终端

2015年12月，上海黄金交易所“易金通”移动终端软件正式发布并进入试运行阶段。“易金通”是黄金交易所联合会员共同研发的黄金市场“互联网+”专业移动交易终端软件。首批上线的会员包括中国银行、兴业银行、浦发银行、光大银行、平安银行、邮储银行、宁波银行、海通证券等。

“易金通”功能全面、系统先进，支持安卓、苹果iOS多种操作系统，具备行情、交易、查询、资讯功能。投资者通过在线开通或开户后，即可使用手机移动终端进行交易。为个人投资客户参与上海黄金交易所交易创造了便利条件。

（三）黄金市场参与主体不断丰富

2015年，上海黄金交易所新增东方证券、广发证券、光大证券等7家证券公司会员，证券公司会员数量达到13家。同时，吸收中信信托和平安信托成为会员。2015年，证券公司、基金公司、信托公司等20家非银行金融机构开展了上海黄金交易所黄金交易业务，交易黄金467.38吨，业务以自营业务为主。

证券公司、基金公司、信托公司参与黄金市场交易，不仅可以充分发挥其现有客户资源和业务拓展优势，促进市场交易活跃，而且可以拓宽自身和客户的投资渠道，优化我国黄金市场投资者结构。

四、黄金市场对外开放情况

上海黄金交易所国际板启动后，整体运行安全、平稳。2015年，国际会员数量不断增加，国际业务发展良好，交易规模稳步攀升，国际影响力逐步增强。

1. 国际板业务参与主体进一步丰富

2015年，黄金国际板按照严格审慎、分级分层的市场准入原则，以开发国际知名、信誉良好的机构投资者为重点，高起点、高标准、有计划地招募国际会员，引入国际投资者。截至2015年年末，国际会员数量已由年初的40家增至63家，通过国际会员代理的国际客户达到42家。

2. 黄金国际板业务初具规模

国际板自启动后，交易规模稳步攀升，市场活跃度不断提高。2015年，国际板共成交黄金4 795.02吨，成交金额达1.14万亿元。

3. 资金调拨有序，清算路径顺畅

国际板依托于FT账户，资金清算路径顺畅。自启动以来，上海黄金交易所已批准中国工商银行、中国银行等七家国内商业银行作为国际板指定境内结算银行，开展资金结算业务。截至2015年年末，国际会员共开设了108个FT账户，其中FTE账户54个，FTN账户54个。国际板资金清算和跨区资金调拨顺畅。

4. 国际板逐渐成为进口渠道之一

自启动以来，国际板黄金实物交割顺利，国际板指定仓库运转正常，实物进口渠道畅通。商业银行通过国际板采购黄金数量不断增加。2015年，国际板黄金出库量为185.38吨，入库量为206.88吨，通过国际板进口黄金180.70吨。国际板已逐步成为商业银行进口黄金的新渠道，作为实物储运和进口渠道的功能不断增强。

五、黄金市场的发展趋势

深入推进黄金市场对外开放战略，加快完善上海黄金交易所国际业务板块，研究推出以人民币报价的黄金定盘价机制，吸引更多境外投资者参与我国黄金市场，提升我国在国际黄金市场上的影响力和话语权。完善黄金市场产品体系，加大产品创新力度，进一步做精做细现有产品，结合市场需求开发新的交易品种。推动市场参与主体向多元化、专业化方向发展，加快引入证券、基金、信托、保险等金融机构开展黄金市场业务，完善代理业务渠道，优化投资者结构。继续完善黄金市场基础设施建设，推出询价市场做市商制度，尝试构建中远期黄金基准价格体系，推动建立集中托管清算机制，完善仓储物流体系，同时加强技术系统建设，进一步提升我国黄金市场的运行质量和服务水平。继续深入开展黄金市场宣传教育工作，引导投资者通过正规渠道参与黄金市场投资，帮助投资者形成正确的投资理念，不断提升自身的风险意识。

专题五　黄金租借业务在我国的发展

黄金租借（Gold Lease）通常是指商业银行以租赁的方式向银行同业或企业出租一定品种和数量的实物黄金，到期后收回实物黄金，并按合同约定收取黄金租赁利息（或者租借费用）的行为。按照交易对手性质不同，商业银行对银行同业之间的黄金租借业务被称为黄金拆借；商业银行对涉金企业，如产金公司和用金公司出租黄金的业务被称为黄金租赁。国际黄金租借市场自20世纪80年代末起步，经过几十年发展，已经成为国际黄金市场体系的重要组成部分，黄金租借利率也成为黄金市场重要的利率基准。

我国黄金租借业务始于2005年，在业务初期发展缓慢，但自2012年以来黄金租借业务开始快速发展，目前已经基本形成了以上海黄金交易所租借系统为服务平台的黄金租借业务体系。2015年，黄金租借业务总量为2 431.93吨，同比增长31.78%。2010~2015年黄金租借量见图6-11。

黄金租借业务近年来快速发展的原因主要有两方面：一是从2011年下半年开始，黄金价格进入下降通道，黄金租借具有先租借卖出或使用、到期后再买回归还的特点，有助于租入方规避价格下跌风险。二是与贷款、债券或信托等融资方式相比，黄金租借具有比较成本优势，因此越来越多的黄金企业倾向于运用黄金租赁降低融资成本，提高经营效率。

黄金租借快速发展的过程中主要有以下特点：一是参与主体不断增加且趋于多元化。在黄金租借业务发展初期，市场参与者主要集中在商业银行、产金企业和用金企业。近两年，证券、基金等非银行金融机构也陆续开展了黄金租借业务，同时黄金商贸企业也逐渐成为租借业务的重要参与者。截至2015年年末，共有31家银

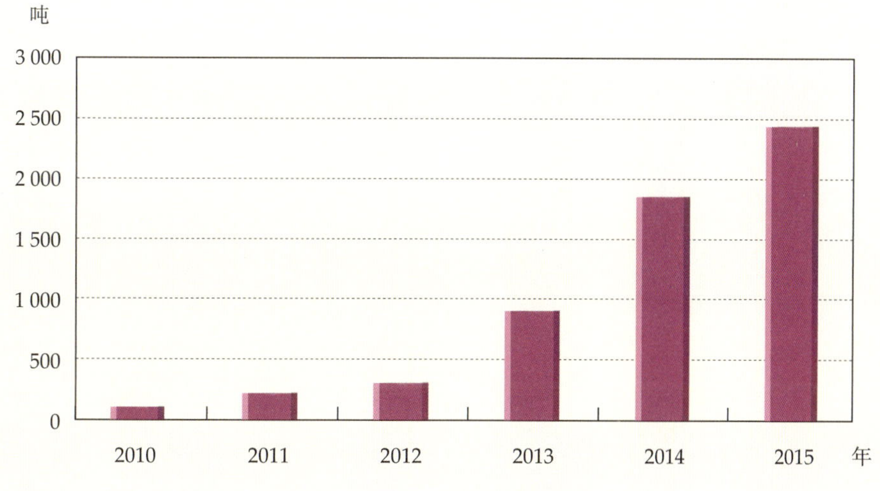

图6-11　2010~2015年黄金租借量

行、10家证券公司、4家基金公司和1 500多家企业客户参与了黄金租借业务。二是租借期限以6个月期和1年期为主，6个月期到1年期占比接近70%，其次是3个月期到6个月期，其他期限较少。三是租借利率呈不断下降趋势，商业银行之间的黄金拆借利率水平整体低于商业银行租借给企业的黄金租赁利率。2015年11月，黄金同业拆借月度平均利率为2.09%，上年同期为3.26%，银行与企业之间的黄金租赁月度平均利率为3.6%，上年同期为4.32%，黄金租借利率整体水平下降较为明显。

总体上看，黄金租借业务已经成为联系货币市场与黄金市场的纽带，黄金租借业务的发展不仅有利于完善我国黄金市场体系，而且有利于解决黄金企业融资难、融资贵的问题，有效支持黄金产业健康发展。

第七章　期货市场

2015年，中国商品期货品种序列进一步丰富，市场交易保持活跃，多数商品期货价格持续走低。金融期货品种有所增加，成交规模大幅增长。原油期货上市配套政策陆续出台，“期货+保险+银行”试点启动，国债期货业务规则不断优化，商品期货连续交易品种继续增加，期货公司投融资渠道、经营范围有所拓展，期货市场服务实体经济的能力得到提升。

一、期货市场运行的基本情况

（一）商品期货市场的运行情况

2015年，中国商品期货累计成交量为32.37亿手，累计成交额为136.47万亿元，同比分别增长41.46%和6.64%。

1. 不同品种成交情况分化明显

分交易品种来看，2015年商品期货成交量前十大品种依次为螺纹钢、甲醇、豆粕、菜籽粕、铁矿石、PTA、白糖、白银、聚乙烯和棕榈油，合计成交量为24.61亿手，占全部商品期货成交总量的76.02%，集中度高于2014年的69.39%；成交额前十大品种依次为铜、螺纹钢、天然橡胶、白糖、铁矿石、豆粕、白银、甲醇、黄金和菜籽粕，合计成交额为93.08万亿元，占全部商品期货成交总额的68.2%，集中度高于2014年的65.76%。

按商品大类来看，在主要能源化工期货品种中，2015年石油沥青、甲醇、聚丙烯和PTA的成交量大幅上升，同比分别增长4 882.98%、1 178.70%、333.85%和96.45%，聚乙烯的成交量同比上升逾30%，聚氯乙烯的成交量略有

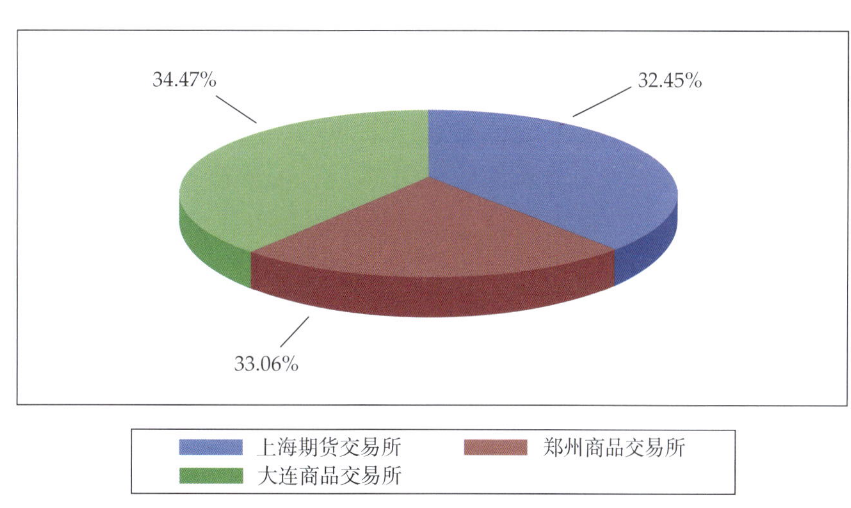

数据来源：中国期货业协会。

图7-1　2015年各商品期货交易所成交量占比

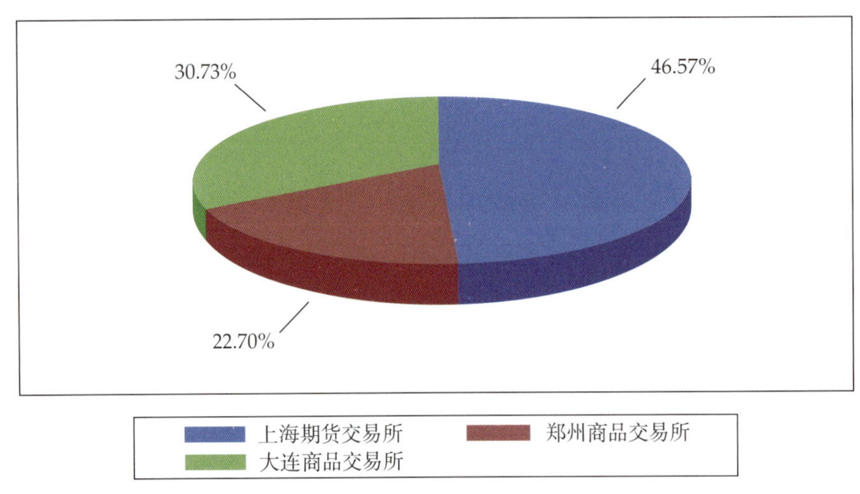

数据来源：中国期货业协会。

图7-2 2015年各商品期货交易所成交额占比

增加；天然橡胶的成交量下降6.28%，玻璃、动力煤、焦煤、焦炭的成交量下降幅度则超过50%。

在主要金属期货品种中，2015年铁矿石的成交量大幅上升，同比增长169.38%，铝、热轧卷板和螺纹钢的成交量同比上升均超过30%，铜、锌和黄金的成交量略有增加；铅和白银的成交量则有所回落。

在主要农产品期货品种中，玉米和白糖的成交量大幅上升，同比分别增长351.13%和91.67%，玉米淀粉成交活跃，累计成交2 705.36万手，豆油、豆粕和棕榈油的成交量增长超过30%；菜籽粕、一号棉、黄大豆二号和菜籽油的成交量则有所下降，强麦、鸡蛋的成交量下降幅度超过50%。

分交易所来看，2015年上海期货交易所累计成交量为10.50亿手，累计成交额为63.56万亿元，同比分别增长24.72%和0.51%，分别占全国商品期货市场的32.45%和46.57%；郑州商品交易所累计成交量为10.70亿手，累计成交额为30.98万亿元，同比分别增长58.25%和38.95%，分别占全国商品期货市场的33.06%和22.70%；大连期货交易所累计成交量为11.16亿手，累计成交额为41.94万亿元，同比分别增长45.06%和1.06%，分别占全国商品期货市场的34.47%和30.73%。

2. 多数期货价格延续下行走势

钢材方面，受2015年国内钢铁需求下降影响，钢厂产能过剩现象突出。虽然产能利用率趋势下行，但产能出清过程缓慢。钢铁行业低迷也导致铁矿石价格持续走低。截至2015年年末，螺纹钢、铁矿石和热轧卷板累计下跌幅度分别为30.01%、35.10%和32.79%。

有色金属方面，中国需求增速放缓、美元走强以及供给过剩等成为压制价格走势的主要因素。截至年末，上期有色金属指数累计下跌14.15%。2015年，除铅以外，各有色金属价格均呈现先扬后抑态势。截至年末，铜、铝、锌、锡和镍期货价格分别下跌19.29%、16.30%、19.80%、21.76%和30.46%，只有铅上涨6.01%。铅的价格走势略好于其他基本金属，主要是受国内加工费走高、环保监管加码、税收补贴削减等因素的

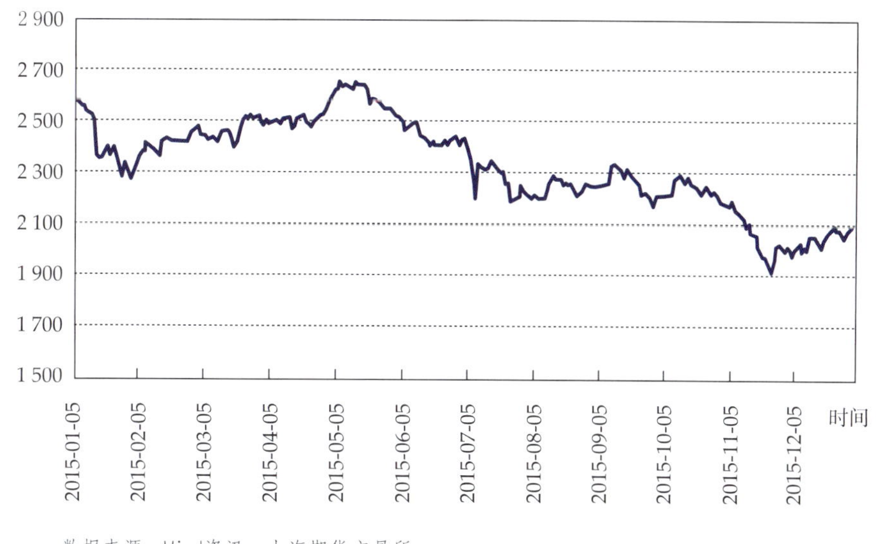

数据来源：Wind资讯、上海期货交易所。

图7-3　2015年上海期货交易所有色金属指数走势

影响，众多铅矿和铅生产企业停产，铅精矿和铅产量已连续两年负增长。

贵金属方面，2015年期货价格的主要影响因素为美联储加息预期以及美元指数走强，整体呈现震荡下行趋势。黄金方面，中国与印度的实物需求和全球性投资需求均呈下降趋势。白银方面，国内工业需求平稳但首饰类消费需求疲弱，总体处于供大于求的局面。截至年末，黄金和白银分别累计下跌6.26%和5.89%，南华贵金属指数累计下跌9.50%。

能源化工产品方面，焦炭、焦煤和动

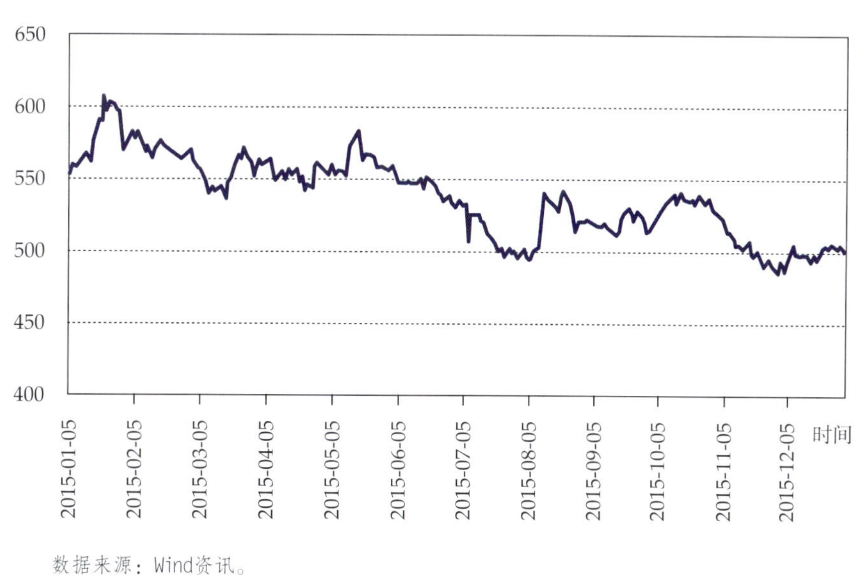

数据来源：Wind资讯。

图7-4　2015年南华贵金属指数走势

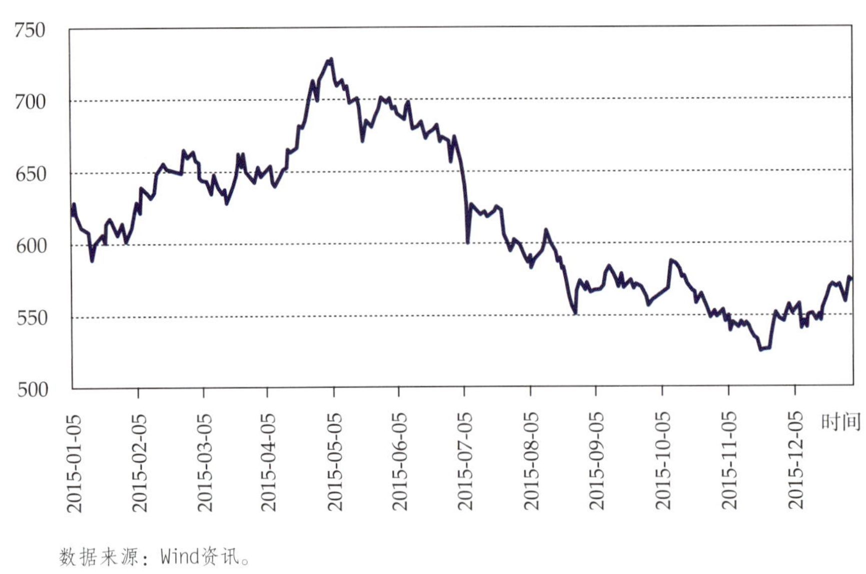

数据来源：Wind资讯。

图7–5　2015年中国期货市场监控中心能源化工指数走势

力煤三大能源期货品种受全国用电量增长缓慢以及下游钢铁产量减少等因素影响，处于大幅下跌中，截至年末，累计跌幅分别为37.38%、23.33%和36.53%。受实际供需和国内经济状况的影响，天然橡胶和沥青在经历了前4个月的上涨之后出现快速下跌，截至年末，累计跌幅分别为20.65%和45.53%。PTA去产能后，供需仍不乐观，期货价格先扬后抑，年末较年初累计跌幅为5.38%。截至年末，中国期货市场监控中心能源化工指数累计下跌幅度为7.67%。

农产品方面，各期货品种价格涨跌不一。棉花受全球供应过剩、国内取消临时收储政策以及库存消费比保持高位等不利因素的影响，总体呈下跌态势。2015年，棉花期货价格累计下跌12.38%。白糖受库存下降、供需趋衡拉动，累计上涨24.26%。由于国际产量的提高和种植面积的增加，大豆和豆粕价格总体呈下跌走势，分别累计下跌19.42%和15.94%。玉米价格上半年呈先扬后抑行情，但7月份取消临时收储政策后大幅下跌，2015年累计跌幅为20.29%。小麦继续执行最低收购价格政策，期货价格在上半年震荡上扬后，下半年整体稳中有升，截至年末，累计涨幅为13.96%。总体来看，截至年末，中国期货市场监控中心农产品指数累计下跌幅度为4.46%。

（二）金融期货市场的运行情况

2015年，中国金融期货市场总成交量为3.41亿手，累计成交金额为417.76万亿元，同比分别增长56.66%和154.71%。截至2015年年末，金融期货市场开户人数为32.9万户，同比增长51%，其中自然人30.6万户、特殊法人1.5万户、一般法人0.5万户、资管客户0.3万户。

1. 国债期货品种进一步丰富，交易规模稳步增加

2015年，中国金融期货交易所对5年期国债期货合约和规则进行了优化，在此基础上

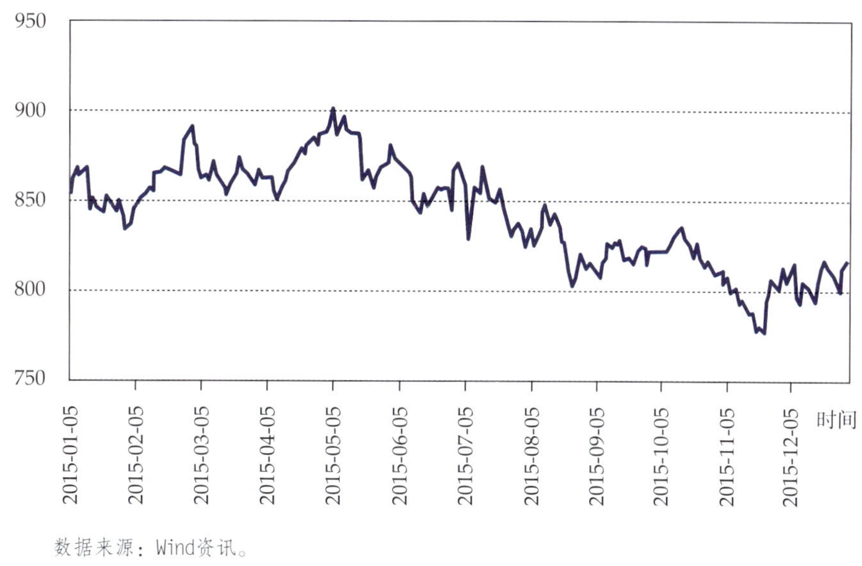

数据来源：Wind资讯。

图7-6 2015年中国期货市场监控中心农产品指数走势

挂牌交易10年期国债期货，开局良好，市场参与理性，成交持仓结构合理，市场功能得到初步发挥。

整体来看，随着合约规则的优化和产品体系的丰富，2015年国债期货成交持仓稳步增长，期现货联动性增强，交割业务平稳顺畅。2015年，国债期货累计成交608万手，日均成交24 935手，较2014年增长562%；累

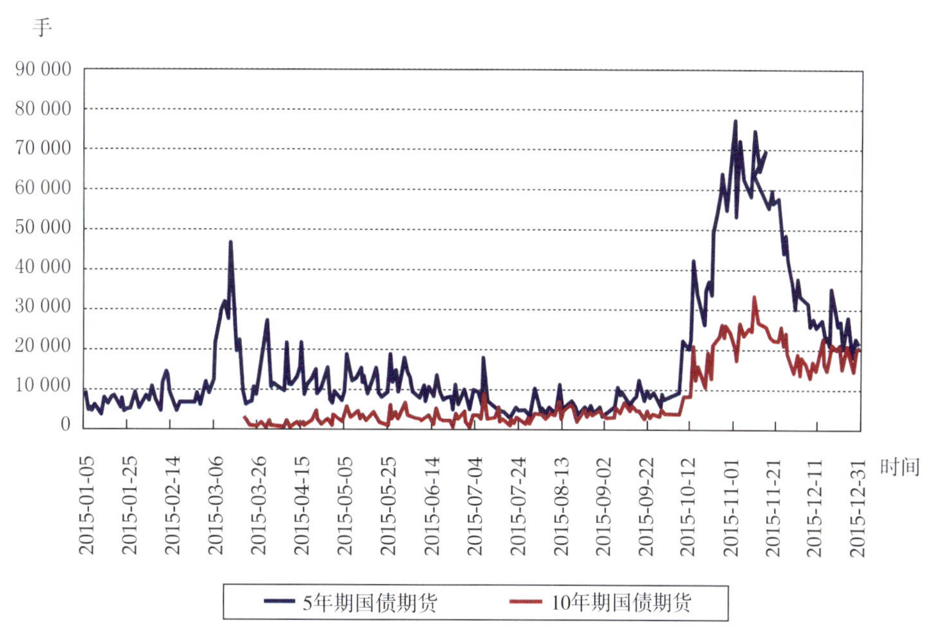

数据来源：中国金融期货交易所。

图7-7 2015年国债期货每日成交量

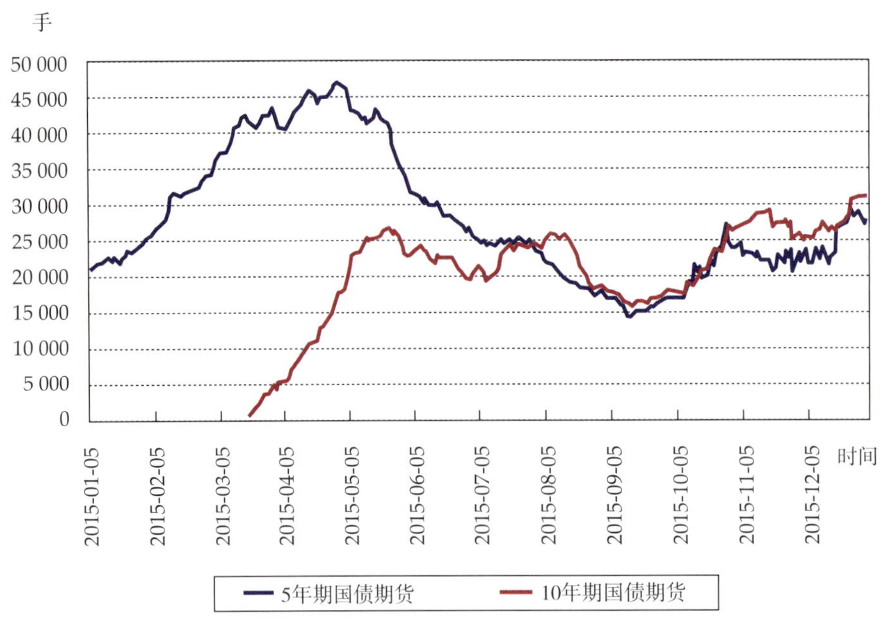

数据来源：中国金融期货交易所。

图7-8　2015年国债期货每日持仓量

计成交金额为6.01万亿元，日均成交金额为246.20亿元，较2014年增长587%。截至12月31日，国债期货总持仓58 594手，较2014年年末增长172%，其中，5年期国债期货持仓27 614手，10年期国债期货持仓30 980手。2015年国债期货价格波动较小，期现货联动紧密。5年期国债期货主力合约日均波动0.21元，平均基差0.47元；10年期国债期货主力合约日均波动0.26元，平均基差0.59元；5年期国债期货和10年期国债期货主力合约与现货收益率的相关性分别为93.59%和93.21%。2015年以来，国债期货顺利完成6个合约的交割，总交割量为5 298手，平均交割率为3.47%，交割流程平稳顺畅，投资者交割行为理性。

2. 股指期货两个新品种上市，严格管控确保安全平稳运行

2015年4月16日，上证50和中证500股指期货上市交易，进一步丰富和完善了股票市场风险管理工具体系，拓展了股指期货对股票现货市场的覆盖广度和深度。

2015年1月至6月中旬，我国股市快速上涨，交投日益活跃，股指期货市场成交规模随之明显增长。这一期间，股指期货市场日均成交174.57万手，日均持仓25.54万手，日均成交金额为2.22万亿元，较2014年分别增长97.40%，55.50%和233.88%。6月中旬至8月底，股票与股指期货市场快速下跌，出现异常波动。股指期货交易规模明显放大，成为投资者避险的“消防通道”，承接股市抛压，出现大幅贴水。这一期间，股指期货日均成交257.04万手，日均持仓18.49万手，日均成交额为3.03万亿元。股市异常波动期间，中国金融期货交易所按照中国证监会的统一部署，分步采取了提高保证金、严格异常交易监管、提高平今仓手续费、实施差异化收费、优化套保套利制度等一系列严格管控措施，股指期货成交量明显减少，成交持仓比

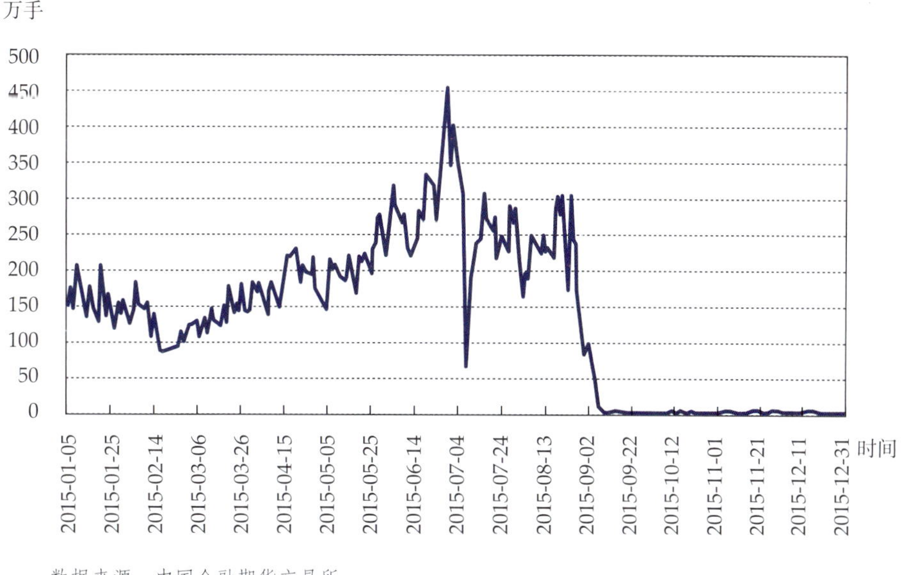

数据来源：中国金融期货交易所。

图7–9　2015年股指期货每日成交量

数据来源：中国金融期货交易所。

图7–10　2015年股指期货每日持仓量

大幅下降。9月7日至12月底，股指期货日均成交3.75万手，日均持仓7.45万手，成交持仓比值下降到0.50。

二、期货市场运行特点

（一）市场成交规模大幅增长

2015年，中国期货市场成交量和成交金额同比均大幅增长。截至12月底，全国期货累计成交量为35.78亿手，同比上升42.78%；累计成交额为554.23万亿元，同比上升89.81%。其中，金融期货成交3.41亿手，成交金额为417.76万亿元，同比分别增长56.66%和154.71%，明显高于商品期货的41.46%和6.64%。金融期货产品进一步增加、股票现货市场震荡效应，商品期货连续交易品种继续扩容、《商品期货套期会计处理暂行规定》出台，期货公司资产管理和风险管理等创新业务初具规模、商品期货交易型开放式基金破冰等多重因素，吸引了更多类型的投资者和实体企业参与期货交易，推动期货市场成交规模再创历史新高。

（二）期货品种序列持续丰富

2015年，中国期货市场共上市交易新品种5个，进一步丰富了期货品种序列。3月20日，10年期国债期货合约在中国金融期货交易所挂牌，作为关键期限国债的衍生品，其上市交易有助于健全反映市场供求关系的国债收益率曲线，也有利于丰富投资者的交易策略。截至12月底，10年期国债期货累计成交量为168.39万手，累计成交金额为1.65万亿元。3月27日，镍期货和锡期货在上海期货交易所挂牌交易。至此，铜、铝、锌、铅、镍、锡六大基本工业有色金属均有相应的期货品种上市交易，进一步增强了有色金属期货品种服务实体经济的能力。截至12月底，两个商品期货新品种合计成交量为0.64亿手，

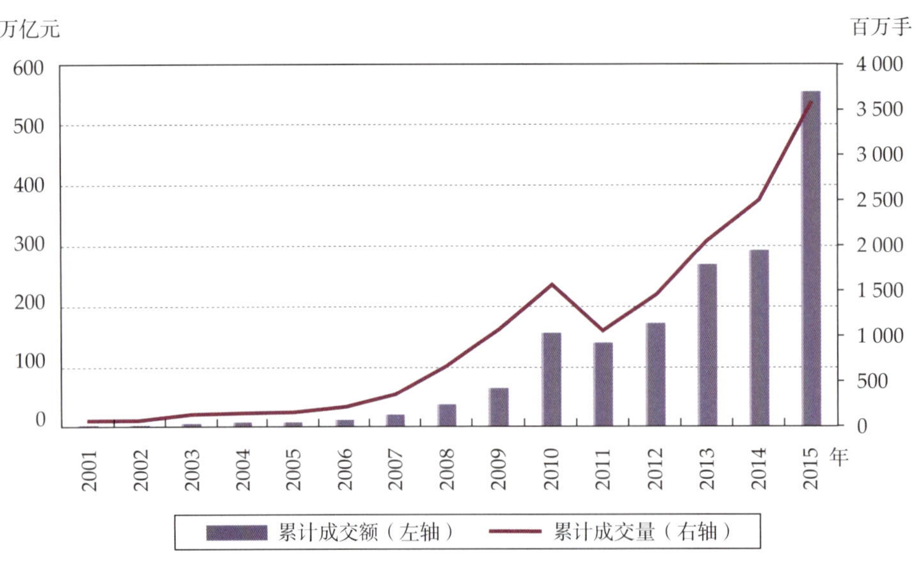

数据来源：中国期货业协会。

图7-11 中国期货市场2001~2015年成交量和成交额

合计成交金额为5.26万亿元。4月16日，上证50和中证500股指期货在中国金融期货交易所上市。开展上证50和中证500股指期货交易，有效拓展了股指期货市场的深度和广度，顺应了资本市场风险管理精细化的要求。截至12月底，上证50、中证500期货合约累计成交量分别为0.35亿手和0.22亿手，累计成交金额分别为30.69万亿元和39.15万亿元。

三、期货市场制度和基础设施建设

（一）推动原油期货上市准备

原油期货作为我国首个国际化期货品种，需要一系列配套政策为其上市铺路。2015年3至8月，上海国际能源交易中心先后就原油期货的交易规则、特殊参与者管理细则、交易者适当性管理，以及交易、结算、交割、风控细则以及合约等公开征求意见。2015年6月26日，中国证监会发布《境外交易者和境外经纪机构从事境内特定品种期货交易管理暂行办法》（证监会令第116号），自2015年8月1日起施行。同期，财政部、国家税务总局、中国人民银行、国家外汇管理局、海关总署先后出台配套政策，对原油期货保税交割监管及增值税征收、原油期货交易跨境结算、境外交易者和境外经纪机构参与原油期货交易及外汇管理等问题作了规定。至8月底，相关部委关于原油期货上市所必需的基本配套政策全部出台。至9月底，12个原油期货交易规则、细则已全部完成向社会公开征求意见。至此，原油期货合约及业务规则基本明确，相关配套政策基本齐备。

（二）启动“期货+保险+银行”等试点

2015年，“期货+保险”、“期货+保险+银行”等试点启动，开启了期货行业与保险行业、银行行业合作服务“三农”的新探索，对于拓展期货市场功能以更好地服务“三农”发挥了积极作用。8月14日，人保财险大连公司分别与北京伟嘉集团和锦州义县桂勇玉米种植专业合作社、义县华茂谷物种植专业合作社签订鸡蛋价格保险和玉米价格保险合同，并与新湖期货签署业务合作协议，利用期货等衍生品市场转移赔付风险。9月17日，人保财险湖北分公司与湖北家和美食品有限公司签订鸡蛋价格保险合同，并引入农业银行湖北省分行为该企业价格保险保费提供资金支持。

（三）优化国债期货业务规则

2015年2月27日，中国金融期货交易所发布修订后的《5年期国债期货合约》、《5年期国债期货合约交易细则》以及《5年期国债期货合约交割细则》，对5年期国债期货合约规则进行调整：一是将最小变动价位由0.002元调整为0.005元；二是将可交割券范围由“合约到期月份首日剩余期限为4~7年的记账式附息国债”调整为“合约到期月份首日剩余期限为4~5.25年的记账式附息国债”；三是将交易保证金由1.5%调整为1.2%，将涨跌停板幅度由±1.5%调整为±1.2%；四是将交割模式由买卖双方举手调整为卖方举手。5年期国债期货合约规则的调整，顺应了市场发展需求，有利于增加报价深度，提升市场效率。2015年6月12日，中国金融期货交易所发布新修订的《中国金融期货交易所结算细则》和《中国金融期货交易所风险控制管理办法》，宣布从 2015年7月10日结算时起，针对上市的国债类期货产品实施跨品种单向大边保证金制度。单向大边保证金制度实施后，国债类期货产品保证金减收金额占该类产品保证金总量比例约为11%，有效地降低了市场成本。

（四）继续扩容连续交易品种

从2013年7月上海期货交易所率先推出期货市场连续交易试点以来，2014年各商品期货交易所连续交易品种全面启动，2015年继续扩容。其中，2015年上海期货交易所新上市的锡和镍启动了夜盘交易，2015年6月11日郑州商品交易所启动了菜籽油、玻璃和动力煤期货夜盘交易。截至2015年年末，3家商品期货交易所共计28个品种参与连续交易，其中，上海期货交易所连续交易的品种有黄金、白银、铜、铝、铅、锌、螺纹钢、热轧卷板、天然橡胶、石油沥青、锡和镍，共12个品种；大连商品交易所连续交易的品种有棕榈油、焦炭、豆粕、豆油、黄大豆一号、黄大豆二号、焦煤和铁矿石，共8个品种；郑州商品交易所连续交易的品种有白糖、棉花、菜粕、甲醇、PTA、菜籽油、玻璃和动力煤，共8个品种。

（五）支持期货公司创新发展

2015年4月中旬，中国期货业协会发布通知，明确期货公司及其资产管理产品可以进入全国银行间债券市场。此举进一步拓宽了期货公司自有资金和资产管理产品的投资渠道，是支持期货公司做优做强的重要举措。4月7日，中国期货业协会发布《期货公司次级债管理规则》，期货公司通过次级债融资补充资本金的相关规则明确。5月财富期货（后更名为中金期货）等4家期货公司成功借入次级债务，6月首只期货公司次级债券完成发行。4月8日，中国期货业协会发布期货公司互联网开户规则及操作指南。7月10日，期货互联网开户云平台上线试运行，PC端开户功能率先开放。12月18日，移动端手机开户功能上线试运行。互联网开户有助于期货公司降低运营成本、扩大服务能力。此外，中国期货业协会起草的《期货公司从事中间介绍业务规则》和《期货公司代销金融产品业务规则》于8月27日公开征求意见，期货公司综合经营能力有望进一步提升。

四、期货市场发展展望

稳妥推进期货及衍生品市场发展。适应金融改革和产业风险管理需要，在充分评估、严防风险的基础上，做好原油等战略性期货品种的上市工作，推进白糖、豆粕农产品期货期权试点。加大对商品指数期货、利率及外汇期货研发力度。稳步推进“期货+保险”、“粮食银行”、“基差报价”、“库存管理”等创新试点，进一步拓展期货市场服务“三农”的渠道和机制。研究论证碳排放权期货交易，探索运用市场化机制助力绿色发展。强化期货市场交易管理。制定实控关系账户管理细则和异常交易监管规则，研究完善认定标准及自律监管措施。规范发展股指期货市场交易，合理控制交易持仓比例和期现成交比例，有效抑制过度投机。

第八章 金融衍生品市场

2015年我国金融衍生品市场继续平稳、健康发展，市场规模稳步增长，市场交易活跃。普通利率互换交易规模创历史新高，市场创新不断深化；汇率衍生品交易量不断攀升，汇率期权交易活跃，汇率弹性增强；场外航运及大宗商品金融衍生品市场产品种类不断丰富；外币对衍生品市场交投活跃，成交量创新高。

一、人民币利率衍生品市场

（一）人民币利率衍生品的运行情况

2015年，银行间人民币利率衍生品市场交投活跃，累计成交8.8万亿元，同比大幅增长117.2%；其中，普通利率互换成交8.3万亿元，标准利率互换成交5 014亿元，标准债券远期成交19.6亿元，远期利率协议无成交。截至年末，普通利率互换市场未平仓合约名义本金总计6.4万亿元（单边计算），较上年末增加2.6万亿元。

2015年，普通利率互换月度交易额屡创新高，并在12月突破10 000亿元，比2014年12月创下的当年最高纪录高出近1倍。由于假期因素，月交易额在9月、10月有较明显下降,但在11月恢复增长趋势。

普通利率互换是最主要的利率衍生品，占市场成交总量的94.3%。从期限结构上看，普通利率互换交易期限以短期为主，1年期及以下交易名义本金额占总成交量的88.0%，

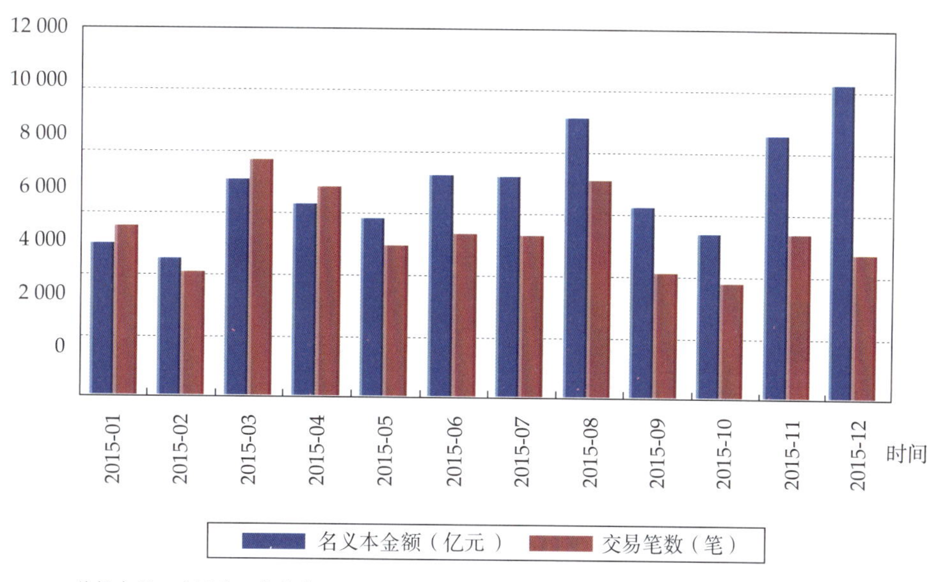

数据来源：中国外汇交易中心。

图8-1 2015年利率互换月度成交量

较上年同期上升9个百分点；1~5年期和5~10年期交易占比分别为5.0%和6.9%。从浮动端参考利率看，以7天回购定盘利率（FR007）为参考利率的利率互换占比持续上升，达到89.5%；以Shibor利率（包括隔夜和3个月Shibor利率）为参考利率的利率互换占比则显著下降，为10.1%；以人民银行公布的基准利率为参考利率的利率互换占比为0.3%。从机构类型来看，外资银行仍为成交主力，全年成交名义本金额占全部成交金额的33.7%，其次是股份制商业银行、城市商业银行和大型商业银行，成交金额分别占总成交金额的31.2%、15.7%和9.6%。

截至2015年年末，利率互换交易的备案机构达到134家，较2014年年末增加了26家，涵盖银行类金融机构、证券公司以及其他类金融机构；共有102家机构签署利率互换确认功能使用承诺函，较2014年年末增加了12家。远期利率协议市场共有57家机构完成制度备案，以银行类金融机构和证券公司为主，与上年同期持平。

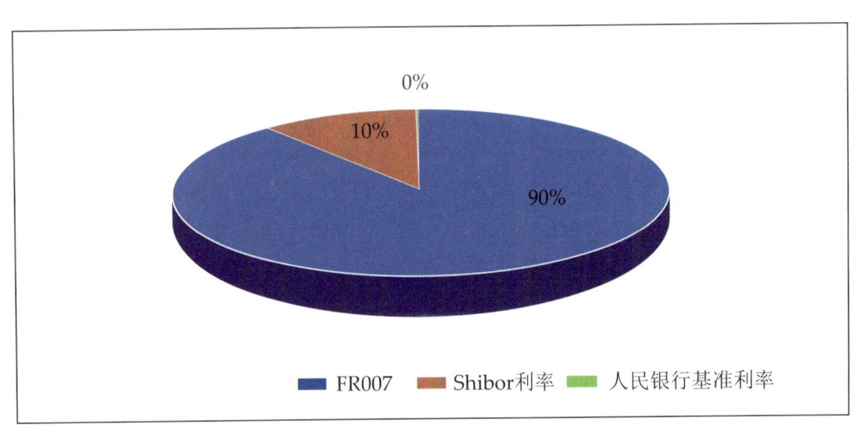

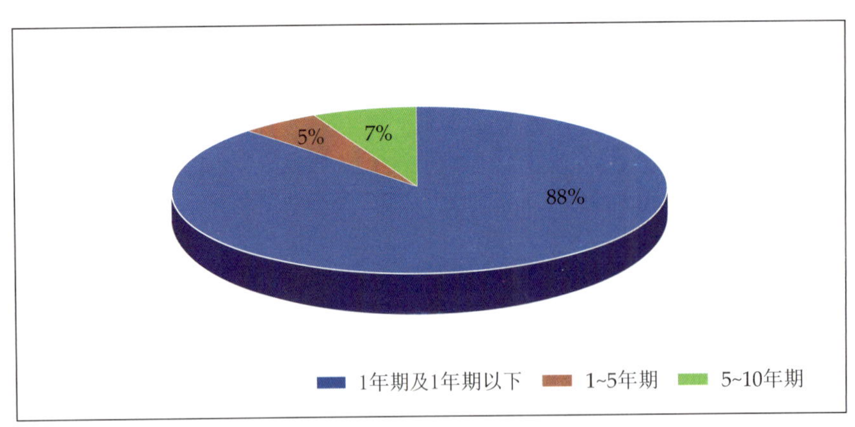

数据来源：中国外汇交易中心。

图8-2　2015年利率互换成交量产品分布（上图）及期限分布（下图）

（二）人民币利率衍生品市场运行的特点

1. 成交量持续攀升，屡创新高

2015年，利率衍生品市场成交量持续攀升，屡次刷新历史纪录。以成交最为活跃的普通利率互换为例，全年累计成交8.3万亿元，同比增长104.9%。从月成交金额看，2015年有6个月的月成交金额同比增幅超过100%，其中3月份成交7 082亿元，同比增长119.0%；8月份成交9 116亿元，同比增长222.4%。X-swap平台上，2015年共成交利率互换9 544笔，名义本金为21 284亿元，占普通利率互换的25.8%；较2014年的5 937笔、4 089亿元大幅增长420.5%。

另外，2015年标准利率互换市场明显活跃。全年标准利率互换成交994笔，累计成交5 014亿元，占利率衍生品市场总成交量的5.7%。其中，以隔夜Shibor为重置利率的1个月标准隔夜指数互换(SS011M)产品成交量达4 875.5亿元，占标准利率互换产品总成交量的97.2%。

2. 互换利率曲线震荡下行

受宏观经济较为疲弱、人民银行货币政策转为宽松以及银行体系流动性总体充裕等因素的影响，2015年互换利率呈震荡下行趋势。1月到2月中旬，在短期资金利率下降的推动下，1年期FR007互换利率从3.47%降至3.18%，5年期互换利率从3.56%降至3.13%。2月中旬至3月，受春节假期、经济基本面部分好转、经济刺激政策不断加码等因素的影响，1年期FR007互换利率最高回升至3.75%，5年期利率互换最高升至3.69%，创下年内最高。4~5月，随着经济基本面持续疲弱，人民银行降准降息，市场资金面维持

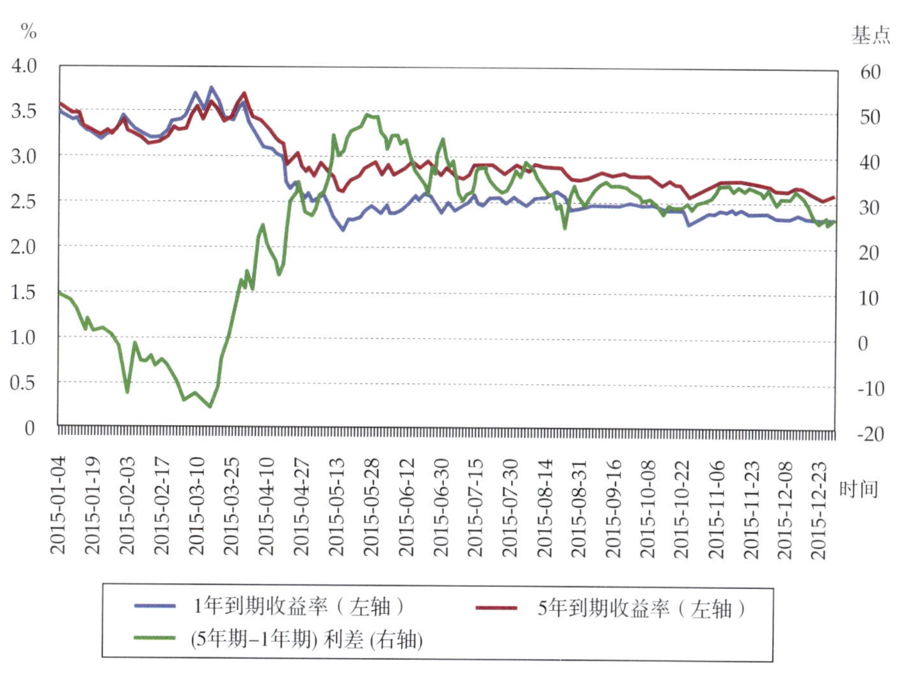

数据来源：中国外汇交易中心。

图8–3 1年期与5年期FR007–IRS互换利率走势及利差

宽松，互换利率出现一波明显跌幅，5月底，1年期FR007互换利率大幅跌至2.43%，5年期互换利率跌至2.91%。6月份以后，市场对货币政策宽松的预期有所减弱，互换利率呈现震荡整理态势，1年期互换利率在2.3%至2.5%区间波动。10月份，人民银行进一步降息降准，加上经济形势仍然偏弱，利率互换曲线再次下移，直至年末均保持小幅下探态势。2015年年末，1年期FR007互换利率为2.32%，5年期FR007互换利率为2.58%，分别较年初下降115个和98个基点。

从期限利差来看，年初，1年期和5年期互换利率利差较低，维持在10个基点以内，甚至一度出现利率倒挂。4~6月，随着短端利率的迅速下降，利差迅速扩大，最高达49个基点。7月份以后利率互换市场相对平静，利差在30~40个基点震荡，到年末利差收窄至26个基点左右。

3. 参与者不断增加，机构类型日趋丰富

利率衍生品市场参与者持续扩大。截至2015年年末，人民币利率互换制度备案机构为134家，较2014年年末增加26家；签署利率互换确认功能使用承诺函的机构为102家，较2014年年末增加12家；远期利率协议市场共有57家机构完成制度备案，以银行类金融机构和证券公司为主。

利率衍生品市场机构类型日益丰富。利率互换推出初期，参与机构以银行为主，后逐渐扩展到保险公司、证券公司、财务公司、资产管理公司等其他类型机构，尤其是证券公司参与利率互换市场的热情明显提高。截至2015年年末，在利率互换制度备案机构中，证券公司已达47家，占比为35%。从机构成交占比上看，外资银行传统上是利率互换市场的成交主力，不过随着参与机构类型的丰富，外资银行的成交占比呈逐年下降趋势，2015年外资银行的成交占比为33.7%，较2014年的48.5%下降了14个百分点。与此同时，中资机构，尤其是股份制商业银行、城市商业银行、大型商业银行占比大幅上升，分别达31.2%、15.7%和9.6%。

4. 集中清算成为普通利率互换主要清算方式

截至2015年年末，上海清算所集中强制清算利率互换合约6.36万笔、名义本金8.12万亿元，清算额占交易规模的97.83%。其中，2015年上半年清算量为3.35万笔、3.48万亿元，环比增长55.30%，同比增长5 319.12%；2015年下半年清算量为3.01万笔、4.64万亿元，环比增长33.26%，同比增长106.95%，无论是清算总量还是单位合约，涉及金额均有大规模增长。

截至12月末，有54家银行机构、38家证券机构以及3家其他类金融机构共计95家机构参与利率互换集中清算业务，其中银行类机构占比从2014年年末的64.10%下降至56.84%，证券公司参与占比从34.62%上升至40.00%。一方面，参与者增加、机构类型的丰富促进了利率互换交易的活跃度；另一方面，交易量的提升以及代理清算业务的设计鼓励了更多机构加入互换市场。二者效应互相促进，形成良性循环。

（三）市场创新

1. 标准债券远期交易推出

2015年4月1日，全国银行间同业拆借中心（以下简称交易中心）、银行间市场清算所股份有限公司（以下简称上海清算所）联合发布公告，宣布从4月7日起，为市场成员分别提供标准债券远期的交易和集中清算服务。标准债券远期,是指在银行间市场交易的,标的债券、交割日等产品要素标准化的债券远期合约。与普通远期合约相比,标准债券远期在合约设计、交易机制和清算方式上具有鲜明的特点:在合约设计上，标准债券远期的合约要素包括合约标的债券、合约月份、交割日等都进行了标准化设计；在交易机制上，标准债券远期通过交易中心的X-Swap系统交易，报价方式采用匿名限价报价，报价按照“价格优先、时间优先”原则排列，符合授信要求的可点击成交；在清算方式上，标准债券远期交易由上海清算所提供集中清算。根据规定,银行间债券市场成员均可参与标准债券远期交易。

标准债券远期合约包括标准国债远期合约与标准政策性银行债远期合约。目前推出的合约为 3 年期标准国开债远期合约（CDB3）、 5 年期标准国开债远期合约（CDB5）与 10 年期标准国开债远期合约（CDB10）三个期限品种。标准债券远期的参与机构为银行间债券市场成员。2015年，标准债券远期共成交19.6亿元。

2. 标准债券远期和标准利率互换集中清算业务推出

2015年，上海清算所在利率衍生品方面的创新，主要包括标准债远期集中清算业务和标准利率互换集中清算业务。其中，标准债远期交易及清算业务于2015年4月7日预运行，而后上海清算所为促进业务发展，积极进行会员代理业务推广、报价团方案研讨修订、交易清算平台建设、会员调研等工作，并于11月30日实现通过X-Swap交易和集中清算，当日实现涉及3个期限合约、15家会员单位的49笔交易，共计金额16.2亿元（单边）。

二、人民币汇率衍生品市场

（一）运行情况

2015年，银行间人民币汇率衍生品市场交投活跃，成交54.7万亿元人民币，同比增长89.7%。其中，人民币外汇掉期成交52.6万亿元人民币，同比增长90.1%；人民币外汇期权和货币掉期成交1.8万亿元和704.4亿元人民币，同比增长127.8%和13.6%；衍生品中仅人民币外汇远期交投下降，成交2 361.2亿元人民币，同比下降27.9%。

2015年，汇率衍生品成交在整个银行间外汇市场中的占比从上年的53.2%提升至64.1%，连续7年实现正增长。从2005年银行间外汇市场首次引入衍生品以来，汇率衍生品市场累计成交超过100万亿元人民币，年均增速超过50%。

2015年，人民币汇率衍生品市场会员进一步壮大。其中，人民币外汇远期掉期会员123家，人民币外汇货币掉期和期权会员分别99家和61家，分别较上年末增加25家、15家和22家。其中，从会员机构类型上看，远期掉期会员中大型商业银行、政策性银行和股份制商业银行合计18家，外资银行62家，城市商业银行14家，基金证券类机构2家，境外央行类机构6家。境外央行类机构为2015年首次进入银行间人民币汇率衍生品市场。从会员机构功能上看，人民币外汇远期掉期做市商27家，远期掉期尝试做市机构5家。

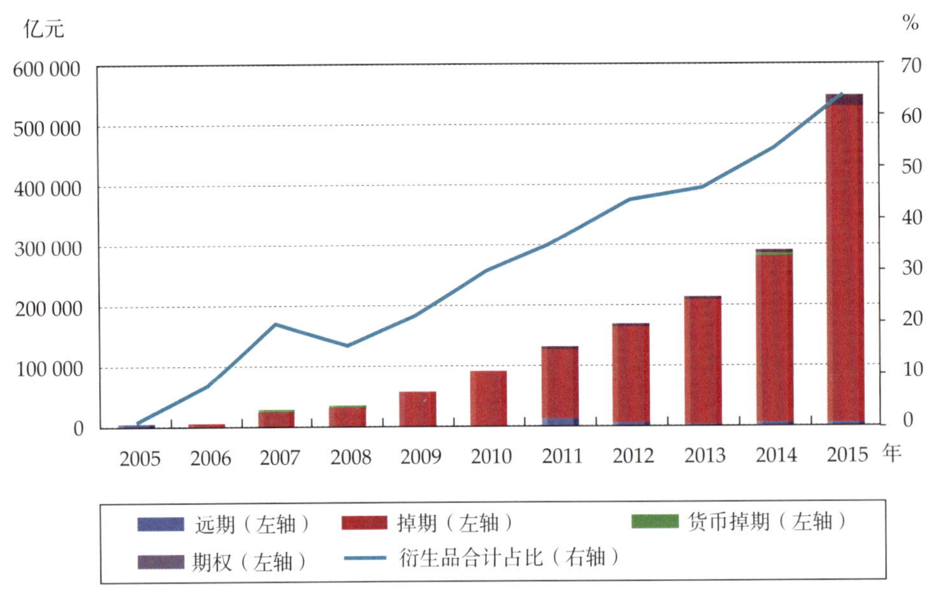

数据来源：中国外汇交易中心。

图8–4 银行间汇率衍生品市场交易量

（二）汇率衍生品市场运行的特点

1. 外汇和货币掉期类衍生品交易量攀升，占比进一步扩大

2015年，外汇和货币掉期类衍生品交易量上升了38 865亿美元，占汇率类衍生品交易总量的比例由86%上升至91%。其中，银行间外汇市场掉期类衍生品交易量上升了38 611亿美元，而银行对客户市场的掉期类衍生品交易量上升了254亿美元。这主要体现出，银行类机构投资者和零售客户越来越重视利用掉期类衍生品工具进行流动性调节和汇率风险管理。

2. 汇率期权交易活跃，汇率弹性增强

自2011年银行间外汇市场推出人民币外汇期权交易以来，随着人民币汇率弹性的增强、市场主体风险管理需求的增长以及配套政策的完善，市场交投活跃。2013年期权交易突破千亿元人民币，2014年突破8 000亿元，2015年翻倍突破1.8万亿元人民币。

汇率期权交易的活跃从一个侧面体现了人民币汇率弹性的增强。今年人民币汇率尤其是人民币对美元汇率波动较为明显，中间价报价机制完善以后，市场汇率弹性明显增加。数据显示，1年期期权隐含波动率上半年基本在3%以下水平，8月、9月快速攀升至4%以上，第四季度基本维持在4%附近，较上半年波动率明显抬升。

3. 境内外汇差扩大，利差收窄

2015年，境内外远期汇差明显拉大。以境内外1年期远期汇率为例，年初境内外1YCNY和1YCHH及NDF汇率在6.3至6.4区间，整个上半年也大体在这一范围内波动。8月汇改以后，境内外远期汇率波动加大，从此前区间快速走贬至6.6一线，此后在6.4至6.8之间宽幅震荡，11月以来境内外远期汇差持续拉大至1 500~2 000个基点，较年初约

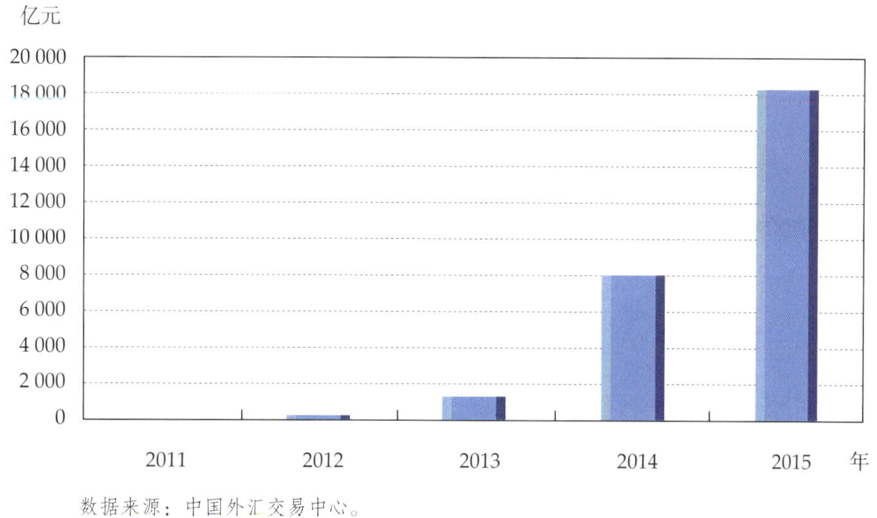

数据来源：中国外汇交易中心。

图8-5 近年来人民币外汇期权市场发展概况

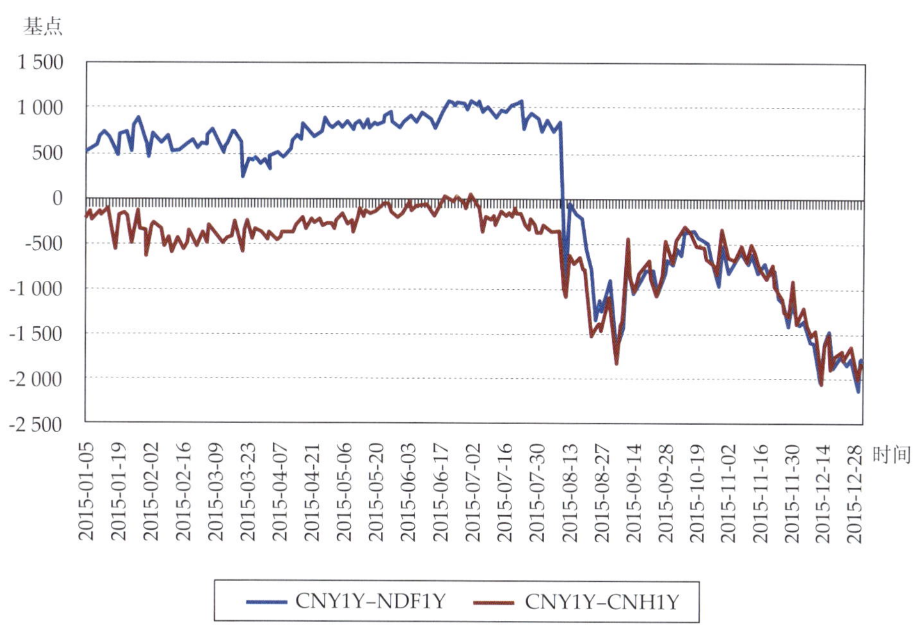

数据来源：中国外汇交易中心。

图8-6 2015年境内外1年期远期汇差走势

500个基点以及上半年不足1 000个基点的汇差明显扩大。

远期汇差扩大的同时，境内外利差收窄。伴随着降低实体经济融资成本的诸多举措，境内资金面持续宽松，利率水平大幅下降。7天期Shibor利率从2015年初的4.8%左右大幅下降至年末的2.3%，降幅过半。债券市场收益率也持续下行，我国10年期国债到期收益率从年初的3.6%降至12月的2.8%，而2015年美国同期限国债收益率则持续上升

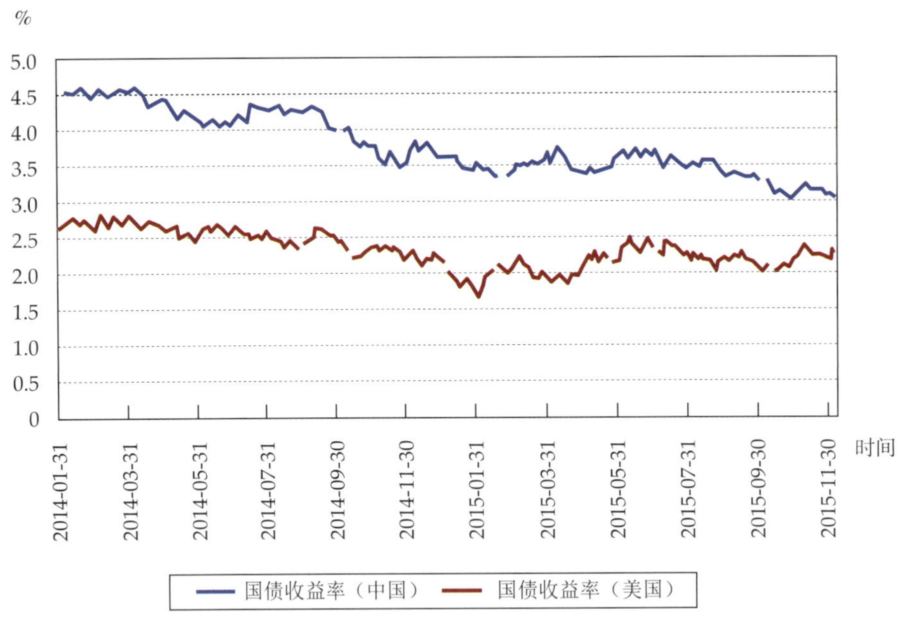

数据来源：中国外汇交易中心。

图8-7 2014年以来中、美10年期国债收益率利差走势

至2.2%左右，两国国债收益率利差显著收窄。随着12月16日美联储十年内首次加息及预期步入持续加息通道，美国国债收益率有望进一步上扬。

4. 远期市场交投下降

2015年，人民币外汇远期市场交投波动较大。在零售远期市场上，银行代客远期结售汇在2015年各个月度呈现为持续性的逆差，远期结汇规模总体下降，远期售汇规模快速上升，逆差规模在8月创出新高。当月人民银行发布通知要求加强远期售汇宏观审慎管理。此后，远期结售汇逆差大幅收窄。全年零售远期售汇同比增长33%、远期结汇同比下降56%。与零售远期市场的变化相似，2015年银行间远期交易总体下降近三成，波动较大。8月以前交投呈现增势。9月以后外汇远期交易明显萎缩，从此前月均200多亿元人民币成交水平降至月均170亿元人民币左右。

三、场外航运及大宗商品衍生品市场运行情况

（一）运行情况

2015年，场外航运及大宗商品金融衍生品市场创新推出了自贸区铜溢价掉期（以下简称FCP）、人民币苯乙烯掉期（以下简称CSM）、自贸区乙二醇进口掉期（以下简称FMEG）、人民币集装箱掉期(以下简称CS)和中国沿海煤炭远期运费协议（以下简称CFFA）5个新产品,与2013年推出的人民币远期运费协议（以下简称人民币FFA），2014年推出的人民币铁矿石掉期（以下简称CIS）和人民币动力煤掉期（以下简称CSS）一起，覆盖了航运、能源、金属、化工四大领域，我国场外航运及大宗商品金融衍生品市场产品类别不断丰富。

2015年年末，场外航运及大宗商品金融

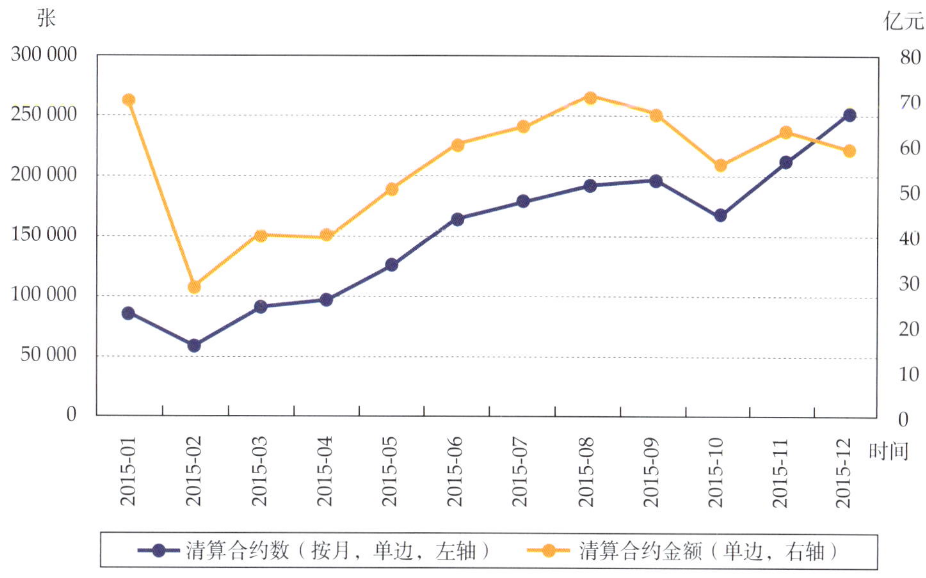

数据来源：上海清算所。

图8–8　2015年航运及大宗商品金融衍生品市场总体情况

衍生品交易量大幅增长，清算合约数（按月拆、单边）达到182.67万张，较上年增长5倍多；清算合约金额达到674.41亿元（单边），是2014年的3倍多；市场参与客户数稳步上升达到385家，较上年新增125家。

1. 航运类金融衍生品

人民币FFA是上海清算所推出的首只场外航运类金融衍生品，根据船型的不同协议分为三个类型：海岬型船（CTC）、巴拿马型船（PTC）以及超灵便型船（STC）。

人民币FFA业务上市初期经历了快速增长，然而近年来国际航运市场持续低迷，2015年波罗的海干散货指数更是处于单边下行的趋势。以波罗的海干散货指数为标的的人民币FFA业务因受大环境的影响，自2014年以来业务量快速缩水，清算金额也大幅下降。人民币FFA业务主要清算会员为中信证券和浦发银行，二者清算量各占五成。

2015年12月11日，上海清算所新上线两个航运类产品，分别是人民币集装箱掉期（CS）和中国沿海煤炭远期运费协议（CFFA），上线以来表现良好，市场交易活跃，短短半个月清算量分别达0.63亿元和1亿元。

2. 能源类金融衍生品

CSS是截至2015年年末场外能源类金融衍生品唯一正式上线产品。产品上市初期就获得了较大关注，且市场反应良好。2014年年末至2015年年初，因用煤旺季CSS的清算量猛增，2月，受春节假期的影响，清算量同清算金额均有较大幅度回落，后稳步上升，至2015年夏季有缓慢回落，但清算规模基本维持在每月1 800万吨左右，约合人民币72.4亿元。CSS业务主要清算会员为中信证券和招商证券，二者清算量分别占总量的35%和29%，浦发银行、交通银行和农业银行共占36%。

3. 金属类金融衍生品

基于市场的良好反应以及为满足实体企

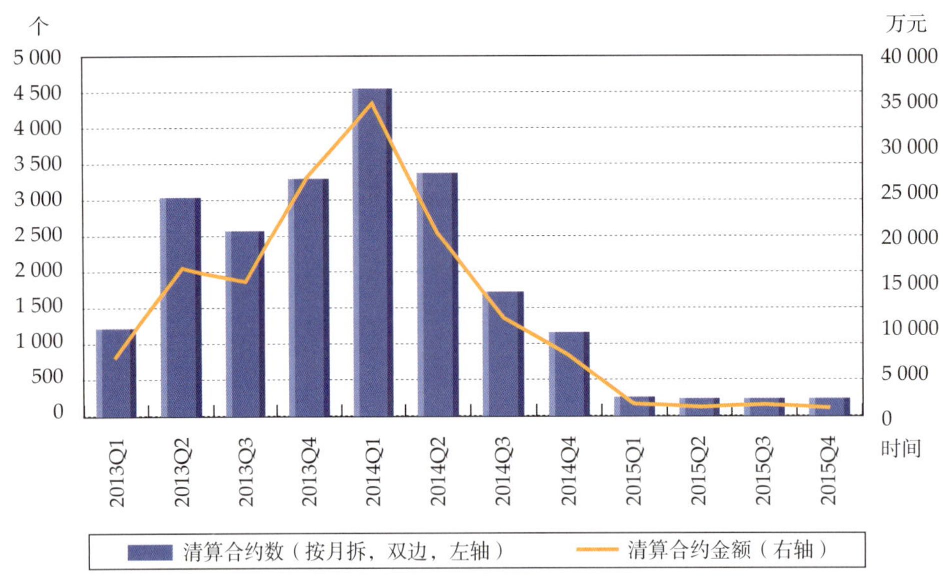

数据来源：上海清算所。

图8-9　人民币FFA上市以来运行情况

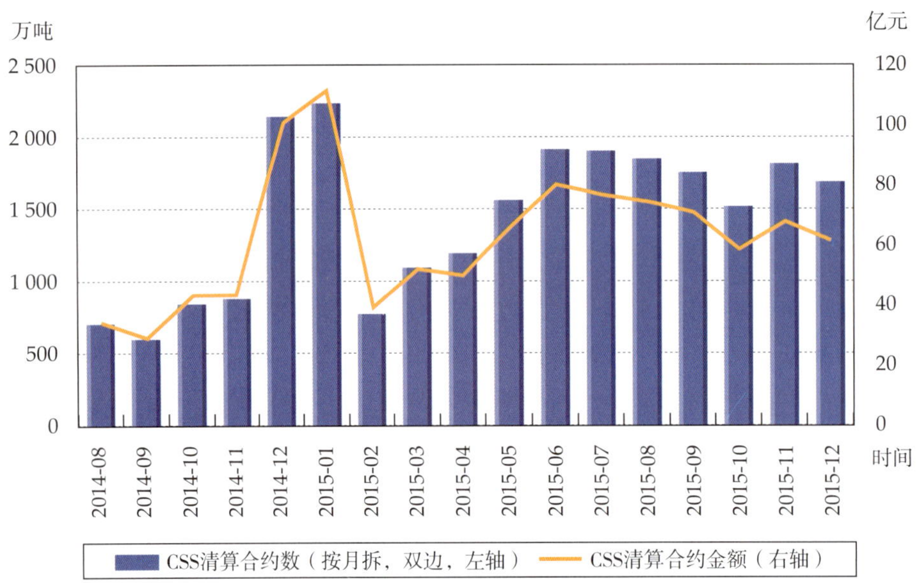

数据来源：上海清算所。

图8-10　CSS上市以来运行情况

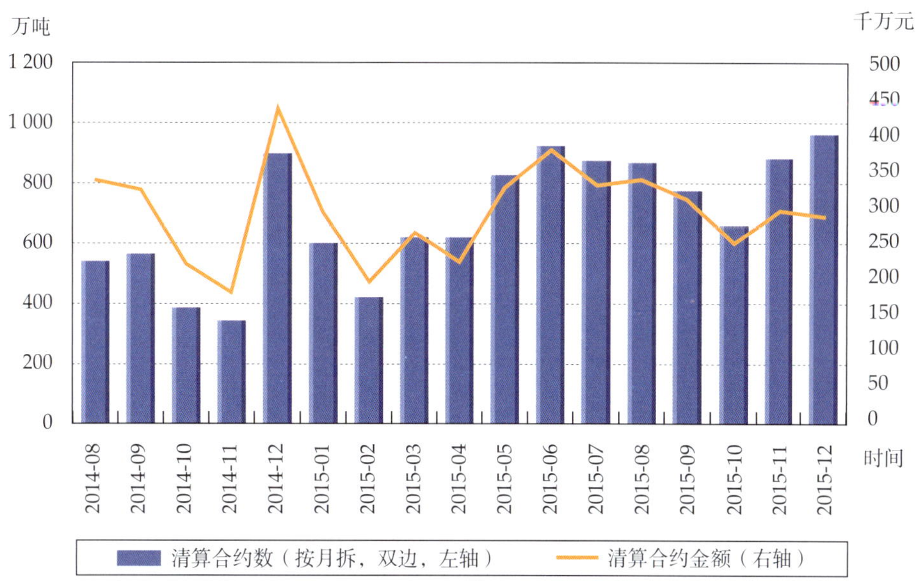

数据来源：上海清算所。

图8-11　CIS上市以来运行情况

业的套保需求，场外金属类金融衍生品继CIS后又于2015年初推出了全球第一个溢价类场外衍生品——FCP。

截至2015年年末，CIS市场没有一个明显的趋势，呈横盘震荡，自5月以来月清算量大致徘徊于800万吨至900万吨之间，但由于成交价持续走低，月清算金额自6月起开始小幅回落。CIS业务主要清算会员为中信证券和招商证券，二者清算量分别占总量的38%和33%，浦发银行和交通银行分别占15%和12%。

2015年2月，新推出的FCP市场目前仍处于飞速发展阶段，预计未来清算量还将有进一步增加。自上市以来FCP交易量稳步上升，12月清算量达到121.47万吨，合人民币7.31亿元。FCP业务主要清算会员为农业银行和浦发银行，二者清算量各占五成。

4. 化工类金融衍生品

2015年7月，上海清算所推出两款场外化工类金融衍生品——CSM和FMEG，自推出以来运行稳定。CSM清算量自8月以来有小幅下降，但清算规模仍维持在每月20万吨以上，约合人民币14亿元。CSM业务主要清算会员为中信证券和招商证券，二者合计占比97%。

FMEG上市以来清算量呈震荡上行趋势，12月清算规模大幅上升至11.28万吨，约合4亿元人民币。FMEG业务主要清算会员为中信证券和浦发银行，二者分别占总清算量的49%和50%。

（二）场外航运及大宗商品金融衍生品市场运行特点及趋势

1. 创新性地将金融服务实体经济落到实处

场外航运及大宗商品金融衍生品市场的创新发展，与实体经济的真正需求紧密结合。如FCP是针对电解铜现货价格与期货价格存在地区溢价，市场参与者无法通过期货市场实现对电解铜现货交易完全套保的实际情

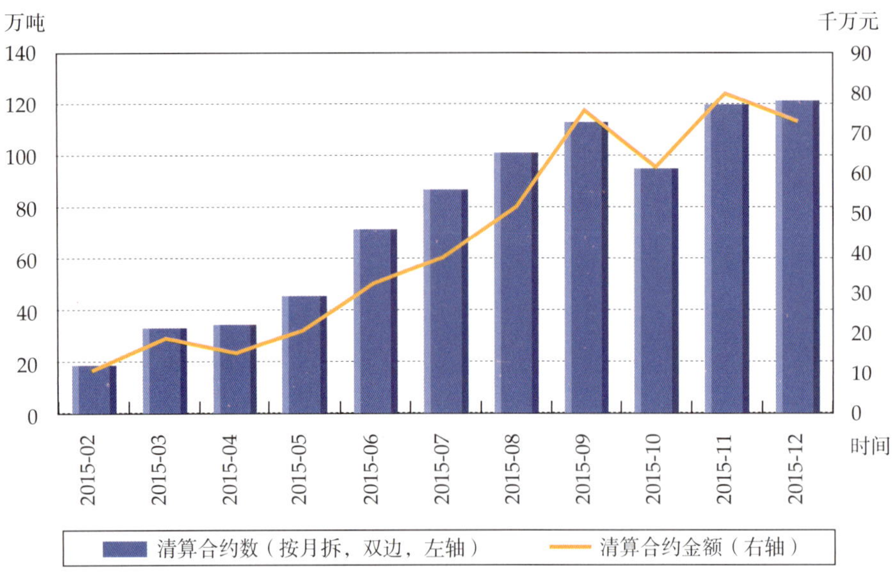

数据来源：上海清算所。

图8-12　FCP上市以来运行情况

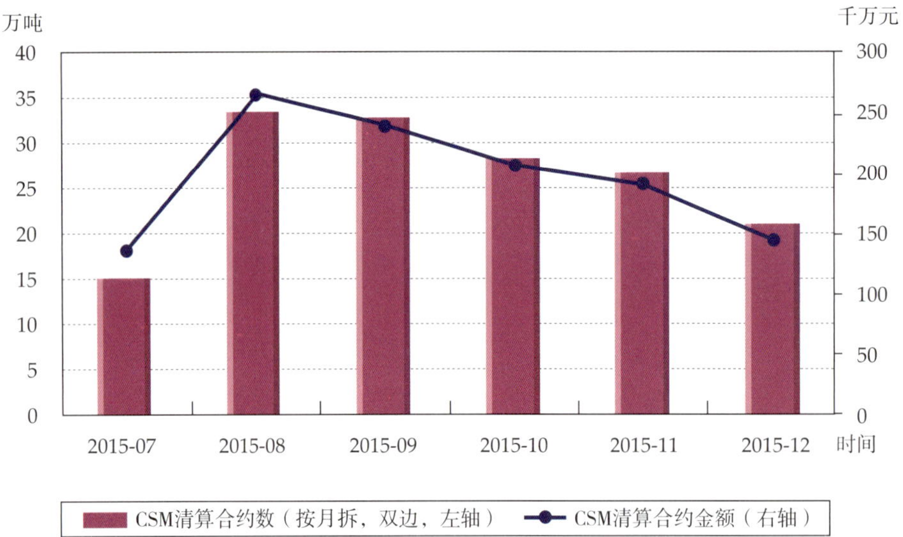

数据来源：上海清算所。

图8-13　CSM上市以来运行情况

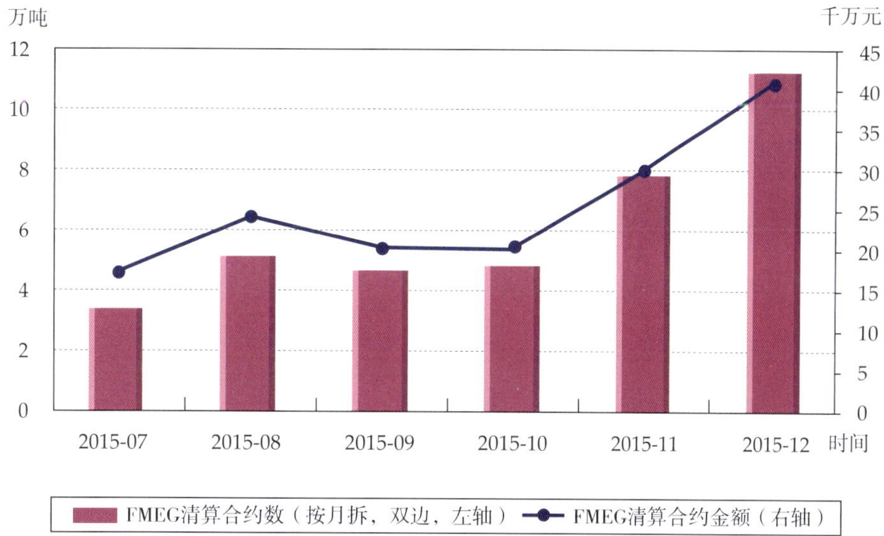

数据来源：上海清算所。

图8-14 FMEG上市以来运行情况

况，开发出的与铜溢价相关的金融衍生品，为相关企业的铜套期保值操作提供了有利工具。另外，如CSM和FMEG，CS和CFFA也都分别满足了相关化工企业和航运企业的套期保值和风险管理需求。

2. 提高了人民币在全球大宗商品交易中的定价地位

场外航运及大宗商品金融衍生品的最终结算价基本均采用中国第三方指数方发布的人民币现货价格指数进行计算，旨在打破美元在大宗商品定价中的垄断局面。同时，上海清算所每日向市场发布人民币计价的铁矿石、动力煤和铜溢价中远期价格曲线，向全球发出大宗商品价格的“中国声音”，进一步增强了人民币在大宗商品市场中的定价作用。

3. 场外大宗商品多层次市场体系不断完善

上海清算所自2014年起就制定了构建场外大宗商品多层次市场集中清算平台的中期发展目标，并确定了相关业务规划和具体实施步骤。通过为大宗商品现货、衍生品等多层次市场提供集中的、标准的、专业化的清算服务，构建了“多交易平台、统一清算平台”的运作模式。场外大宗商品金融衍生品市场的快速发展和不断完善正朝着这一目标有力迈进，并已取得阶段性成功，这对加快实现上海成为全球性的人民币产品创新、交易、定价和清算中心的战略目标有积极意义。

4. 提高了市场资金使用效率

上海清算所的集中清算平台为场外航运及大宗商品现货及衍生品市场提供标准化、专业化清算服务，资金轧差率高达98%，能够在有效防范业务风险的同时，降低交易者资金成本，提高资金使用效率，有利于活跃交易，更好地发挥市场在资源配置中的决定性作用。

四、其他金融衍生品市场

（一）信用风险缓释工具市场运行情况

2015年，信用风险缓释工具（Credit Risk Mitigation Instrument，CRM）市场未发生交易。自CRM产品推出以来，截至2015年12月末，已有16家交易商累计达成了47笔CRMA交易，名义本金合计40.4亿元，标的债务类型包括短期融资券、中期票据、中小企业集合票据，涵盖十余个不同的标的实体。截至2015年年末，共有6家CRMW创设机构累计创设登记发行9只CRMW，名义本金合计7.4亿元，标的债务类型包括短期融资券和中期票据，期限在1年左右。2015年，无新创设的CRMW，二级市场上也未发生新的CRMW交易。

截至2015年年末，共有47家市场成员备案成为CRM交易商，较2014年年末无变化，其中包括33家中外资商业银行、12家证券公司、1家金融资产管理公司和1家其他类型机构；共有26家市场成员备案成为CRM核心交易商，较2014年年末无变化，包括24家中外资商业银行和2家证券公司；30家市场成员备案成为CRMW凭证创设机构，其中包括22家中外资商业银行、7家证券公司和1家其他类型机构。

2015年以来，外部经济体仍显低迷，且我国处于三期叠加的特殊期，经济稳增长压力较大，信用风险逐渐暴露，资本市场违约事件频繁出现。随着注册制的推行，投资者风险自担意识的形成，利用CRM等信用衍生品积极主动管理信用风险已逐步成为市场参与者的共识。在此背景下，为推动CRM市场进一步发展，中国银行间市场交易商协会在原有CRM“2+N”的产品框架下推出了满足市场需求和监管规则要求的新产品。此外，中国银行间市场交易商协会还组织市场机构和法律专家成立了CRM产品工作组，按照“推产品、降门槛、简流程、调框架”的具体工作思路，修订了信用风险缓释工具试点业务规则等相关制度文件，并组织起草相关交易文件，以推动CRM加快发展。

（二）外币对衍生品市场运行情况

2015年，外币对衍生品市场交投较为活跃，完成交易486.4亿美元，同比增长210.3%，交易量创外币对衍生品成交新高。

从币种格局来看，EUR.USD、USD.HKD和USD.JPY三货币对衍生品交易增长明显，分别实现交易252.8亿美元、106.8亿美元和92.6亿美元，同比分别增长336.0%、53.1%和412.8%，三者合计在外币对衍生品交易中占比93.0%。

从衍生品种来看，外币对掉期交易是外币对衍生品市场中的主力品种。2015年该品种完成交易435.4亿美元，同比增长288.5%；外币对远期成交51.0亿美元，同比增长14.2%。

五、金融衍生品市场发展趋势

（一）进一步推动市场创新

2015年，我国场外金融衍生品市场在“鼓励创新、发展市场，加强监管、防范风险”的基本思路指导下继续保持稳步发展的态势，交易规模不断扩大，但与现货市场相比还存在较大差距，参与者较为集中，产品种类单一，市场弹性不足等问题亟待解决。在金融改革不断深化，利率市场化、汇率市场化步伐不断加快的背景下，为实现场外金融衍生品市场服务实体经济的目的，充分发挥产品管理风险的功能，未来一段时期内需要进一步推进市场创新。一是完善创新机制，发展出行政管理与市场自律良性互动的创新机制，坚持“市场事、市场议、市场定”的工作理念，建立以市场合理需求为依托的内生性市场创新机制；二是不断丰富产品序列，充分研究境内外场外金融衍生品市场的发展规律，有选择、有步骤地促进各类金融衍生品不断丰富，平衡好“鼓励创新、发展市场与防范风险”的关系，促进场外金融衍生品市场规范有序发展。

（二）继续优化衍生品运行的市场环境

目前，我国场外金融衍生品市场还处于发展初期，需要继续优化市场环境，提高市场成员交易的积极性。一是扩大衍生品市场宣传。目前，参与衍生品交易的投资人类型较为集中，以商业银行为主，可积极扩大衍生品在非银行金融机构及非法人类产品之间的宣传，提高不同类型投资人参与度。同时，随着创新产品的推出，可供市场选择的衍生品种类更加丰富，可增加产品功能的宣传，提高市场参与者主动管理风险的动力。二是加强对市场参与者的培训。场外金融衍生品交易具有较为复杂的产品结构，投资管理人应具备较强的风险管理能力和投资分析能力。加强对市场参与者的培训，提高投资管理人的风险意识，让投资管理人充分了解有关法律规定的责任和义务，是优化衍生品运行市场环境的重要环节。

（三）不断加强衍生品市场法律制度建设

立足国情，同时有选择地借鉴境外成熟市场的发展经验，完善和健全我国金融衍生品市场的法律制度体系是保持市场持续、稳健发展，防范衍生产品交易法律风险，保障市场规范发展的重要基石。一是要继续推动解决终止净额结算及履约保障机制的法律不确定性问题。终止净额结算与履约保障机制是场外金融衍生品市场通行的基础制度，但在我国还面临法律适用方面的不确定性，制约了场外金融衍生产品市场进一步深化发展，需要尽快在法律层面明确相关机制在中国法律框架下的有效性和可行性，为市场发展保驾护航。二是进一步完善《NAFMII主协议》文本序列。《NAFMII主协议》文本将随着市场规模的扩大和创新产品的推出不断更新，并按照进一步放开境外机构投资者投资银行间市场的要求，配合人民币国际化的进程以及中国金融机构走出去的步伐，依据市场需要不断完善《NAFMII主协议》文本序列，修订和更新相关产品的交易确认书模板及定义文本等配套文件。

（四）稳步扩展衍生品的参与主体

金融衍生品是管理风险、分散风险、转移风险的有效工具，同时衍生品交易也具有高风险的特征，需要引入不同风险承担能力的市场参与者，丰富投资人队伍类别，从而优化资源配置，推动衍生品市场平稳、健康、持续发展。一是鼓励非金融机构参与衍生品交易，满足企业客户套期保值的需求，增加企业管理风险的渠道与能力，进一步发挥衍生品市场服务于实体经济的功能。二是进一步推动参与者主体多元化。目前，场外衍生品市场由商业银行主导，应进一步完善市场交易制度、丰富产品序列，为非银行金融机构以及非法人类产品参与场外衍生品市场创造条件，进一步增加投资者数量、扩大投资者队伍。三是继续提高市场参与者自主管理风险的能力。衍生品交易风险较高，要加强合格投资者队伍建设，鼓励市场参与者改善公司治理结构、健全风险管理技术、完善操作规程及风险管理流程，从源头上防范衍生品交易风险，同时需要加强行业自律，提高从业机构和人员的专业水平和职业操守。

（五）进一步完善市场基础设施建设

为降低系统性风险，提高市场透明度，防止市场滥用行为，境内外场外金融衍生品市场均在不断加强包括建立中央清算机制和信息报备机制在内的市场基础设施建设。根据人民银行的有关规定，标准化的利率互换交易已经实行强制集中清算。未来，应根据需要进一步完善中央对手清算机制的配套政策，扩展中央对手清算机制的运用范围，将适宜集中清算的场外衍生品交易纳入到中央对手清算机制当中；同时，加强场外金融衍生品的交易信息报备、提高交易信息透明度、引进独立审计场外金融衍生品披露的财务报表机制，使投资者和监管者都能充分了解场外金融衍生品的价值和风险水平，建立更加透明的场外金融衍生品市场。此外，市场基础设施建设既要满足国内市场需求，又要具备吸引国际投资者的能力，需要继续在《金融市场基础设施原则》的框架下进一步提高金融衍生品市场基础设施建设的水平，参照国际标准提升我国中央清算和信息报备机构的服务能力，增强国际竞争力。

专题六 资产证券化产品的规范化、标准化、国际化程度明显提升

信贷资产支持证券作为一种创新型融资工具，可将缺乏流动性，但具有可预期收入的信贷资产，通过结构化安排，把资产的风险与收益要素进行分离并重组，进而转换成在市场上可以出售和流通的标准化证券。通过证券化技术可以有效盘活机构表内信贷资产，为商业银行转型提供流动性支持，释放信贷资源，并可通过政策引导其投向实体经济发展的重点领域和薄弱环节，是落实党中央、国务院“稳增长、调结构、促改革、惠民生、防风险”政策的重要手段。

2015年5月13日，国务院常务会议决定新增5 000亿元信贷资产证券化试点规模，继续完善制度、简化程序，鼓励一次注册、自主分期发行；规范信息披露，支持证券化产品在交易所上市交易。试点银行腾出的资金要用在刀刃上，重点支持棚改、水利、中西部铁路等领域建设。会后，人民银行会同有关部门、行业自律组织认真贯彻落实国务院常务会议精神，积极组织推进实施。信贷资产证券的管理制度进一步完善，审批程序进一步简化，信息披露规范陆续推出，持有人结构日益多元化，以支持棚改、京津冀、绿色金融为特色的专项资产支持证券首次亮相我国银行间市场。证券化盘活市场存量，优化金融资源配置，支持新常态下经济改革创新的功能作用开始显现。2015年共发行106单信贷资产支持证券，共计4 056.33亿元，累计总余额5 380.61亿元，腾挪出的信贷额度有效支持了重点行业的改革发展和创新升级，信贷资产证券化取得积极成效。

一、发行管理制度进一步完善

为落实简化发行程序的要求，2015年4月人民银行发布了《人民银行公告》（〔2015〕第7号,以下简称7号公告），明确符合条件的金融机构可以按照规定申请一次注册、自主分期发行信贷资产支持证券。在注册发行管理方式推出后，零售类信贷资产证券化业务蓬勃开展，发起人和发行人积极按照7号公告的要求申请以注册方式发行资产支持证券。截至2015年年末，金融机构共注册16个系列的零售类信贷资产支持证券，注册金额为4 210亿元，累计发行17单产品，共计638.78亿元，占全年发行总量的15.75%，有助于进一步优化以CLO为主的资产证券化市场产品构成结构。为落实减少行政审批事项的要求，2015年5月人民银行发布《中国人民银行公告》（〔2015〕第9号，以下简称9号公告），取消了包括资产支持证券在内的债券交易审批许可。9号公告的发布进一步理顺了信贷资产支持证券的发行、上市、交易流程，投资人所持有资产支持证券的比例不再受到限制，可完全根据自身资金成本和内部风控标准选择持有比例，有利于资产支持证券的上市发行及交易流通，提高了投资人参与证券化的积极性。

二、信息透明度逐步提升

在7号公告发布后，人民银行借鉴国际实践经验，指导银行间市场交易商协会（以下简称交易商协会）相继推出个人汽车贷款、个人住房抵押贷款、棚户区改造

项目贷款、个人消费贷款信贷资产支持证券的信息披露指引及配套表格体系，强化发起机构和发行人信息披露主体责任，规范了信息披露的数据口径，提高了资产支持证券的透明度。在《个人消费贷款资产支持证券信息披露指引（试行）》中，人民银行还根据产品创新及市场发展情况，指导交易商协会对采用持续购买结构的产品明确信息披露要求，回应了投资人对持续购买资产质量的信息需求，有效保护了投资者的利益。

三、投资人多元化日益提升

扩大试点以来，信贷资产证券化的持有人结构不断优化，信贷资产证券化促进信用风险分散转移的作用日益显现。截至2015年年末，信贷资产证券化投资者共431家，其中银行业金融机构为170家，占比39.44%，所持有证券金额占比为56.87%；其中证券公司、保险机构、基金等非银行机构和非法人投资者261家，家数占比60.56%，所持有证券金额占比为43.13%，比2014年年末上升11.4个百分点。其中，“建元2015年第二期个人住房抵押贷款资产支持证券”成为国内首单引入保险资金的个人住房抵押贷款资产证券化产品。QFII、RQFII、境外人民币业务清算行和参加银行等境外投资者积极参与投资零售类贷款证券化产品，全年发行认购金额超过6亿元，丰富了我国资产证券化市场参与主体，有助于我国信贷资产支持证券开拓海外市场，降低资产证券化融资成本。

四、二级市场流动性明显改善

在2015年信贷资产支持证券的发行规模持续增加，存量规模也已达到5 310.98亿元，投资人对资产支持证券的理解和认可度不断增强，二级市场的交易流通逐渐活

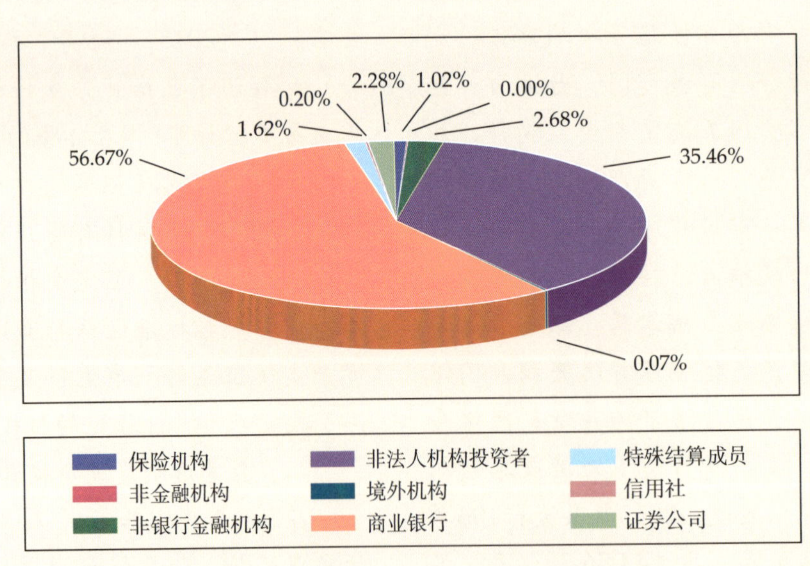

数据来源：中国人民银行。

图8-15 2015年年末信贷资产支持证券持有人结构

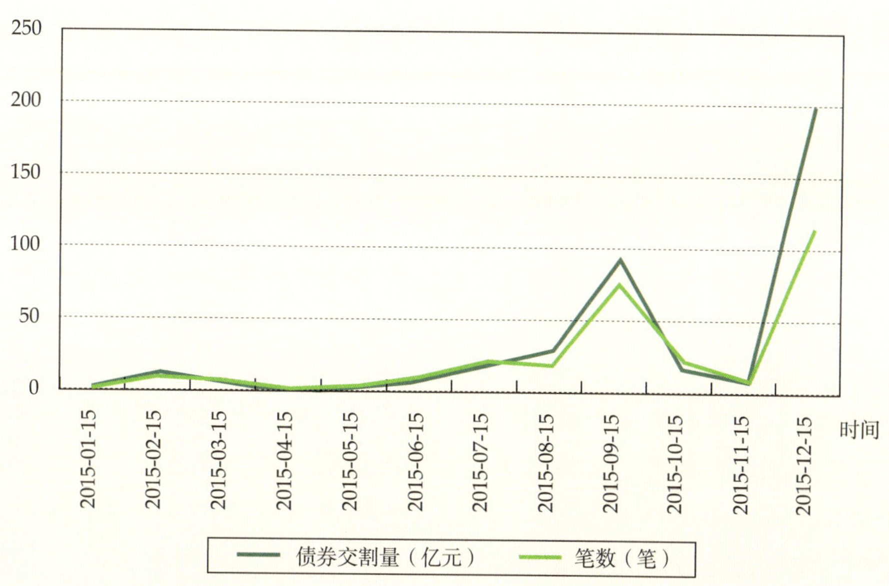

数据来源：中国人民银行。

图8-16 2015年信贷资产支持证券交割情况

跃。2015年1~12月，共发生交易286笔、金额394.29亿元，证券交割量逐步上升（见表2），与2014年1~12月发生交易35笔、金额20.93亿元相比，交易笔数增加了8.17倍，交易金额增加了近18.84倍，信贷资产支持证券流动性明显改善。信贷资产支持证券二级市场的活跃，有助于减小其相对于其他同期限同评级债券之间的流动性利差，减小信贷资产支持证券一级市场的发行难度，流动性便利也同样可以扩大投资端需求。在7号文明确受托机构、发起机构可与主承销商或其他机构通过协议约定信贷资产支持证券的做市安排后，中信建投证券为"兴银2015年第四期信贷资产支持证券"优先A1档提供做市服务，并在连续双边报价3日后首次成交，成为银行间债券市场第一例资产支持证券产品做市成功案例。做市商制度的引入对引导证券化市场理性报价、活跃市场交易，提高市场流动性和交易效率，保证债券市场稳定运行具有重要意义。

五、产品种类不断拓展和结构设计不断创新

在产品种类拓展方面，基础资产类型新增加棚户区改造贷款，这种富于创新特色的基础资产证券化有利于信贷资源向重点领域集中，充分盘活存量资金，支持棚户区产业发展。值得一提的是，个人住房抵押贷款证券化规模迅速增长，截至2015年年末，共有6家银行发行了个人住房抵押贷款资产支持证券（RMBS），共计259.80亿元，超过此前年份发行量的总和，有效支持了居民对于住房的消费需求。

在产品设计创新方面，一是出现了动态资产池消费贷款证券化产品。"永盈2015年第一期消费信贷资产支持证券"、

“永动2015年第一期个人消费贷款资产支持证券”及“和信2015年第二期汽车分期资产证券化信托资产支持证券”三只证券在基础资产池设计上采用了动态资产池和循环结构，通过在信托存续期内不断向资产池注入新的消费贷款保持资产池稳定，有效解决了资产剩余期限与证券存续期不匹配的问题，而且证券在摊还期一并偿还本金的还款方式也更为投资者所熟悉，便于投资人对现金流进行估值，采用循环资产和循环结构产品有望进一步发展。二是出现超短期、按月兑付的CLO产品。2015年7月24日“兴银2015年第三期信贷资产支持证券”的成功发行，突破了以往CLO产品期限较长、按季兑付的特点，打破了CLO产品的固有模式，丰富了证券化市场产品结构。三是选择公开发行次级档的项目在不断增加。7号公告中明确了最低档次信贷资产支持证券发行可免予信用评级，2015年3月18日，由国开行发起的“2015年第一期开元信贷资产支持证券”以数量簿记的方式公开发行了次级档证券，此后市场积极响应，公开发行逐渐成为次级档发行的主要方式之一。

专题七 标准债券远期的集中清算

2015年4月7日，人民币标准债券远期产品首日上线，同日上海清算所为市场成员提供标准债券远期集中清算服务。这是继利率互换、国债期货等之后，利率衍生品市场又一个重要的产品。11月30日，标准债券远期正式通过X-Swap平台系统进行交易，同日上海清算所与交易中心全量接口上线，当日纳入清算49笔交易，共涉及15家会员单位，金额16.2亿元（单边）。

一、产品基本情况

相比于国债期货，标准债券远期产品以交易更活跃、报价更市场化的票面利率为3%的国开债为标的，根据合约标的期限的不同（3年期、5年期、10年期），具体产品记为CDB3、CDB5、CDB10。合约月份为最近的4个季月，故任何交易日的可成交产品为滚动的12类合约。

（一）产品要素

1.关键时间节点：远期合约月份为最近的4个季月，合约到期日为合约月份的第三个星期三（D日），最后交易日为D－1日。

2.报价参数：以百元净价方式报价，单位报价（1手）量为1 000万元人民币，最小价格变动单位为0.001元。

3.可交割券：CDB3、CDB5、CDB10的可交割债券分别为合约交割日待偿期在2年（含）至4年（不含）、4年（含）至7年、7年（含）至15年（不含）的固息、不含权的国开债。

4.保证金：CDB3合约保证金率暂定为1.17%，CDB5合约保证金率为1.80%，CDB10合约保证金率为3.74%。

（二）交易、交割方式

11月30日，标准债券远期实现通过X-Swap系统交易后，采用“匿名撮合，点击成交”的类竞价形式交易，这种交易方式在保持了银行间市场衍生品原有优势的基础上，提高了交易的透明度和处理效率。标准债券远期以一篮子可交割债券形式进行交割，目前实行现金交割制度，待后期条件成熟后推出实物交割。

（三）价格制定

对于标准债券远期而言，其产品价格在上市、交割及盯市时，分别对应挂盘基准价、到期交割价以及每日结算价。其中，挂盘基准价由一篮子可交割券在合约到期日的理论价格通过转换因子、成交量加权得到。到期交割价以一篮子可交割券在最后交易日12点前的现货市场成交价计算得到，若市场交易笔数不符合最小要求，则由上海清算所组织报价团对合约标的债券进行报价。每日结算价按每日合约最后两小时内的合约成交价加权得到，若市场交易笔数不符合最小要求，则由外汇交易中心组织报价团对合约标的债券进行报价。

二、业务开展状况

从产品设计阶段到试运行阶段、以及正式通过X-Swap平台交易阶段以来，上海清算所开展了多方面工作保障标准债券远期清算业务的顺利、平稳、安全运行。

在会员制度建设方面，经过紧张的系统开发测试和各项准备工作，6月29日上海清算所正式推出标准债券远期代理业务，使广大银行间债券市场成员参与集中清算交易成为可能。截至2015年11月底，共有49家机构成为标准债券远期清算会员，其中综合清算会员3家，并已有19家机构进行交易。

在产品设计方面，到期交割价的形成机制是标准债券远期交易的核心关注点，上海清算所积极开展到期交割价报价团方案研讨和修订工作。9月初，上海清算所分别在上海和北京召开了2场到期交割价研讨会，邀请人民银行、外汇交易中心，以及来自48家市场机构的67名相关业务人员参加了讨论。并在10月21日正式发文，成立了由36家商业机构组成的报价团，对一篮子可交割券进行相关报价，维护了产品交易、交割的公允性。

在风险管理方面，上海清算所就标准债券远期的风险管理制度和风控参数设置进行多番讨论研究，最终针对保证金和清算基金、持仓限额设置以及违约处理方案制定精密、严谨的规则制度。并定期撰写清算业务风险情况专报，分析价格波动、持仓与盯市情况，为产品交易保驾护航。

在系统平台建设方面，上海清算所与外汇交易中心密切合作，推出标准债券远期通过X-Swap交易并集中清算的功能。双方为实现标准债券远期业务交易、清算前后台电子化直通式处理，沟通协商确定双方数据交互内容并适时开展市场联调测试，提高了市场机构参与交易和集中清算的可行性、安全性及效率。

三、运行概况

1.交易与持仓

截至2015年12月底，19家市场机构共计参与83笔标准债券远期中央对手清算业务，交易共涉及成交金额19.6亿元，成交均价为97.12元，其中浙商银行和兴业银行参与活跃度最高。

从产品合约月份来看，交易以近季月合约居多，其次为次季月合约、远季月合约。远季月合约成交均价为四者最低，近季月合约与次季月合约成交均价基本持平；但其他季月合约成交均价高于以上两个季月合约，这较不符合交易逻辑，可能是由于统计样本较少所致。

从产品标的来看，市场倾向于交易以长期限国开债为标的的标准远期产品，而标的期限越长产品成交均价越低。

截至2015年12月底，除CDB3-1603、CDB10-1603外，其他所有合约标的/月份标准债远期合约市场持仓均为0。在机构方面，除宁波银行、中信建投证券、中信银行外，其他所有清算所会员持仓均为0。

2.风险管理

以2016年3月合约为例，从整体趋势来看，本月三类合约的每日结算价①走势情况基本一致，均以一定增速震荡上行，参见图8-17。

以次季月合约（1603）为例分析，三

①每日结算价由交易中心商上海清算所公布，报价团组织及具体报价方法可见外汇交易中心规则。

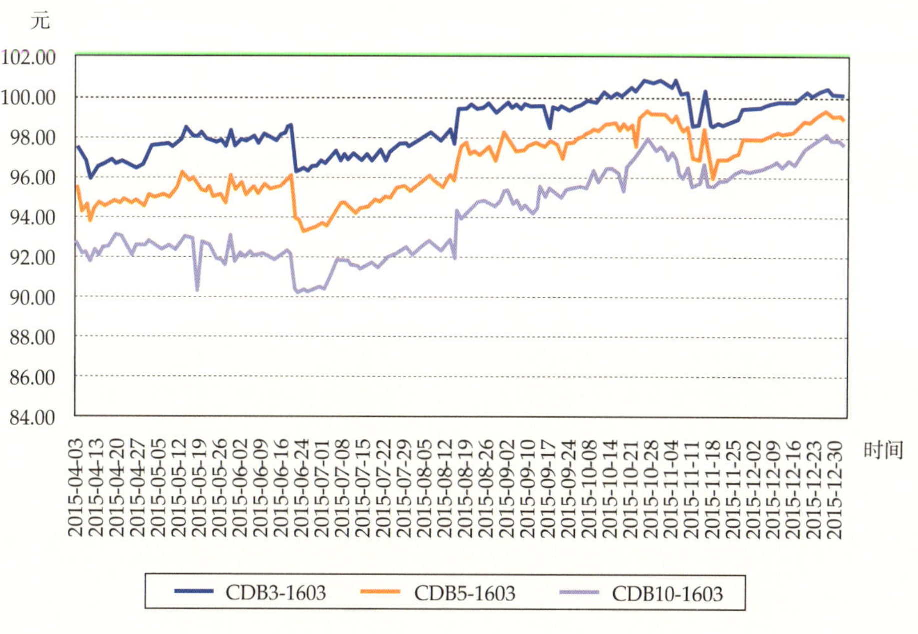

数据来源：中国外汇交易中心。

图8-17 标准债券远期次季月合约每日结算价走势

类产品的本月结算价单日波动和两日波动程度与前期水平相比，波动更显平稳，数据表现为合约标的期限越长波动越大。本月3年期、5年期、10年期品种合约的两日最大结算价波动率分别为0.52%、0.69%、0.54%，均远低于对应品种合约的保证金率。但值得注意的是，自业务开展以来CDB3-1603、CDB5-1603的最大单日波动率与两日波动率均已超过对应品种合约的保证金率。

四、市场意义

标准债券远期的推出，无论从产品体系来说还是从金融市场层面审视，都具有深远意义。

首先，在产品层面上，标准债券远期是继利率互换以来备受力推的潜力产品，其推出不仅丰富了银行间市场利率衍生品合约标的的多样化，提高市场机构交易的积极性，并拓宽参与者风险管理的范围和精准度；且作为上海清算所非强制代理清算制度建设试点产品而备受瞩目。标准债券远期品种具有其独特优势，与已有普通远期合约相比，标准债券远期在合约要素方面作出了明确规定，更类似于场内期货产品，具有较高的流动性和透明度。此外，清算机制消除了交易违约风险，每日盯市与保证金制度在某种意义上防范了产品交易的系统性风险。

其次，从市场运行体系来说，标准债券远期在银行间市场的推出，弥补了银行、保险业无法参与国债期货的空白，完善了银行间投资者的风险管理工具包。由于人民币标准债券远期本身具有期货的特性（标准化、未来或将实行公开竞价模式），故标准债券远期与国债期货在交易上具有较高替代性，标准债券远期弥补了银行、保险等机构参与利率期货市场的空白，为其提供对冲或做空的机制，丰富与激活了衍生品市场运行体系。

此外，从整体金融市场体系来说，标准债券远期的交割制度——一篮子可交割券实物交割，可有效帮助实现远期产品标的的期现联动，彼此提高成交活跃度，并促进更加灵敏化、市场化的价格形成机制。由于涉及最便宜的可交割券（CTD）和隐含收益率（IRR）等概念，机构通过标准债券远期与现券的期现套利交易逐渐收窄价差，直至在交割时实现远期合约价格向现券实际远期价格的无限收敛，形成更加合理、公正的市场价格。公正、灵敏的市场环境会提高衍生品功能发挥效用，促进期现交易，实现良性循环。

特别专题 人民币国际化的发展

近十年来，中国改革开放不断推进，中国经济日益融入到全球经济体系中，随着中国对外经济贸易规模不断扩大，特别是在2008年国际金融危机冲击下，主要国际货币波动明显加大，国际市场对人民币的需求日益上升，在市场需求的驱动下，中国推出了一系列改革开放措施，积极、稳妥地推动人民币国际化进程。人民币国际化开端于香港等地区离岸人民币市场的发展，2009年人民币跨境贸易结算试点政策推出，加快了国际化进程，离岸人民币市场加速发展，随着人民币国际合作不断深化和中国资本账户开放的稳步推进，人民币国际使用不断扩大，国际化程度逐步提高，据环球银行金融电信协会（SWIFT）统计，2015年，人民币是全球第二大贸易融资货币、基本保持第五大支付货币地位。人民币国际化的各项改革开放措施成效显著，获得国际社会的广泛认同，北京时间2015年12月1日，IMF宣布将于2016年10月1日正式把人民币纳入特别提款权(SDR)货币篮子，占SDR的份额为10.92%，成为首个入篮的发展中国家货币，人民币国际化取得阶段性成果，并向深度广度继续拓展。

一、离岸人民币市场取得长足发展，比2010年增长20余倍

为满足国际投资者对人民币资产日益扩大的需求，2007年6月，人民银行和发展改革委联合发布《境内金融机构赴香港特别行政区发行人民币债券管理暂行办法》，允许符合条件的境内金融机构赴香港发行人民币债券，当月国家开发银行在香港成功发行首只50亿元离岸人民币债券，拉开了离岸人民币债券市场发展的大幕。随后发债主体日趋多元化，中国财政部、金融机构、海外企业和金融机构、外国政府等各种类型的机构发行了离岸人民币债券。2010年7月，中国人民银行与中银香港修订《关于人民币业务的清算协议》后，香港离岸人民币市场的企业和机构可以自由开设人民币账户，并自由交易人民币，离岸人民币外汇市场快速发展，很快形成了包括外汇即期、外汇可交割远期（DF）、外汇掉期、不可交割远期（NDF）、期货和外汇期权等丰富的产品体系。随着人民币国际使用逐步扩大，越来越多国际金融市场大力推动离岸人民币市场的发展。

离岸人民币市场经过多年的发展，由最初香港单个离岸人民币业务中心起步，伦敦、新加坡、纽约等多个国际金融市场离岸人民币业务快速发展，已形成多个离岸人民币业务中心齐头并进的良好局面，离岸人民币业务已达相当规模。以渣打银行发布的人民币环球指数为例，该指数覆盖香港、伦敦、新加坡、台北、纽约、首尔和巴黎7个主要的人民币离岸市场，2015年12月，该指数为2 120点，离岸人民币业务比基期的2010年12月增长了20余倍。据不完全统计，截至2015年12月末，中国香港地区、中国台湾地区和韩国人民币存款余额合计为11 997.24亿元（不含存款证）。据国际清算银行（BIS）最新统计，截至2015年6月末，以人民币标价的国际债券余额为790亿美元。2015年香港、新加坡、伦敦等主要离岸市场人民币外汇交易量日均超过2 300亿美元。

二、人民币国际合作不断深化，人民币国际清算服务体系日趋完善

2008年以来，我国不断推动对外货币合作，通过与境外央行或货币当局的本币互换合作、建立人民币清算安排合作与设立人民币清算行等多种方式，中国和越来越多国家和地区建立合作关系，成效显著，提高了国际金融市场的人民币流动性，促进了人民币贸易投资使用的便利化。

本币互换合作范围不断扩大。2008年12月，中国人民银行与韩国央行签订了1 800亿元人民币/38万亿韩元的货币互换协议，此后人民银行与其他央行的货币合作不断扩大。2015年，人民银行与苏里南、亚美尼亚、南非、智利、塔吉克斯坦、马来西亚、白俄罗斯、阿联酋、土耳其、澳大利亚、乌克兰、英国12个国家的中央银行新签或续签了双边本币互换协议，总额为8 560亿元人民币。截至2015年年末，我国已与马来西亚、欧央行、瑞士、俄罗斯等33个国家和地区的中央银行或货币当局签署了双边本币互换协议，总金额超过3.3万亿元人民币。同时，双边本币互换协议的实质性动用明显增加，2015年年末，在人民银行与境外货币当局签署的双边本币互换协议下，境外货币当局动用人民币余额达499.44亿元，人民银行动用外币余额折合4.34亿美元，互换资金支持双边贸易融资、投资的功能逐步显现。

人民币清算安排合作不断深化，基本形成了覆盖全球的人民币清算体系。人民银行率先在港澳台地区建立了人民币清算安排并设立人民币清算行，2012年与新加坡签署了建立人民币清算安排的合作备忘录，2014年以来，人民银行先后与英国、德国、韩国、法国、卢森堡、卡塔尔、加拿大、澳大利亚、马来西亚、泰国、智利、匈牙利、南非、阿根廷、赞比亚、阿联酋16个国家的中央银行签署了关于在当地建立人民币清算安排的合作备忘录，约定双方将充分协商和相互合作，做好相关业务监督管理、信息交换、持续评估及政策完善工作。随后，人民银行在上述国家确定一家中资银行作为当地人民币清算行，境外人民币清算行可按规定为境外参加行提供货物贸易结算项下的人民币购售服务，在当地建立人民币现钞供应和回流渠道，办理当地人民币现钞配送业务。截至2015年年末，人民银行共在20个国家和地区建立了人民币清算安排，覆盖东南亚、欧洲、非洲、北美洲、南美洲和大洋洲等，初步建成24小时不间断服务的人民币清算的全球网络。此外，人民银行与越南、蒙古等周边五个国家签署了边境贸易本币结算协议，与白俄罗斯、俄罗斯、哈萨克斯坦和尼泊尔四个国家签署了一般贸易本币结算协议，进一步推进中国和这些国家之间开展人民币以及双边货币的贸易和投资便利化。

三、人民币跨境业务范围和规模快速拓展，人民币国际支付使用扩大

人民币跨境贸易结算试点顺利推进。2009年7月，人民银行等六部门发布《跨境贸易人民币结算试点管理办法》，上海市和广东省广州市、深圳市、珠海市、东莞市的365家企业开始跨境贸易人民币结算试点，2010年6月和2011年8月两次扩大范围，试点扩大至全国，境外结算地扩至所有国家和地区，业务范围涵盖货物贸易、服务贸易和其他经常项目。从2012年6月起，境内所有从事货物贸易、服务贸易及其他经常项目的企业均可选择以人民币进行计价结算。2013年7月，经常项目跨境人民币结算业务办理流程进一步简化，提高了相关业务办理效率。2013年12月，人民币购售业务由额度管理调整为宏观审慎管理。2014年3月，人民银行会同相关部委下放了出口货物贸易重点监管企业名单审核权限，简化了管理流程。2014年6月，在全国范围内开展个人货物贸易、服务贸易跨境人民币结算业务，支持银行业金融机构与支付机构合作开展跨境人民币结算业务。2014年11月，跨国企业集团开展经常项目跨境人民币集中收付业务。人民币在贸易结算中的使用快速增长，越来越多的国外企业愿意收付人民币。

跨境直接投资人民币结算有序推进。2010年人民银行首先以个案方式开展了人民币跨境投融资试点，2010年10月，新疆在全国率先开展跨境直接投资人民币结算试点。2011年1月和10月，中国人民银行先后公布《境外直接投资人民币结算试点管理办法》和《外商直接投资人民币结算业务管理办法》，规定获准的境内企业可以人民币进行境外直接投资，境外的企业和个人也可按规定使用人民币来华开展直接投资，跨境人民币业务从经常项目扩展至部分资本项目。2013年9月，境外投资者可以使用人民币在境内设立、并购和参股金融机构。2014年6月，直接投资跨境人民币结算业务办理流程进一步简化。2014年11月，符合一定条件的跨国企业集团可以开展跨境双向人民币资金池业务。

人民币跨境融资政策逐步放宽。2011年10月，境内银行可以开展境外项目人民币贷款业务。2013年7月，境内银行可以开展跨境人民币贸易融资资产跨境转让业务，境内非金融机构可以开展人民币境外放款业务和对外提供人民币担保，放宽境内代理行对境外参加行的人民币账户融资期限和限额。2014年9月，明确境外非金融企业在境内银行间债券市场发行人民币债务融资工具的跨境人民币结算政策。

2015 年，跨境人民币收付金额合计12.1万亿元，同比增长22%，其中，实收6.19万亿元，实付5.91 万亿元，净流入2 714.6亿元。经常项下跨境人民币收付金额合计7.23 万亿元，同比增长10%，比2010年增长13倍多。其中，货物贸易收付金额6.39万亿元，服务贸易及其他经常项下收付金额8 432.2 亿元。资本项下人民币收付金额合计4.87 万亿元，同比增长43%。人民币跨境业务的境外地域范围不断扩大，截至2014年年末，与中国发生跨境人民币收付的国家达189个。2015年10月8日，人民币跨境支付系统（CIPS）（一期）成功上线运行，为境内外金融机构人民币跨境和离岸业务提供资金清算和结算服务，标志着人民币国内支付和国际支付统筹兼顾的现代化支付体系建设取得重要进展。

四、中国金融市场改革开放稳步推进，人民币的国际资产配置功能逐步增强

中国各项市场化改革措施陆续推出，进一步夯实了人民币国际化的市场基础。存贷款利率管制不断放松，利率市场化改革持续推进。2006年8月，扩大商业性个人住房贷款利率浮动范围至基准利率的0.85倍，2012年6月，存款利率浮动区间上限调整为基准利率的1.1倍，2013年7月，贷款利率管制取消，率先实现市场化；2014年11月、2015年3月、5月与10月，逐步扩大并最终取消了人民币存款利率浮动上限，人民币存款利率市场化接近完成。人民币汇率形成机制改革稳步推进，市场化程度不断提高。2007年5月、2012年4月、2014年3月，人民币兑美元即期交易价浮动幅度逐步扩大至中间价上下2%；2015年8月11日，人民币汇率中间价形成机制改为做市商参考上日外汇市场收盘汇率，综合考虑外汇供求情况及国际主要货币汇率变化向中国外汇交易中心提供中间价报价，人民币汇率弹性不断增强，价格形成机制日趋市场化。

中国金融市场继续迈向对外开放，人民币可兑换程度稳步提高。2010年8月，境外中央银行或货币当局、境外人民币清算行和境外参加行等境外机构可以进入银行间债券市场投资。2011年12月，出台人民币合格境外机构投资者（RQFII）制度，符合一定条件的境内基金管理公司和证券公司的香港子公司可以运用其在香港募集的人民币资金在经批准的投资额度内开展境内证券投资业务。2013年3月，人民银行、证监会、外汇局修订RQFII试点办法，扩大试点机构范围，放宽投资比例限制。2014年11月，出台人民币合格境内机构投资者（RQDII）制度，合格的境内机构投资者可以运用来自境内的人民币资金投资境外金融市场的人民币计价产品；同月，沪港股票市场交易互联互通机制正式启动，两地投资者可以买卖在对方交易所上市的股票，允许每日跨境交易235亿元人民币。2015年5月，已获准进入银行间债券市场的境外人民币清算行和境外参加行可以开展债券回购交易。2015年7月中国银行间债券市场取消境外央行（货币当局）和其他官方储备管理机构、国际金融组织、主权财富基金等机构的投资额度限制，扩大交易品种。2015年9月，境外金融机构首次获准在银行间债券市场发行人民币债券。2015年11月，外国政府首次在银行间债券市场注册发行人民币债券。银行间外汇市场于9月向境外央行类机构开放，12月进一步向符合一定条件的人民币购售汇业务境外参加行开放。

各项改革开放措施效果逐步显现，中国金融市场的境外参与者数量不断增加，人民币的国际资产配置功能稳步提高，中国外汇市场交易活跃度上升。截至2015年年末，银行间债券市场境外投资者数量为306家，同比大增68.13%；上海黄金交易所国际会员为63家，比2014年年末大增57.5%。截至2015年年末，RQFII试点已经从最初的香港地区扩展到了全球16个国家和地区，总额度达1.21万亿元人民币，外汇管理局批准的RQFII机构额度累计为4 443.25亿元。非居民持有的人民币资产已达一定规模。据不完全统计，截至2015年4月末，境外中央银行或货币当局在境内外持有债券、股票和存款等人民币资产余额约6 667亿元；截至2015年9月末，非居民（境外机构和个人）在境内银行的人民币存款余额为24 687亿元，持有的债务证券余额为15 474亿元。人民币外汇交易规模继续增长。2015年，中国境内人民币外汇市场（含银行间市场和零售市场）日均交易量728亿美元，比2014年日均交易量增加32.36%。全年银行间市场人民币外汇即期交易成交折合4.86万亿美元，同比增长17.96%；人民币外汇掉期交易成交折合8.35万亿美元，同比大增85.97%；人民币外汇远期交易成交折合372亿美元，同比减少29.68%。

附录一　2015年中国金融市场发展大事记

1月5日，中国人民银行发布〔2015〕第1号公告、第2号公告，决定授权中国银行（马来西亚）有限公司和中国工商银行（泰国）有限公司分别担任吉隆坡人民币业务清算行和曼谷人民币业务清算行。

1月9日，中国证监会发布《股票期权交易试点管理办法》及《证券期货经营机构参与股票期权交易试点指引》，自发布之日起施行。同日批准上海证券交易所开展股票期权交易试点，试点产品为上证50ETF期权，正式上市交易日为2015年2月9日。

1月13日，中国人民银行印发了《关于推动移动金融技术创新健康发展的指导意见》。

1月16日，中国人民银行下发《关于完善信贷政策支持再贷款管理政策支持扩大"三农"、小微企业信贷投放的通知》。

1月16日，中国证监会发布《公司债券发行与交易管理办法》。

1月19日，中国银监会与国家发展改革委联合印发了《能效信贷指引》。

1月21日，中国人民银行与瑞士国家银行签署合作备忘录，就在瑞士建立人民币清算安排有关事宜达成一致，并同意将人民币合格境外机构投资者（RQFII）试点地区扩大到瑞士，投资额度为500亿元人民币。

1月22日，中国人民银行与中国保监会联合发布2015年第3号公告，允许保险公司在全国银行间债券市场发行资本补充债券。

2月4日，中国人民银行决定，自2015年2月5日起下调金融机构人民币存款准备金率0.5个百分点。同时，为进一步增强金融机构支持结构调整的能力，加大对小微企业、"三农"以及重大水利工程建设的支持力度，对小微企业贷款占比达到定向降准标准的城市商业银行、非县域农村商业银行额外降低人民币存款准备金率0.5个百分点，对中国农业发展银行额外降低人民币存款准备金率4个百分点。

2月11日，中国人民银行在前期10个省（直辖市）分支机构试行常备借贷便利操作形成可复制经验的基础上，决定在全国推广分支机构常备借贷便利。

2月12日，为进一步完善我国银行业杠杆率监管政策框架，中国银监会对《商业银行杠杆率管理办法》（中国银监会2011年第3号令）进行了修订，并予以正式发布。

2月28日，中国人民银行决定，自2015年3月1日起下调金融机构人民币贷款和存款基准利率。金融机构1年期贷款基准利率下调0.25个百分点至5.35%；1年期存款基准利率下调0.25个百分点至2.5%，同时结合推进利率市场化改革，将金融机构存款利率浮动区间的上限由存款基准利率的1.2倍调整为1.3倍;其他各档次存贷款基准利率及个人住房公积金存贷款利率相应调整。

3月6日，中国证监会批准中国金融期货交易所开展10年期国债期货交易，合约正式挂牌交易时间为2015年3月20日。

3月13日，中国证监会批准上海期货交易所开展镍、锡期货交易，合约将于2015年3月27日挂牌交易。

3月18日，经国务院批准，中国人民银行与苏里南中央银行签署了规模为10亿元人民币/5.2亿苏里南元的双边本币互换协议，旨在加强双边金融合作，便利双边贸易和投资，维护区域金融稳定。互换协议有效期3年，经双方同意可以展期。

3月20日，中国证监会批准中国金融期货交易所开展上证50、中证500股指期货交易，合约正式挂牌交易时间为2015年4月16日。

3月25日，经国务院批准，中国人民银行与亚美尼亚中央银行签署了规模为10亿元人民币/770亿亚美尼亚元的双边本币互换协议，旨在便利双边贸易和投资。互换协议有效期3年，经双方同意可以展期。

3月26日，中国人民银行发布2015年第7号公告，简化信贷资产支持证券发行管理流程，提高发行管理效率和透明度，促进受托机构与发起机构提高信息披露质量，切实保护投资人合法权益，推动信贷资产证券化业务健康发展。

3月27日，中国证监会发布《公开募集证券投资基金参与沪港通交易指引》，该指引自发布之日起施行。

3月30日，为进一步完善个人住房信贷政策，支持居民自住和改善性住房需求，促进房地产市场平稳健康发展，中国人民银行、住房和城乡建设部和中国银监会联合发布《关于个人住房贷款政策有关问题的通知》（银发〔2015〕98号）。

3月31日，《存款保险条例》公布，自2015年5月1日起施行。

4月10日，经国务院批准，中国人民银行与南非储备银行签署了规模为300亿元人民币/540亿南非兰特的双边本币互换协议，旨在便利双边贸易和投资，维护区域金融稳定。互换协议有效期3年，经双方同意可以展期。

4月14日，为进一步强化保险公司资金运用信息披露，防范投资风险，中国保监会发布《保险公司资金运用信息披露准则第2号：风险责任人》。

4月17日，中国证监会与波兰金融监督管理局签署《证券期货监管合作谅解备忘录》。

4月19日，中国人民银行决定，自2015年4月20日起下调各类存款类金融机构人民币存款准备金率1个百分点。在此基础上，为进一步增强金融机构支持结构调整的能力，加大对小微企业、“三农”以及重大水利工程建设等的支持力度，自4月20日起对农信社、村镇银行等农村金融机构额外降低人民币存款准备金率1个百分点，并统一下调农村合作银行存款准备金率至农信社水平；对中国农业发展银行额外降低人民币存款准备金率2个百分点；对符合审慎经营要求且“三农”或小微企业贷款达到一定比例的国有银行和股份制商业银行可执行较同类机构法定水平低0.5个百分点的存款准备金率。

4月29日，经国务院批准，人民币合格境外机构投资者（RQFII）试点地区扩大到卢森堡，初始投资额度为500亿元人民币。

5月9日，中国人民银行发布〔2015〕第9号公告，取消银行间债券市场交易流通审批，明确依法发行的各类债券发行完成后即可直接在银行间债券市场交易流通，并强化了信息披露、加强投资者保护等要求，进一步促进了债券市场规范发展。

5月10日，中国人民银行决定，自2015年5月11日起下调金融机构人民币贷款和存款基准利率。金融机构1年期贷款基准利率下调0.25个百分点至5.1%；1年期存款基准利率下调0.25个百分点至2.25%，同时结合推进利率市场化改革，将金融机构存款利率浮动区间的上限由存款基准利率的1.3倍调整为1.5倍;其他各档次贷款及存款基准利率、个人住房公积金存贷款利率相应调整。

5月11日，经国务院批准，中国人民银行与白俄罗斯共和国国家银行续签了规模为70亿元人民币/16万亿白俄罗斯卢布的双边本币互换协议。协议有效期3年，经双方同意可以展期。

5月13日，中国证监会与哈萨克斯坦国家银行签署了中哈《证券期货监管合作谅解备忘录》。

5月15日，中国证监会发布《关于加强非上市公众公司监管工作的指导意见》。

5月19日，中国证监会与阿塞拜疆证监会签署了中阿《证券期货监管合作谅解备忘录》。

5月22日，为深化内地与香港金融合作，促进内地与香港资本市场共同发展，中国证监会、香港证券及期货事务监察委员会决定开展内地与香港公开募集证券投资基金互认工作。

5月25日，经国务院批准，中国人民银行与智利中央银行签署了规模为220亿元人民币/22 000亿智利比索的双边本币互换协议。互换协议有效期3年，经双方同意可以展期。同日，双方签署了在智利建立人民币清算安排的合作备忘录，并同意将人民币合格境外机构投资者（RQFII）试点地区扩大到智利，投资额度为500亿元人民币。

5月25日，中国人民银行发布〔2015〕第10号公告，根据《中国人民银行与智利中央银行合作备忘录》相关内容，中国人民银行决定授权中国建设银行智利分行担任智利人民币业务清算行。

6月2日，中国人民银行发布《大额存单管理暂行办法》并正式实施。大额存单是由银行业存款类金融机构面向非金融机构投资人发行的记账式大额存款凭证。大额存单的推出有利于有序扩大负债产品市场化定价范围，健全市场化利率形成机制；也有利于进一步锻炼金融机构的自主定价能力，培育企业、个人等市场参与者的市场化定价理念，为继续推进存款利率市场化进行有益探索并积累宝贵经验。

6月25日，中国人民银行发布〔2015〕第14号公告，根据《中国人民银行与匈牙利中央银行合作备忘录》相关内容，中国人民银行决定授权中国银行匈牙利分行担任匈牙利人民币业务清算行。

6月26日，中国银监会与印度尼西亚、立陶宛监管当局分别签署合作备忘录。

6月26日，中国证监会正式发布了《境外交易者和境外经纪机构从事境内特定品种期货交易管理暂行办法》，自2015年8月1日起施行。同时，根据该暂行办法第二条第四款“本办法所称境内特定品种由中国证券监督管理委员会确定并公布”的规定，中国证监会确定原油期货为我国境内特定品种。

6月27日，中国人民银行与匈牙利中央银行签署了在匈牙利建立人民币清算安排的合作备忘录和《中国人民银行代理匈牙利央行投资中国银行间债券市场的代理投资协议》，并同意将人民币合格境外机构投资者（RQFII）试点地区扩大到匈牙利，投资额度为500亿元人民币。

6月27日，中国人民银行决定，自2015年6月28日起有针对性地对金融机构实施定向降准，以进一步支持实体经济发展，促进结构调整。对“三农”贷款占比达到定向降准标准的城市商业银行、非县域农村商业银行降低存款准备金率0.5个百分点，对“三农”或小微企业贷款达到定向降准标准的国有大型商业银行、股份制商业银行、外资银行降低存款准备金率0.5个百分点，降低财务公司存款准备金率3个百分点。同日，下调金融机构人民币贷款和存款基准利率，以进一步降低企业融资成本。其中，金融机构1年期贷款基准利率下调0.25个百分点至4.85%；1年期存款基准利率下调0.25个百分点至2%；其他各档次贷款及存款基准利率、个人住房公积金存贷款利率相应调整。

6月29日，为规范银行间债券市场跨托管机构债券借贷业务的办理流程，保护市场参与者的合法权益，中央国债登记结算有限责任公司、全国银行间同业拆借中心和银行间市场清算所股份有限公司联合制定了《全国银行间债券市场跨托管机构债券借贷（人工处理）业务规则》。

7月1日，中国人民银行发布〔2015〕第16号公告，根据《中国人民银行与南非储备银行合作备忘录》相关内容，中国人民银行决定授权中国银行约翰内斯堡分行担任南非人民币业务清算行。

7月1日，中国证监会研究修改了《证券公司融资融券业务管理办法》。

7月7日，中国人民银行与南非储备银行签署了在南非建立人民币清算安排的合作备忘录。之后，中国人民银行将确定南非人民币业务清算行。

7月14日，中国人民银行印发《关于境外央行、国际金融组织、主权财富基金运用人民币投资银行间市场有关事宜的通知》（银发〔2015〕220号），对境外央行类机构简化了入市流程，取消了额度限制，允许其自主选择中国人民银行或银行间市场结算代理人为其代理交易结算，并拓宽其可投资品种。

7月15日、7月20日，国家外汇储备分别向国家开发银行、进出口银行注资480亿美元、450亿美元，顺利完成了改革方案要求的资本金补充工作。

7月18日，中国人民银行、工业和信息化部、公安部、财政部、国家工商总局、国务院法制办、中国银监会、中国证监会、中国保监会、国家互联网信息办公室日前联合印发了《关于促进互联网金融健康发展的指导意见》（银发〔2015〕221号）。

7月20日，中国人民银行发布关于境内原油期货交易跨境结算管理工作有关事宜的〔2015〕第19号公告。

7月22日，中国人民银行、发展改革委、中国银监会、中国证监会、中国保监会、四川省人民政府会同中央农办、财政部、国土资源部、住建部、农业部结合当地实际，制定并印发《成都市农村金融服务综合改革试点方案》。

8月11日，为增强人民币兑美元汇率中

间价的市场化程度和基准性，中国人民银行决定完善人民币兑美元汇率中间价报价。

8月25日，中国人民银行决定，自2015年8月26日起，下调金融机构人民币贷款和存款基准利率，以进一步降低企业融资成本。

8月31日，中国证监会、财政部、国资委、中国银监会联合发布《关于鼓励上市公司兼并重组、现金分红及回购股份的通知》。同日，中国人民银行发布《关于加强远期售汇宏观审慎管理的通知》（银发〔2015〕273号），将远期售汇纳入宏观审慎管理框架，对开展代客远期售汇业务的金融机构收取外汇风险准备金。

9月6日，中国人民银行下调金融机构人民币存款准备金率0.5个百分点。同时，有针对性地实施定向降准，额外降低县域农村商业银行、农村合作银行、农村信用社和村镇银行等农村金融机构存款准备金率0.5个百分点，额外下调金融租赁公司和汽车金融公司存款准备金率3个百分点。

9月7日，中国人民银行印发《关于进一步便利跨国企业集团开展跨境双向人民币资金池业务的通知》（银发〔2015〕279号）。

9月11日，为进一步完善存款准备金制度，优化货币政策传导机制，增强金融机构流动性管理的灵活性，中国人民银行决定，自2015年9月15日起改革存款准备金考核制度，由现行的时点法改为平均法考核。

9月11日，中国保监会印发了《资产支持计划业务管理暂行办法》、《关于设立保险私募基金有关事项的通知》。

9月17日，中国人民银行发布〔2015〕第27号公告，根据《中国人民银行与阿根廷中央银行合作备忘录》相关内容，中国人民银行决定授权中国工商银行（阿根廷）股份有限公司担任阿根廷人民币业务清算行。

9月17日，中国人民银行发布〔2015〕第29号公告，根据《中国人民银行与赞比亚中央银行合作备忘录》相关内容，中国人民银行决定授权中国银行赞比亚分行担任赞比亚人民币业务清算行。

9月22日，中国人民银行批复同意香港上海汇丰银行有限公司（以下简称汇丰香港）和中国银行（香港）有限公司（以下简称中银香港）在我国银行间债券市场分别发行10亿元和100亿元人民币金融债券，这是国际性商业银行首次获准在银行间债券市场发行人民币债券。

9月23日，中国保监会发布《中国保监会关于深化保险中介市场改革的意见》。

9月25日，中央国债登记结算有限责任公司、全国银行间同业拆借中心和银行间市场清算所股份有限公司联合制定了《相关境外机构投资者进入银行间市场联网和开户业务指引》。同日，中国人民银行印发《关于推广信贷资产质押再贷款试点的通知》（银发〔2015〕299号），决定在上海、天津、辽宁、江苏、湖北、四川、陕西、北京、重庆9个省（直辖市）推广信贷资产质押再贷款试点。

9月30日，中国人民银行发布〔2015〕第31号公告，开放境外央行（货币当局）和其他官方储备管理机构、国际金融组织、主权财富基金依法合规参与中国银行间外汇市场。同日，为进一步改善住房金融服务，支持合理住房消费，中国人民银行和中国银监会联合发布《关于进一步完善差别化住房信贷政策有关问题的通知》（银发〔2015〕305号）。

10月10日，为贯彻落实国务院关于加大改革创新和支持实体经济力度的精神，按照2015年中国人民银行工作会议要求，中国人民银行在前期山东、广东开展信贷资产质押再贷款试点形成可复制经验的基础上，决定在上海、天津、辽宁、江苏、湖北、四川、陕西、北京、重庆9个省（直辖市）推广试点。

10月20日，中国人民银行在伦敦采用簿记建档方式，成功发行了50亿元人民币央行票据，期限1年，票面利率3.1%。

10月20日，中国人民银行与英格兰银行续签了双边本币互换协议。互换规模由原来的2 000亿元人民币/200亿英镑扩大至3 500亿元人民币/350亿英镑，有效期3年，经双方同意可以展期。

10月23日，中国人民银行决定，自2015年10月24日起，下调金融机构人民币贷款和存款基准利率，以进一步降低社会融资成本。

10月29日，中国人民银行、商务部、中国银监会、中国证监会、中国保监会、外汇局、上海市人民政府发布关于印发《进一步推进中国（上海）自由贸易试验区金融开放创新试点 加快上海国际金融中心建设方案》的通知。

10月30日，中国证监会正式发布了《中国证监会派出机构监管职责规定》，自2015年12月1日起施行。

11月6日，为规范内地与香港两地基金互认，根据《中华人民共和国中国人民银行法》、《中华人民共和国外汇管理条例》及相关规定，中国人民银行、国家外汇管理局制定了《内地与香港证券投资基金跨境发行销售资金管理操作指引》。

11月9日，经中国人民银行授权，中国外汇交易中心宣布在银行间外汇市场开展人民币对瑞士法郎直接交易。

11月13日，国务院办公厅印发《关于加强金融消费者权益保护工作的指导意见》。

11月16日，经国务院批准，中国人民银行与土耳其中央银行续签了双边本币互换协议，互换规模由原来的100亿元人民币/30亿土耳其里拉扩大至120亿元人民币/50亿土耳其里拉，有效期3年，经双方同意可以展期。互换协议的续签有利于便利双边贸易和投资，加强两国央行的金融合作。

11月17日，经国务院批准，新加坡人民币合格境外机构投资者（RQFII）额度扩大至1 000亿元人民币。

11月20日，中国银行间市场交易商协会资产证券化暨结构化融资专业委员会成立会议在北京召开。同日，中国证监会制定并发布《关于进一步推进全国中小企业股份转让系统发展的若干意见》，加快推进全国股转系统发展。

11月23日，经国务院批准，人民币合格境外机构投资者（RQFII）试点地区扩大到马来西亚，投资额度为500亿元人民币。

11月25日，首批境外央行类机构在中国外汇交易中心完成备案，正式进入中国银行间外汇市场。

11月27日，中国银行间市场交易商协会接受加拿大不列颠哥伦比亚省在我国银行间债券市场发行60亿元人民币债券的注册。

11月30日，国际货币基金组织执董会决定将人民币纳入特别提款权（SDR）货币篮子，SDR货币篮子相应扩大至美元、欧元、人民币、日元、英镑5种货币，人民币在SDR货币篮子中的权重为10.92%，美元、欧元、日元和英镑的权重分别为41.73%、30.93%、8.33%和8.09%，新的SDR篮子将于2016年10月1日生效。

12月8日，中国银行间市场交易商协会接受韩国政府在我国银行间债券市场发行30亿元人民币主权债券的注册。此次韩国人民币主权债券的注册发行，将进一步丰富银行间债券市场品种，促进债券市场对外开放，也有利于加强中韩金融合作、深化中韩经贸关系。

12月11日，为防范新形势下保险公司资产负债错配风险和流动性风险，加强保险公司资产配置行为的监管，中国保监会印发《关于加强保险公司资产配置审慎性监管有关事项的通知》。

12月14日，中国人民银行与阿联酋中央银行续签了双边本币互换协议，互换规模维持350亿元人民币/200亿阿联酋迪拉姆不变，有效期3年，经双方同意可以展期。同日，双方签署了在阿联酋建立人民币清算安排的合作备忘录，并同意将人民币合格境外机构投资者（RQFII）试点地区扩大到阿联酋，投资额度为500亿元人民币。

12月14日，欧洲复兴开发银行理事会通过接受中国加入该行的决议。在履行国内相关法律程序后，我国将正式成为该行成员。

12月15日，中国人民银行就在银行间债券市场发行绿色金融债券有关事宜发布第39号公告。银行间债券市场正式推出绿色金融债券。

12月17日，经国务院批准，人民币合格境外机构投资者（RQFII）试点地区扩大到泰国，投资额度为500亿元人民币。RQFII试点地区扩大到泰国，是两国在金融领域深化合作的重要体现，有利于拓宽境外投资者人民币资产配置渠道，扩大境内资本市场对外开放，也有利于促进双边贸易和投资便利化。

12月18日，中国证监会与中国人民银行联合发布《货币市场基金监督管理办法》，自2016年2月1日起施行。

12月21日，中国人民银行、国家外汇管理局发布〔2015〕第40号公告，延长银行间外汇市场交易系统每日运行时间延长至北京时间23:30，同时进一步引入合格境外主体，符合一定条件的人民币购售业务境外参加行经向中国外汇交易中心申请成为银行间外汇市场会员后，可以进入银行间外汇市场，通过中国外汇交易中心交易系统参与全部挂牌的交易品种。

12月23日，为规范保险资金举牌上市公司股票的信息披露行为，增加市场信息透明度，推动保险公司加强资产负债管理，防范投资运作风险，中国保监会发布《保险公司资金运用信息披露准则第3号：举牌上市公司股票》。

12月27日，第十二届全国人民代表大会常务委员会第十八次会议审议通过《关于授权国务院在实施股票发行注册制改革中调整适用〈中华人民共和国证券法〉有关规定的决定（草案）》的议案，明确授权国务院

可以根据股票发行注册制改革的要求，调整适用现行《证券法》关于股票核准制的规定，对注册制改革的具体制度作出专门安排。这一决定的正式通过，标志着推进股票发行注册制改革具有了明确的法律依据。

12月28日，中国人民银行制定了《非银行支付机构网络支付业务管理办法》，并发布实施。

附录二　中国金融市场统计

表1　1998～2015年主要宏观经济金融指标(年末余额)

单位：亿元，%

项目＼年份	1998	1999	2000	2001	2002	2003	2004	2005	2006	2007	2008	2009	2010	2011	2012	2013	2014	2015
国内生产总值(GDP)	84 402	89 677	99 215	109 655	120 333	135 823	159 878	184 937	216 314	265 810	314 045	340 903	408 903	484 124	534 123	588 019	635 910	676 708
增长率	7.8	7.6	8.4	8.3	9.1	10	10.1	10.4	12.7	14.2	9.6	9.2	10.6	9.5	7.7	7.7	7.3	6.9
进出口总额(亿美元、亿元)	3 239.3	3 607	4 743	5 097.7	6 208	8 512	11 547	14 221	17 607	21 738	25 616	22 073	201 723	236 402	244 160	258 168	264 335	245 741
增长率	−0.4	11.3	31.5	7.5	21.8	37.1	35.7	23.2	23.8	23.5	17.8	−13.9	34.7	17.2	3.2	5.7	2.39	−7
出口(亿美元、亿元)	1 837.6	1 949	2 492	2 661	3 256	4 384	5 934	7 620	9 690	12 205	14 307	12 016	107 023	123 241	129 359	137 131	143 912	141 255
进口(亿美元、亿元)	1 401.7	1 658	2 251	2 436.1	2 952	4 128	5 614	6 601	7 915	9 561	11 326	10 059	94 700	113 161	114 801	121 037	120 423	104 485
外汇储备(亿美元)	1 450	1 546.8	1 655.7	2 121.7	2 864	4 033	6 099	8 189	10 663	15 282	19 460	23 992	28 473	31 811	33 116	38 213	38 430	33 304
外商直接投资(亿美元)	454.6	404	408	468.5	527	535	606	603	694.7	747.7	924	900	1 057	1 160	1 117	1 176	1 196	1 263
财政收入	9 876	11 444.1	13 380.1	16 371	18 914	21 691	26 355.9	31 628	38 760.2	51 304	61 330	68 518	83 102	103 874	117 254	129 210	140 350	152 217
财政支出	10 798.2	13 187.7	15 879.4	18 844	22 012	24 607	28 360.8	33 708.1	40 222.7	49 565.4	62 593	76 300	89 874	109 248	125 953	140 213	151 662	175 768
赤字或盈余	−922.2	−1 743.6	−2 499.3	−2 473	−3 098	−2 916	−2 004.9	−2 080.1	−1 462.5	1 738.6	−1 263	−7 782	−6 772	−5 374	−8 699	−11 003	−11 312	−23 551
货币供应量(M_2)	104 499	119 898	134 610.3	158 301.9	185 007	221 222.8	25 4107	296 040.1	345 577.9	403 401.3	475 166.6	606 223.6	725 851.79	851 590.9	974 148.8	1 106 524.98	1 228 374.81	1 392 278.11
增长率	15.3	14.7	12.3	17.6	16.9	19.6	14.9	16.5	16.7	16.7	17.8	27.6	19.7	13.5	14.4	13.6	11	13.3
货币供应量(M_1)	38 953.7	45 837.2	53 147.2	59 871.6	70 822	84 118.6	95 969.7	107 279.9	126 028.1	152 519.2	166 217.1	220 004.5	266 621.54	289 847.7	308 664.2	337 291.05	348 056.41	400 953.44
增长率	11.9	17.7	15.9	12.7	18.3	18.8	14.1	11.8	17.5	21.0	9.0	32.4	21.2	7.9	6.5	9.3	3.2	15.2
货币供应量(M_0)	11 204.2	13 455.5	14 652.7	15 688.8	17 278	19 746	21 468.3	24 032.8	27 072.6	30 334.3	34 218.96	38 245.97	44 628.17	50 748.46	54 659.77	58 574.44	60 259.53	63 216.58

续表

项目 \ 年份	1998	1999	2000	2001	2002	2003	2004	2005	2006	2007	2008	2009	2010	2011	2012	2013	2014	2015
增长率	10.1	20.1	8.9	7.1	10.1	14.3	8.7	11.9	12.6	12	12.8	11.8	16.7	13.8	7.7	7.1	2.9	4.9
城镇居民人均可支配收入(元)	5 245	5 854	6 280	6 859.6	7 703	8 500	9 422	10 493	11 759	13 786	15 781	17 175	19 109	21 810	24 565	26 955	28 844	31 195
实际增长率	5.8	9.3	6.4	8.5	13.4	9	7.7	9.6	10.4	12.2	8.4	9.8	7.8	8.4	12.6	9.7	6.8	6.6
农村居民人均纯收入(元)	2 163.6	2 210	2 253	2 366	2 475.6	2 622	2 936	3 255	3 587	4 140	4 761	5 153	5 919	6 977	7 917	8 896	9 892	11 422
实际增长率	4.3	3.8	2.1	4.2	4.8	4.3	6.8	6.2	7.4	9.5	8	8.5	10.9	11.4	13.5	9.3	11.2	7.5
金融机构各项存款	95 697.9	108 779	123 804.4	143 617.2	170 917.4	208 055.6	241 424.3	300 208.6	348 015.6	401 051.4	478 444.2	612 005.1	733 382.03	826 701.35	943 102.27	1 070 587.72	1 173 734.59	1 397 752.11
增长率	16.1	13.7	13.8	16.0	19.0	21.7	16.0	24.3	15.9	15.2	19.3	27.9	19.8	12.7	14.1	13.5	9.6	19.1
金融机构各项贷款	86 524.1	93 734.3	99 371.1	112 314.7	131 293.9	158 996.2	178 197.8	206 838.5	238 279.8	277 746.5	320 048.7	425 622.6	509 225.95	581 892.5	672 874.61	766 326.64	867 867.89	993 459.69
增长率	15.5	8.3	6.0	13.0	16.9	21.1	12.1	16.1	15.2	16.6	15.2	33.0	19.6	14.3	15.6	13.9	13.3	14.5
居民消费价格指数(CPI)	−0.8	−1.4	0.4	0.7	−0.8	1.2	3.9	1.8	1.5	4.8	5.9	−0.7	3.3	5.4	2.6	2.6	2	1.4

注：1．根据最新公布数据有所调整往年数据。

2．2009年以后的进出口总额、进口、出口数据以人民币计。

数据来源:国家统计局、中国人民银行、中国财政部。

表2 1998～2015年新增本外币存贷款构成及增长率(年末余额)

单位：亿元，%

项目＼年份	1998	1999	2000	2001	2002	2003	2004	2005	2006	2007	2008	2009	2010	2011	2012	2013	2014	2015
金融机构各项存款	95 697.9	108 778.9	123 804	143 617.2	170 917.4	208 055.6	241 424.3	300 208.6	348 015.6	401 051.4	478 444.21	612 005.1	733 382.03	826 701.35	943 102.27	1 070 587.72	1 173 734.59	1 397 752.11
比上年末增长	16.1	13.7	13.8	16.0	19.0	21.7	16.0	24.3	15.9	15.2	19.3	27.9	19.8	12.7	14.1	13.5	9.6	19.1
其中：城乡居民储蓄	53 407.5	59 621.8	64 332.4	73 762.4	86 910.7	103 617.7	119 555.4	147 053.7	166 616.2	176 213.3	221 503.47	264 756.9	307 166.39	357 901.58	415 549.87	471 090.18	512 790.14	551 928.92
比上年末增长	17.1	11.6	7.9	14.7	17.8	19.2	15.4	23.0	13.3	5.8	25.7	19.5	16.0	16.5	16.1	13.4	8.9	7.6
企业存款	32 486.6	37 182.4	44 093.7	51 546.6	60 028.6	72 487.1	84 669.5	101 750.6	118 851.7	144 814.1	164 385.79	224 360	252 960.27	423 086.61	478 730.2	541 793.87	591 069.28	455 208.83
比上年末增长	13.4	14.5	18.6	16.9	16.5	20.8	16.8	20.2	16.8	21.8	13.5	36.5	12.7	67.3	13.2	13.2	9.1	-22.9
金融机构各项贷款	86 524.1	93 734.3	99 371.1	112 314.7	131 293.9	158 996.2	178 197.8	206 838.5	238 279.8	277 746.5	320 048.68	425 622.6	509 225.95	581 892.5	672 874.61	766 326.64	867 867.89	993 459.69
比上年末增长	15.5	8.3	6.0	13.0	16.9	21.1	12.1	16.1	15.2	16.6	15.2	33.0	19.6	14.3	15.6	13.9	13.3	14.5
其中：短期贷款	60 613.2	63 887.6	65 748.1	67 327.2	76 822.4	87 397.9	90 808.3	91 157.5	101 698.2	118 898	128 571.47	151 390.7	171 236.64	217 480.1	268 152.19	311 771.97	336 371.27	359 190.66
比上年末增长	9.4	5.4	2.9	2.4	14.1	13.8	3.9	0.4	11.6	16.9	8.1	17.7	13.11	27	23.3	16.3	7.9	6.8
中长期贷款	20 717.8	23 968.3	27 931.2	39 238.1	51 731.6	67 251.7	81 010.1	92 940.5	113 009.8	138 581	164 160.42	235 591.3	305 127.55	333 746.51	363 894.22	410 345.5	471 818.36	537 832.55
比上年末增长	33.9	15.7	16.5	40.5	31.8	30.0	20.5	14.7	21.6	22.6	18.5	43.5	29.5	9.4	9	12.8	15	14

注：从2011年起，货币供应量数据含住房公积金中心存款和非存款类金融机构在存款类金融机构的存款。

数据来源：中国人民银行。

表3 2006～2015年贷款余额、债券存量、股票市值与GDP的比例

单位：亿元，%

年份	GDP	贷款余额	贷款余额/GDP	债券存量	债券存量/GDP	股票总市值	股票总市值/GDP
2006	216 314	238 280	110.2	92 740	42.9	89 404	41.3
2007	265 810	277 747	104.5	124 470	46.8	327 140.9	123.1
2008	314 045	320 049	101.9	151 648	48.3	121 366.4	38.6
2009	340 903	425 623	124.9	176 430	51.8	243 939.12	71.6
2010	397 983	509 226	128	205 481	51.6	265 422.59	66.7
2011	471 564	581 893	123	223 786	47.5	214 758.1	45.5
2012	519 470	672 875	130	262 058	50.4	230 357.6	44..3
2013	568 845	766 327	135	296 165	52.1	239 077.2	42
2014	636 463	867 868	136	355 778	55.9	372 546.92	59
2015	676 708	993 460	147	478 990	70.8	531 304.2	78.5

注：1. 贷款余额指金融机构本外币各类贷款。

2. 债券存量包括银行间债券托管数和交易所债券托管数在内的总托管量。

数据来源：中国人民银行、中央国债登记结算有限责任公司、中国证券登记结算有限公司、中国证监会。

表4 2010～2015年社会融资结构情况

单位：万亿元

年份	融资总额	人民币贷款	外币贷款	委托贷款	信托贷款	未贴现银行承兑汇票	企业债券净融资	非金融企业境内股票融资	其他
2010	13.94	7.86	0.49	0.88	0.39	2.34	1.11	0.58	0.29
2011	12.83	7.47	0.57	1.3	0.2	1.03	1.37	0.44	0.45
2012	15.76	8.20	0.92	1.28	1.28	1.05	2.26	0.25	0
2013	17.29	8.89	0.58	2.54	1.84	0.78	1.8	0.22	0
2014	16.41	9.78	0.36	2.51	0.52	-0.13	2.43	0.44	0
2015	15.29	11.27	-0.64	1.59	0.04	-1.06	2.82	0.76	0

注：1. 企业债券净融资不包含金融企业债。

2. 其他包含保险公司赔偿、保险公司投资性房地产等其他项。

数据来源：中国人民银行。

表5 1997～2015年银行间同业拆借与债券回购成交情况

单位：亿元

年份	同业拆借	质押式回购交易额	买断式回购交易额
1997	8 298	310	—
1998	1 978	1 021	—
1999	3 291	3 957	—
2000	6 728	15 785	—
2001	8 082	40 133	—
2002	12 107	101 885	—
2003	24 113	117 203	—
2004	14 556	93 105	1 263
2005	12 783	156 784	2 223
2006	21 503	263 021	2 892
2007	106 466	440 672	7 253
2008	150 492	563 830	17 376
2009	193 505	677 007	25 891
2010	278 684	846 533	29 402
2011	334 412	966 650	27 885
2012	467 044	1 366 174	50 966
2013	355 190	1 519 757	61 882
2014	376 626	2 124 191	120 035
2015	642 135	4 324 109	253 528

数据来源：中国外汇交易中心。

表6 1997～2015年银行间同业拆借成员变化情况

单位：家

年份	银行	证券公司	保险公司	信托公司	财务公司	租赁公司	农村信用联社	城市信用合作社	资产管理公司	汽车金融公司	其他	总计
1997	59	—	—	—	—	—	—	—	—	—	37	96
1998	165	—	—	—	—	—	—	—	—	—	2	167
1999	187	7	—	—	—	—	99	—	—	—	3	296
2000	232	14	—	—	20	—	148	—	—	—	3	417
2001	246	18	—	—	25	—	198	—	—	—	3	490
2002	261	41	—	—	25	—	202	4	—	—	3	536
2003	289	56	—	—	32	—	229	10	—	—	1	617
2004	309	64	—	—	35	—	236	11	—	—	1	656
2005	323	66	—	—	38	—	239	12	—	—	1	679
2006	339	53	—	—	46	—	250	15	—	—	0	703
2007	326	56	—	3	49	—	267	16	—	—	0	717
2008	340	58	—	16	55	4	298	13	2	2	0	788
2009	348	65	6	26	68	6	320	9	3	3	0	854
2010	347	68	6	30	72	11	338	8	3	5	0	888
2011	347	70	7	38	77	11	369	7	4	6	1	937
2012	359	77	7	39	81	16	422	7	5	8	1	1 022
2013	368	82	9	45	98	16	482	7	5	9	1	1 122
2014	349	87	10	54	129	17	547	7	5	13	1	1 219
2015	355	90	15	57	154	20	661	7	5	16	2	1 382

注：其他类中包括民营银行。

数据来源:全国银行间同业拆借中心。

表7 1998～2015年票据市场情况

单位：万亿元

年份	累计签发商业票据发生额	累计贴现发生额
1998	0.38	0.27
1999	0.51	0.25
2000	0.74	0.64
2001	1.28	1.55
2002	1.61	2.31
2003	2.77	4.44
2004	3.42	4.71
2005	4.45	6.75
2006	5.43	8.49
2007	5.87	10.11
2008	7.09	13.51
2009	10.27	23.16
2010	12.2	48.6
2011	15.1	25.0
2012	17.9	31.6
2013	20.3	45.7
2014	22.1	60.7
2015	22.4	102.1

数据来源：中国人民银行。

表8　2006～2015年债券市场成交情况

单位：亿元、%

年分	银行间市场				交易所市场				柜台市场	
	现券成交量	同比增长	回购交易额	同比增长	现券成交量	同比增长	回购交易额	同比增长	成交金额	同比增长
2006	102 558.6	70.55	265 912.71	67.23	1 977.83	—	16 299.25	—	42.8	-34.86
2007	156 038.21	52.15	447 924.95	68.45	2 051.75	3.74	18 615.47	14.21	35.7	-16.59
2008	371 082.7	137.82	581 205.24	29.76	4 294.73	109.32	24 306.77	30.57	30.4	-14.85
2009	472 646.43	27.37	702 898.6	20.94	4 659.86	8.50	35 975.19	48.00	62.8	106.58
2010	640 418.98	35.50	875 935.55	24.62	5 832.26	25.16	70 053.21	94.73	41.7	-33.60
2011	636 422.9	-0.62	994 534.79	13.54	6 839.9	17.28	209 509.63	199.07	27.89	-33.12
2012	751 952.83	18.15	1 417 140.3	42.49	9 852.7	44.05	393 550.94	87.84	14.99	-46.25
2013	416 106.44	-44.66	1 581 639.6	11.61	17 387.6	76.48	661 023	67.96	18.72	24.88
2014	403 565.2	-3	2 244 225.5	41.89	27 874.4	60.31	907 166.25	37.24	71.7	283.01
2015	867 370.1	114.9	4 577 637.5	104	33 994.6	22	1 282 107.5	41.3	109.3	52.4

注：回购交易额包括质押式回购交易额和买断式回购交易额。

数据来源：中国人民银行、上海证券交易所、深圳证券交易所。

表9　2015年债券市场情况

单位：亿元，%

时间	银行间债券市场			交易所债券市场			柜台市场	
	现券交易额	同比增长	银行间债券总指数	现券交易额	同比增长	交易所国债指数	成交金额	同比增长
2015年1月	43 021.8	124.72	115.98	3 479.6	108.21	146.67	55.4	3 720.69
2015年2月	30 284.9	44.09	116.75	1 827.1	20.98	147.6	19.3	1 687.04
2015年3月	52 824.6	71.91	114.34	2 411.2	20.14	147.97	2.0	25.00
2015年4月	61 775.5	79.39	115.88	2 531.4	36.75	148.52	5.7	621.52
2015年5月	71 301.5	95.69	115.9	2 600.0	63.14	148.91	3.0	31.58
2015年6月	70 346.8	109.61	115.82	2 535.8	23.80	149.64	1.9	-26.07
2015年7月	90 183.9	146.52	116.5	3 837.4	54.38	150.3	1.9	-93.16
2015年8月	81 629.6	138.88	117.04	3 295.8	57.30	150.91	1.4	-62.26
2015年9月	76 583.0	91.97	117.16	3 011.7	33.33	151.62	3.3	-19.12
2015年10月	77 123.4	110.97	118.18	1 978.5	-11.34	152.79	1.0	-65.52
2015年11月	102 660.7	166.75	117.93	2 933.1	-4.21	153.09	12.1	-11.03
2015年12月	109 634.6	157.66	119.68	3 553.2	-29.77	154.54	2.2	-77.78
合计	867 370.1	114.9	—	33 994.6	22	—	109.3	52.4

注：现券成交金额指全价金额，银行间债券总指数指净价指数。

数据来源：中国人民银行、中央国债登记结算有限责任公司、上海证券交易所、中国外汇交易中心。

表10 2004～2015年债券市场发行基本情况

单位：亿元

年份	政府信用债			金融债券				公司信用类债券				信贷资产支持证券	同业存单	政府支持机构债	中央银行票据	总计
	国债	地方政府债	合计	国开行及政策性银行债	券商短融	其他金融债	合计	非金融企业债券融资工具	企业债券	公司债券	合计					
2004	7 318.8	0	7 318.8	4 348.0	0	748.8	5 096.8	0	326.0	209.0	535.0	0	0	0	17 037.3	29 988
2005	7 042.0	0	7 042.0	6 051.7	29.0	1 036.3	7 117.0	1 424.0	654.0	0	2 078.0	41.8	0	0	27 882.0	44 160.8
2006	8 883.3	0	8 883.3	8 980.0	0	525.0	9 505.0	2 919.5	995.0	142.9	4 057.4	115.8	0	0	36 573.8	59 135.3
2007	23 483.4	0	23 483.4	10 931.9	0	972.7	11 904.6	3 349.1	1 720.0	407.3	5 476.4	178.1	0	0	40 721.3	81 763.8
2008	8 546.3	0	8 546.3	10 809.3	0	974.0	11 783.3	6 075.5	2 367.0	976.5	9 419.0	302.1	0	0	42 960.0	73 010.6
2009	16 213.6	2 000.0	18 213.6	11 678.1	0	3 071.0	14 749.1	11 509.7	4 252.0	715.0	16 476.7	0	0	0	39 740.0	89 179.4
2010	17 778.2	2 000.0	19 778.2	13 192.7	0	979.5	14 172.2	11 863.0	3 627.0	1 320.3	16 810.3	0	0	1 090.0	46 608.0	98 458.6
2011	15 397.9	2 000.0	17 397.9	19 972.7	0	3 528.5	23 501.2	18 503.2	2 473.5	1 707.4	22 684.1	0	0	1 000.0	14 140.0	78 723.2
2012	14 360.4	2 500.0	16 860.4	21 399.0	561.0	4 233.7	26 193.7	26 547.2	6 499.3	2 722.8	35 769.3	192.6	0	1 500.0	0	80 515.9
2013	16 945.0	3 500.0	20 445.0	20 760.3	2 995.9	1 321.0	25 077.2	28 357.9	4 752.3	4 081.4	37 191.6	157.7	340	1 900.0	5 362.0	90 473.5
2014	17 047.3	4 000.0	21 047.3	22 900.5	4 246.9	5 459.5	32 606.9	41 217.6	6 952.0	3 483.8	51 653.4	2 793.5	8 985.6	2 100.0	0	119 186.7
2015	19 905.4	38 350.6	58 256.0	25 790.2	3 515.6	6 295.6	35 601.4	53 715.6	3 431.0	12 981.5	70 128.1	4 056.4	52 975.9	2 400.0	0	223 417.7

注：1. 非金融企业债券融资工具包括短期融资券、超短期融资券、中期票据、集合票据、非公开定向融资工具、区域集优中小企业集合票据、非金融企业资产支持票据等；

2. 公司债券包括公司债、可分离债、可转换债、中小企业私募债等；

3. 2015年国债发行中包含韩国财政部发行的30亿元债券。

数据来源：中国人民银行。

表11　2006～2015年债券市场债券托管情况

单位：亿元

年份	政府信用债			金融债券				公司信用类债券				信贷资产支持证券	同业存单	政府支持机构债及其他	中央银行票据	银行间托管总量	交易所托管总量	总托管量
	国债	地方政府债	合计	国开行及政策性银行债	券商短融	其他金融债	合计	非金融企业债券融资工具	企业债券	公司债券	合计							
2006	29 048	0	29 048	22 836	0	2 552	25 388	2 667	2 832	288	5 786	188	0	30	32 300	88 910	3 830	92 740
2007	46 503	0	46 503	28 784	0	3 486	32 270	3 203	4 422	1 131	8 756	324	0	30	36 587	120 102	4 368	124 470
2008	48 753	0	48 753	36 720	0	4 255	40 975	5 875	6 803	539	13 218	551	0	30	48 121	148 100	3 548	151 648
2009	55 411	2 000	57 411	44 498	0	6 454	50 952	13 196	10 971	1 135	25 301	399	0	40	42 326	172 476	3 954	176 430
2010	62 628	4 000	66 628	51 604	0	6 662	58 266	20 271	14 511	3 584	38 366	182	0	1 130	40 909	199 019	6 462	205 481
2011	67 839	6 000	73 839	64 778	0	9 785	74 563	29 047	16 799	6 023	51 869	95	0	2 130	21 290	214 260	9 526	223 786
2012	74 236	6 500	80 736	78 582	295	13 126	92 003	40 327	19 310	7 441	67 078	269	0	8 532	13 440	250 014	12 044	262 058
2013	83 165	8 615	91 780	88 720	810	13 535	103 064	51 483	23 359	10 553	85 394	354	340	10 067	5 522	276 788	19 377	296 165
2014	91 450	11 624	103 073	99 8704	1 134	17 213	118 221	67 901	29 513	12 335	109 749	2 751	5 995.3	11 706	4 282	323 808	25 975	349 783
2015	101 520	48 255	149 775	110 053	436	22 747	133 236	85 964	31 910	24 881	142 756	5 383	30 274	13 285	4 282	439 255	39 735	478 990

注：1. 非金融企业债券融资工具包括短期融资券、超短期融资券、中期票据、集合票据、非公开定向融资工具、区域集优中小企业集合票据、非金融企业资产支持票据等；

2. 公司债券包括公司债、可分离债、可转换债、中小企业私募债等；

3. 2015年国债托管中包含韩国财政部发行的30亿元债券。

数据来源：中国人民银行。

表12 2006～2015年国债发行与兑付情况

单位：亿元

年份	发行额	兑付额	期末余额
2006	8 883.3	4 163	29 048
2007	23 483.4	4 090	46 503
2008	8 546.3	4 930	48 753
2009	16 213.6	7 570	55 411
2010	17 778.2	8 605	62 628
2011	15 397.9	8 578	67 839
2012	14 360.4	6 340	74 236
2013	16 945.0	6 606	83 165
2014	17 047.3	7 140	91 450
2015	19 905.4	9 802	101 520

注：兑付额包含提前兑付和到期兑付。
数据来源:中国人民银行、中央国债登记结算有限责任公司。

表13 银行间债券市场参与机构数

单位：家

时间	境内参与机构																	境外参与机构				合计
	法人类产品							非法人类产品														
	存款类金融机构	其他银行业金融机构	证券类金融机构	保险类金融机构	非金融机构	其他	合计	证券投资基金	企业年金	社保基金	保险产品	信托产品	基金公司特定客户资管组合	证券公司资管计划	银行理财产品	其他	合计	三类机构	QFII	RQFII	合计	
2014年	1 088	158	169	148	278	7	1 848	1 556	1 275	105	145	569	176	560	48	0	4 434	107	13	60	180	6 462
2015-01	1 095	159	168	148	278	7	1 855	1 584	1 288	105	147	568	185	558	48	0	4 483	109	15	64	188	6 526
2015-02	1 099	159	167	148	278	7	1 858	1 595	1 295	105	148	567	242	583	48	0	4 583	110	12	66	188	6 629
2015-03	1 113	162	167	148	278	7	1 875	1 631	1 631	105	150	573	326	642	48	0	5 106	113	12	66	191	7 172
2015-04	1 190	164	167	148	278	7	1 883	1 665	1 353	105	161	562	420	715	48	0	5 029	115	8	41	164	7 076
2015-05	1 138	165	168	148	278	7	1 904	1 713	1 364	105	179	566	481	801	48	0	5 257	119	14	39	172	7 333
2015-06	1 160	167	167	148	278	7	1 927	1 784	1 376	105	209	578	538	867	48	0	5 505	123	18	56	197	7 629
2015-07	1 186	173	167	148	279	7	1 960	1 920	1 390	105	225	607	618	971	48	0	5 884	127	34	109	270	8 114
2015-08	1 211	173	170	148	279	7	1 988	1 927	1 403	105	246	624	749	1 100	48	0	6 247	130	34	118	282	8 517
2015-09	1 233	175	171	148	279	7	2 013	2 003	1 412	105	260	638	849	1 153	48	0	6 468	133	34	124	291	8 772
2015-10	1 257	178	172	148	279	7	2 041	2 027	1 314	105	273	646	935	1 218	48	0	6 668	132	34	126	292	9 001
2015-11	1 277	180	171	150	279	7	2 064	2 057	1 420	105	296	656	1 031	1 299	48	0	6 912	132	36	130	298	9 274
2015-12	1 302	182	171	152	280	7	2 094	2 151	1 431	105	311	666	1 140	1 388	48	0	7 240	138	38	132	308	9 642

注：基金类包括基金公司以及证券投资基金、企业年金、社保基金、基金会、产业基金、保险产品、信托计划、基金特定组合、证券公司资产管理计划等非法人机构。

数据来源：中央国债登记结算有限责任公司。

表14　2015年银行间债券市场结算代理人名单

序号	机构名称	序号	机构名称
1	中国工商银行	25	富滇银行
2	中国农业银行	26	哈尔滨银行
3	中国银行	27	晋商银行
4	中国建设银行	28	贵阳银行
5	交通银行	29	西安银行
6	招商银行	30	福建海峡银行
7	中信银行	31	齐商银行
8	中国光大银行	32	齐鲁银行
9	兴业银行	33	乌鲁木齐市商业银行
10	中国民生银行	34	东莞银行
11	华夏银行	35	成都银行
12	上海浦东发展银行	36	包商银行（暂停）
13	平安银行	37	长沙银行
14	广发银行	38	河北银行
15	恒丰银行	39	厦门银行
16	北京银行	40	青岛银行
17	上海银行	41	上海市农村商业银行
18	南京银行	42	常熟市农村商业银行
19	天津银行	43	汇丰银行（中国）有限公司
20	杭州银行	44	广东顺德农村商业银行股份有限公司
21	汉口银行	45	德意志银行（中国）有限公司
22	大连银行	46	渣打银行（中国）有限公司
23	重庆银行	47	法国巴黎银行（中国）有限公司
24	宁波银行		

资料来源：中国银行间市场交易商协会。

表15　2015年银行间债券市场做市商机构名单

国家开发银行	中国银行
中国建设银行	中信证券
招商银行	中国民生银行
中信银行	中国光大银行
北京银行	杭州银行
恒丰银行	中国农业银行
上海银行	浦东发展银行
汉口银行	中国国际金融有限公司
交通银行	兴业银行
南京银行	国泰君安证券
中国工商银行	广发银行
摩根大通银行（中国）有限公司	渣打银行（中国）有限公司
花旗银行（中国）有限公司	

资料来源：中国外汇交易中心。

表16　2015年债券市场柜台交易银行名单

中国工商银行	招商银行
中国农业银行	中国民生银行
中国银行	北京银行
中国建设银行	南京银行

资料来源：中国人民银行。

表17 2015年度公开市场业务一级交易商名单

中国银行股份有限公司	中国工商银行股份有限公司
中国建设银行股份有限公司	上海浦东发展银行股份有限公司
中国农业银行股份有限公司	平安银行股份有限公司
交通银行股份有限公司	国家开发银行股份有限公司
中信银行股份有限公司	兴业银行股份有限公司
中国民生银行股份有限公司	广发银行股份有限公司
招商银行股份有限公司	中国光大银行股份有限公司
杭州银行股份有限公司	中国邮政储蓄银行股份有限公司
郑州银行股份有限公司	天津银行股份有限公司
齐商银行股份有限公司	广州银行股份有限公司
厦门银行股份有限公司	大连银行股份有限公司
上海银行股份有限公司	江苏银行股份有限公司
宁波银行股份有限公司	南京银行股份有限公司
富滇银行股份有限公司	福建海峡银行股份有限公司
西安银行股份有限公司	哈尔滨银行股份有限公司
洛阳银行股份有限公司	徽商银行股份有限公司
河北银行股份有限公司	北京银行股份有限公司
恒丰银行股份有限公司	贵阳银行股份有限公司

资料来源：中国人民银行。

表18 1997～2015年股票市场统计表

年份	上市公司数(家)	上市总股本(亿股)	市价总值(亿元)	流通市值(亿元)	A股筹资总额(亿元)	成交金额(亿元)	平均换手率(%)		平均市盈率(%)		投资者账户(万户)
							上海	深圳	上海	深圳	
1997	745	1 942.7	17 529.2	5 204.4	—	30 721.8	701.8	817.4	39.9	39.9	3 480.3
1998	851	2 526.8	19 505.6	5 745.6	—	23 527.3	453.6	406.6	34.4	30.6	4 259.9
1999	949	3 089.0	26 471.2	8 214.0	—	31 319.6	471.5	424.5	38.1	36.3	4 810.6
2000	1 088	3 791.7	48 090.9	16 087.5	—	60 826.6	492.9	509.1	58.2	56.0	6 123.2
2001	1 160	5 218.0	43 522.2	15 228.8	—	38 305.2	269.3	227.9	37.7	39.8	6 898.7
2002	1 224	5 875.5	38 329.1	12 484.6	737.23	27 990.5	214.0	198.8	34.4	37.0	6 841.8
2003	1 287	6 428.5	42 457.7	13 178.5	665.07	32 115.3	250.8	214.2	36.5	36.2	6 981.2
2004	1 377	7 149.4	37 055.6	11 688.6	642.78	42 333.9	288.7	288.3	24.2	24.6	7 215.7
2005	1 381	7 629.5	32 430.3	10 630.5	339.03	31 663.1	274.4	320.6	16.3	16.4	7 336.1
2006	1 434	14 897.6	89 403.9	25 003.6	2 335.22	90 468.7	541.1	671.3	33.4	33.6	7 854.0
2007	1 550	22 416.9	327 140.9	93 064.4	7 791.57	460 556.2	927.2	1 062.1	59.2	72.1	9 280.6
2008	1 625	24 522.85	121 366.44	45 213.9	2 619.71	267 113.0	392.5	—	14.86	17.13	10 449.7
2009	1 718	26 162.85	243 939.12	151 258.7	3 894.53	535 986.7	—	—	28.73	46.01	12 037.7
2010	2 063	33 184.35	265 422.59	193 110.41	8 954.99	545 633.54	—	—	21.61	44.69	13 391.04
2011	2 342	36 095.52	214 758.10	164 921.3	5 073.07	421 649.72	—	—	13.4	23.11	14 050.37
2012	2 494	38 295.0	230 357.62	181 658.26	1 380.42	314 667.41	—	—	12.3	22.01	14 054.91
2013	2 489	40 569.08	239 077.19	199 579.54	2 802.76	468 728.6	—	—	10.99	27.76	13 247.15
2014	2 613	43 610.13	372 546.96	315 624.31	4 856.43	743 912.98	—	—	15.99	34.05	14 214.68
2015	2 827	49 997.26	531 304.2	417 925.4	8 329.89	2 550 538	—	—	17.63	52.75	21 477.57

注：1. A股筹资总额不包含可转债、可分离债等上市公司债券市场融资；
2. 平均换手率包含A股、B股；
3. 平均市盈率指静态市盈率；
4. 投资者账户为年末有效账户数；
5. 部分数据根据中国证监会最新发布数据有所调整。

数据来源：中国证监会、上海证券交易所、深圳证券交易所。

表19 1997～2015年股票市场成交量和股票指数变化情况

单位：亿元

年份	成交金额	日均成交	上证指数				深证综指			
			开盘	最高	最低	收盘	开盘	最高	最低	收盘
1997	30 721.8	126.42	914.06	1 510.18	870.18	1 194.1	326.33	517.91	305.81	381.29
1998	23 527.3	97.1	1 200.95	1 422.98	1 043.02	1 146.7	382.85	441.04	317.1	343.85
1999	31 319.6	131.04	1 144.89	1 756.18	1 047.83	1 366.58	343.29	525.14	310.65	402.18
2000	60 826.6	254.5	1 368.69	2 125.72	1 361.21	2 073.48	402.71	654.37	414.69	635.73
2001	38 305.2	159.6	2 077.08	2 245	1 515	1 645.97	636.62	664.85	439.36	475.94
2002	27 990.5	118.1	1 643.49	1 748.89	1 339.2	1 357.65	475.14	512.38	371.79	388.76
2003	32 115.3	133.25	1 347.43	1 649.6	1 307.4	1 497.04	386.61	449.42	350.74	378.63
2004	42 333.9	174.21	1 492.72	1 783.01	1 259.43	1 266.5	377.93	470.55	315.17	315.81
2005	31 663.1	130.84	1 260.78	1 328.53	998.23	1 161.06	313.81	333.27	237.18	278.75
2006	90 468.7	375.39	1 163.88	2 698.9	1 161.91	2 675.47	278.99	710.14	278.99	706.01
2007	460 556.2	1 903.12	2 728.19	6 092.06	2 612.54	5 261.56	555.26	1 567.74	547.89	1 447.02
2008	267 113.0	1 085.82	5 265	5 497.9	1 706.7	1 820.81	1 450.33	1 584.39	452.33	553.08
2009	535 986.7	2 196.67	1 849.02	3 478.01	1 844.09	3 277.139	560.09	1 234.12	560.1	1 201.34
2010	545 633.54	2 254.68	3 289.75	3 306.75	2 319.74	2 808.08	1 207.33	1 412.64	890.24	1 290.87
2011	421 649.72	1 728.06	2 825.33	3 067.46	2 134.02	2 199.42	1 298.59	1 316.19	828.83	866.65
2012	314 667.41	1 294.93	2 212.00	2 460.69	1 959.77	2 269.13	871.93	1 020.29	724.97	881.17
2013	468 728.6	1 969.45	2 289.51	2 434.48	1 950.01	2 115.98	887.37	1 106.27	815.89	1 057.67
2014	743 913	3 036.38	2 112.13	3 239.36	1 974.38	3 234.68	1 055.88	1 504.48	1 004.93	1 415.19
2015	2 550 538	10 453	3 258.63	5 178.19	2 850.71	3 539.18	1 419.44	3 156.96	1 408.99	2 308.91

注：部分数据根据中国证监会最新发布数据有所调整。

数据来源：中国证监会、上海证券交易所、深圳证券交易所。

表20 银行间即期外汇市场人民币交易30家做市商名单

中国工商银行股份有限公司	中国农业银行股份有限公司
中国银行股份有限公司	中国建设银行股份有限公司
交通银行股份有限公司	中信银行股份有限公司
招商银行股份有限公司	中国光大银行
华夏银行股份有限公司	广发银行股份有限公司
平安银行股份有限公司	兴业银行股份有限公司
中国民生银行股份有限公司	国家开发银行
中国邮政储蓄银行	上海银行股份有限公司
南京银行股份有限公司	宁波银行股份有限公司
法国巴黎银行(中国)有限公司	上海浦东发展银行
星展银行（中国）有限公司	美国银行有限公司上海分行
汇丰银行（中国）有限公司	蒙特利尔银行(中国)有限公司
花旗银行（中国）有限公司	渣打银行（中国）有限公司
三井住友银行（中国）有限公司	德意志银行（中国）有限公司
瑞穗银行(中国)有限公司	三菱东京日联银行（中国）有限公司

资料来源：中国外汇交易中心。

表21 1994～2015年外汇市场和外汇储备情况

单位：亿美元、元人民币

年份	外汇储备余额	100美元	100欧元	日元	100港元	100英镑	100元人民币（单位：林吉特）	100元人民币（单位：卢布）	100澳元	100加元	100新西兰元	100新加坡元	瑞士法郎
1994	516.2	844.91	—	7.78	112.66	—	—	—	—	—	—	—	—
1995	735.97	831.79	—	8.0703	107.6	—	—	—	—	—	—	—	—
1996	1 050.49	829.92	—	7.1613	107.19	—	—	—	—	—	—	—	—
1997	1 398.9	827.98	—	6.3627	106.81	—	—	—	—	—	—	—	—
1998	1 449.59	827.87	—	7.1719	106.78	—	—	—	—	—	—	—	—
1999	1 546.75	827.93	—	8.0933	106.51	—	—	—	—	—	—	—	—
2000	1 655.74	827.81	—	7.2422	106.06	—	—	—	—	—	—	—	—
2001	2 121.65	827.66	—	6.3005	106.06	—	—	—	—	—	—	—	—
2002	2 864.07	827.73	863.60	6.9035	106.11	—	—	—	—	—	—	—	—
2003	4 032.51	827.69	1 033.83	7.7263	106.57	—	—	—	—	—	—	—	—
2004	6 099.32	827.65	1 126.27	7.9701	106.37	—	—	—	—	—	—	—	—
2005	8 188.72	807.02	957.97	6.8716	104.03	—	—	—	—	—	—	—	—
2006	10 663.44	780.87	1 026.65	6.563	100.467	1 532.32	—	—	—	—	—	—	—
2007	15 282.49	730.46	1 066.69	6.4064	93.638	1 458.07	—	—	—	—	—	—	—
2008	19 460.3	683.46	965.9	7.565	88.189	987.98	—	—	—	—	—	—	—
2009	23 992.0	682.82	979.71	7.3782	88.048	1 097.8	—	—	—	—	—	—	—
2010	28 473.38	662.27	880.65	8.126	85.093	1 021.82	46.649	462.05	—	—	—	—	—
2011	31 811	630.09	816.25	8.1103	81.07	971.16	50.279	508.6	640.93	617.77	—	—	—
2012	33 116	628.55	831.76	7.3049	81.085	1 016.11	48.865	485.28	653.63	631.84	—	—	—
2013	38 213	609.69	841.89	5.7771	78.623	1 005.56	54.141	539.85	543.01	572.59	—	—	—
2014	38 430	611.9	745.56	5.1371	78.887	954.37	56.737	905.36	501.74	527.55	480.34	463.96	—
2015	33 303	649.36	709.52	5.3875	83.778	961.5	66.051	1 131.0	472.76	468.14	444.26	458.75	640.18

注：外币兑人民币中间价取当年最后一个交易日的中间价。

数据来源：中国人民银行、国家外汇管理局。

表22 1993～2015年期货市场成交情况

单位：亿元，万手

年份	商品期货市场		金融期货市场	
	成交额	成交量	成交额	成交量
1993	5 521.99	890.69	—	—
1994	31 601.41	12 110.72	—	—
1995	100 565.3	63 612.07	—	—
1996	84 119.16	34 256.77	—	—
1997	61 170.66	15 876.32	—	—
1998	36 967.24	10 445.57	—	—
1999	22 343.01	7 363.91	—	—
2000	16 082.29	5 461.07	—	—
2001	30 144.98	12 046.35	—	—
2002	39 490.16	13 943.26	—	—
2003	108 389.03	27 986.42	—	—
2004	146 935.31	30 569.76	—	—
2005	134 448.38	32 284.75	—	—
2006	210 046.34	44 947.41	—	—
2007	409 722.43	72 842.68	—	—
2008	719 141.94	136 388.71	—	—
2009	1 305 107.20	215 742.98	—	—
2010	2 269 852.69	304 194.19	821 397.94	9 147.66
2011	937 503.93	100 372.53	437 659.55	5 041.62
2012	952 862.59	134 546.42	758 406.78	10 506.18
2013	1 264 695.8	186 827.38	1 410 066.21	19 354.93
2014	1 279 712.5	228 343.25	1 640 169.73	21 758.1
2015	1 356 307.36	323 715.31	4 173 852.33	34 052.95

注：从2011年起，期货量成交以单边计算；表中数据均不含期转现交易。
数据来源：中国期货业协会。

表23　2003～2015年黄金市场成交情况

单位：亿元，吨

年份	成交金额	成交量
2003	459.2	470.7
2004	731.0	665.3
2005	1 069.8	906.4
2006	1 947.5	1 249.6
2007	3 164.9	1 828.1
2008	8 683.9	4 457.6
2009	10 288.8	4 710.8
2010	16 157.8	6 051.5
2011	24 772.2	7 438.5
2012	21 506.3	6 350.2
2013	32 133.8	11 614.5
2014	45 891.6	18 486.7
2015	80 083.9	34 067.3

数据来源：上海黄金交易所。

表24 2007～2015年商业银行OTC黄金业务统计表

业务类别		账户金		实物金			其他业务								
产品（单位）		美元账户金（万盎司、亿美元）	人民币账户金（吨、亿元）	自营（吨、亿元）	代理（吨、亿元）	黄金积存、定投（吨、亿元）	黄金租赁（吨、亿元）	黄金拆借（吨、亿元）	黄金质押（吨、亿元）	境内美元报价黄金远期（万盎司、亿美元）	境内美元报价黄金期权（万盎司、亿美元）	境内美元报价黄金掉期（万盎司、亿美元）	境内人民币报价黄金远期（吨、亿元）	境内人民币报价黄金掉期（吨、亿元）	境内人民币报价黄金期权（吨、亿元）
2007年	成交量	157.68	352.71	6.09	3.96	—	33.11	1.20	—	204.93	8.48	—	—	—	—
	成交金额	11.08	607.05	11.20	7.16	—	56.40	2.31	—	11.84	0.60	—	—	—	—
2008年	成交量	293.09	1 332.55	33.12	4.13	—	73.99	11.40	—	574.85	6.28	—	—	—	—
	成交金额	25.37	2 546.30	66.68	8.18	—	141.50	20.16	—	54.44	0.58	—	—	—	—
2009年	成交量	579.96	1 381.16	40.73	3.43	0.54	91.29	7.56	—	162.06	2.29	—	—	—	—
	成交金额	57.34	2 923.48	89.90	7.64	1.30	191.98	15.09	—	15.98	0.22	—	—	—	—
2010年	成交量	418.67	1 205.15	80.40	3.06	12.27	155.80	10.63	0.27	257.82	1.74	—	3.09	—	—
	成交金额	51.47	3 227.49	222.90	8.53	35.29	413.25	28.85	—	32.75	0.21	—	8.78	—	—
2011年	成交量	447.20	1 864.40	129.50	6.16	30.30	301.30	31.99	4.56	407.04	6.06	17.99	5.09	—	—
	成交金额	72.21	6 271.71	428.50	21.49	102.18	970.55	104.92	—	64.69	0.90	2.74	17.59	—	—
2012年	成交量	424.35	1 458.89	126.20	10.55	59.85	465.01	54.80	7.43	1 331.50	61.46	49.93	20.95	—	—
	成交金额	70.71	4 947.18	443.70	41.20	205.82	1 583.70	187.23	—	222.01	10.17	8.35	70.91	—	—
2013年	成交量	497.26	1 864.54	198.63	24.89	298.24	947.65	407.23	39.85	991.99	146.88	524.56	29.76	18.63	—
	成交金额	70.39	5 159.69	618.25	87.76	838.09	2 656.29	1 094.43	78.96	136.48	20.39	75.63	79.86	60.86	—
2014年	成交量	250.37	910.78	91.36	25.16	594.24	1 370.69	474.80	17.14	1 735.95	40.87	341.08	197.29	10.35	0.03
	成交金额	31.59	2 289.79	250.76	94.19	1 483.77	3 438.19	1 180.97	32.83	218.64	5.18	43.68	496.33	26.01	0.07
2015年	成交量	377.34	1 109.83	128.18	27.54	535.02	1 582.71	849.22	27.47	2 414.39	28.74	1 314.93	737.86	309.82	0.31
	成交金额	43.95	2 609.08	321.01	100.54	1 252.41	3 739.06	2 009.87	74.63	281.36	3.37	151.75	1 767.57	7 101.86	0.74

注：自营、代理品牌金的成交量统计销售量和回购量；黄金积存（黄金定投）成交量统计销售量和赎回量；2007~2013年黄金租赁业务成交量统计黄金租出量和归还量，自2014年起，仅统计黄金租出量；2007~2013年黄金拆借业务统计黄金拆出量和黄金拆入量，自2014年起，仅统计黄金拆出量；黄金质押统计接收质押黄金的重量。

数据来源：中国人民银行上海总部黄金市场监测分析系统。

表25 2006～2015年利率衍生品交易情况

单位：笔，亿元

年份	利率互换		债券远期		远期利率协议	
	交易笔数	名义本金额	交易笔数	交易量	交易笔数	名义本金额
2006	103	355.7	398	664.5	—	—
2007	1 978	2 186.9	1 238	2 518.1	14	10.5
2008	4 040	4 121.5	1 327	5 005.5	137	113.6
2009	4 044	4 616.4	1 599	6 556.4	27	60
2010	11 643	15 003.4	967	3 183.4	20	33.5
2011	20 202	26 759.6	436	1 030.1	3	3.0
2012	20 945	29 021.4	56	166.1	3	2
2013	24 409	27 277.8	1	1.01	1	0.5
2014	43 009	40 347.2	—	—	—	—
2015	64 557	82 304.1	83	19.6	—	—

数据来源：中国外汇交易中心。